本书为北京外国语大学中华文化国际传播研究院所主持的北京外国语大学『双一流』建设重大标志性项目『文明互鉴：中国文化与世界』（2021SYLZD020）研究成果。

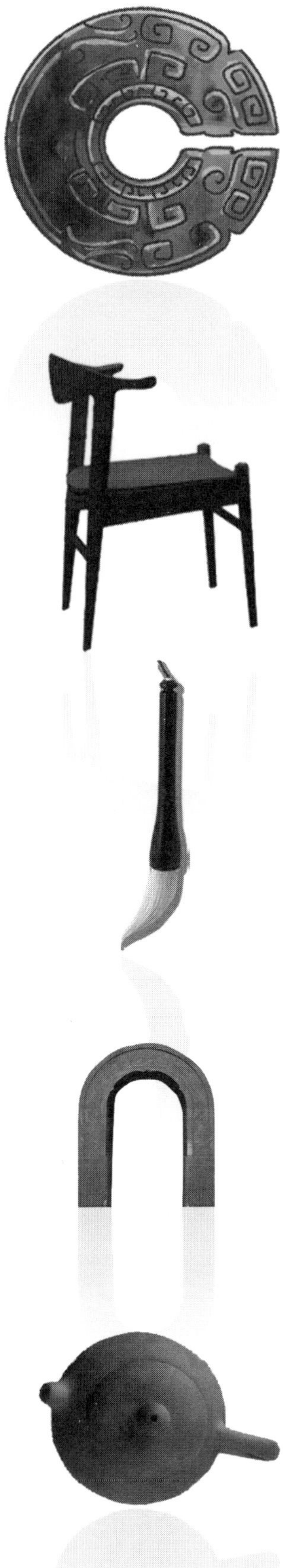

望东方

从古希腊到1800年的西方中国报告

上卷

武斌 / 著

北京大学出版社
PEKING UNIVERSITY PRESS

目　录

前　言…………………………………………………………………… 1

第一部分　猜想·接触·讲述

第一章　古希腊罗马的东方猜想………………………………………… 3
　一　古希腊艺术所见中国丝绸的影子…………………………………… 3
　二　中国丝绸在罗马……………………………………………………… 6
　三　希腊拉丁文献记载的中国 …………………………………………… 17

第二章　罗马教廷与元朝帝国的接触 ………………………………… 31
　一　蒙古西征与东西文化的交汇 ………………………………………… 31
　二　关于长老约翰的传说 ………………………………………………… 39
　三　罗马教廷与元朝帝国的来往 ………………………………………… 41

第三章　马可·波罗及同时代人讲述的中国事情 ……………………… 58
　一　马可·波罗及其游记 ………………………………………………… 58
　二　13—14 世纪欧洲人的中国纪事……………………………………… 74
　三　13—14 世纪欧洲人关于中国的知识的水平与特点 ………………… 88

第四章　中华文明与文艺复兴 …… 94
一　“四大发明”与文艺复兴 …… 94
二　中华文化对文艺复兴运动的激发 …… 116

第二部分　东方的海岸线

第五章　寻访东方与大航海时代 …… 133
一　大航海时代来临 …… 133
二　大航海与中国 …… 142

第六章　16世纪欧洲人的中国纪事 …… 160
一　关于中国的早期印象 …… 160
二　有关中国的初步研究 …… 177
三　门多萨的《中华大帝国史》 …… 189
四　16世纪欧洲人关于中国记述的特点 …… 198

第三部分　大贸易:西方世界的东进策略

第七章　东印度公司与财富大交换 …… 207
一　接踵而来的各国东印度公司 …… 207
二　巨量中国商品运往欧洲 …… 216
三　丝绸贸易 …… 222
四　茶叶贸易 …… 227
五　瓷器贸易 …… 248

第八章　全球贸易体系与中国 …… 260
一　明代和清代前期的外贸体制 …… 260
二　全球贸易体系中的中国 …… 283
三　全球贸易体系中的欧洲 …… 303

前　言

一

在进入21世纪的时候,“全球化”成为世界学术界最热门的词汇之一。21世纪,我们已经进入一个全球化时代。今天,我们生活在一个整体世界之中,全球化的变化已经涉及人们日常生活的各个方面,人们的世界观也正在随之发生着根本性的变化。这种变化改变着文明对于世界的看法,也改变着对历史的看法。

全球化时代需要相应的全球化观念、全球化思维。在历史学领域的标志,就是全球史观的兴起。全球史是史学界对于日益深化的全球化的学术反思与回应。全球史观批判“欧洲中心论”,主张从全球视角考察和分析世界历史的进程,专注跨民族、跨国家和跨地区的文化或文明交往和联系,形成一种跨学科的新的学术视角和方法。

“全球史观”是建立在人们的意识对全球化现实反映的基础上所形成的一种超地区、超民族的史学观念,是一种从全球的视野和宏观历史学的角度去考察和研究世界史的方法。这在一定程度上改变了我们对历史文化的认知方式。

用全球史的观点去重新认识历史,就是在不同时代的“世界体系”“全球化体系”中，重新认识中华文化与其他文明的交流与互动。各民族、各文明间的相遇、对话、交流、互鉴、互动，是“全球化体系”得以形成的条件，也是这个“全球化体系”的基本内容。如果从这样的历史观来看待中华文化的发展历史，就会使我们获得新的认识、新的知识和新的理解。

按照全球史的观点来看中华文化的发展历史，我们将获得一种新的视野和眼光，就是不但是在中国的范围内、在中华文化自身发展的历史中看待中华文化，而是从全球文化的范围来看中华文化，即中华文化与其他民族文化“之间日益增长的交流”。这也就是“将中国历史纳入世界历史之中”“将中国历史放在世界历史的结构中来讨论”[①]，也就是将中华文化的“过去”“全球化”，探讨其赋予世界文化的价值和意义。

梁启超当年在谈到中国历史的研究时曾说过，根据中国的历史的发展，研究中国的历史可以划分为：“中国的中国”“亚洲的中国”以及“世界的中国”三个阶段。所谓“中国的中国”的研究阶段是指中国的先秦史，自黄帝时代直至秦统一。这是“中国民族自发达自竞争自团结之时代。”所谓“亚洲的中国”的研究阶段，是为中世史，时间是从秦统一后至清代乾隆末年。这是中华民族与亚洲各民族相互交流并不断融合的时代。所谓“世界的中国”的研究阶段是为近世史。自乾隆末年至当时，这是中华民族与亚洲各民族开始与西方民族交流并产生激烈竞争之时代。由此开始，中国成为世界的一部分。

许倬云说，梁启超的“分期年代，有可以讨论的余地，但我们不得不钦服他的广阔视野。”[②]中国和世界的关系是一直存在的，尽管中国的地缘有一定的封闭性，但中国文化从一开始就不是一个封闭的文化。梁启超从世界史的角度重新看待中国文化的地位和贡献。梁启超指出，中国史主要应“说明中国民族所产文化，以何为基本，其与世界他部分文化相互之影响何如?”“说明中国民族在人类全体上之位置及其特性，与其将来对人类所应负之责任。”[③]虽然当时中国积贫积弱，但他认为，中国文明的力量未必不可以左右世界，即中国史在世界史中当占一强有力之位置。

---

① 许倬云：《中国文化与世界文化》，广西师范大学出版社，2006 年版，第 9 页。

② 许倬云：《献曝集——许倬云自选集》，上海人民出版社，2013 年版，第 3 页。

③ 梁启超：《中国历史研究法》，东方出版社，1996 年版，第 7 页。

将中国史纳入世界史的范围来考察，就赋予了我们新的视野。这就是一个全球的历史眼光、世界眼光，把中国史、中国文化史作为世界史、世界文化史的一部分。既然是“一部分”，就要注意“全部”的面貌，注意其与其他部分的联系，注意其与其他部分的比较，也更要注意考察中华文化在世界文化这个“全部”中的地位、作用和影响。考古学家李济说：“中国历史是人类全部历史最光荣的一面，只有把它放在全体人类历史的背景上看，它的光辉才更显得鲜明。”①

许倬云说：“要将一个国家或一个文化的历史放在全世界的圈子里时，有两个特征：一是比较，一是发展。”②以全球史的观点认识和理解中华文化史，首先就是要把中华文化的发展与历史时代的“全球化体系”衔接起来，把不同历史时期的中华文化与世界文化放在一个框架下来对比研究。对于中华文化的历史的了解和认知，如果从全球史观的角度去认识，就是要与全球化进程联系起来，并且揭示中华文化在其中是如何与之互动及发展的。

二

中华文化是一个包罗万象、博大精深的文化体系，是一个源远流长、奔流不息的文明长河。数千年来，中华民族以其勤劳的品格和智慧的心灵，以其坚韧不拔、生生不息的顽强精神，在广袤的东亚大陆上开榛辟莽，艰苦奋斗，持续地创造和发展自己的文化，以丰富的内涵、卓越的风姿，屹立于世界民族之林。丰富的和先进的中华文化，不仅给世代的中国人以精神的滋养，而且还以其璀璨的内涵、深沉的智慧、飞扬的灵感、优雅的英姿、独特的风貌，播扬全世界，从古至今，未曾终绝，时时展现它的世界性辉煌。在世界文化的总体格局中，中华文化占有显著的、重要的地位，是世界文化体系中一个极为重要的组成部分，是世界文化史上一座巍峨壮

① 李济：《中国文明的开始》，江苏教育出版社，2005 年版，第 109 页。

② 许倬云：《中国文化与世界文化》，广西师范大学出版社，2006 年版，第 11 页。

观、风光无限的高峰。

中华文化是中华民族在自己成长发展的历史进程中进行的伟大创造。在世界文化的总体格局中，中华文化占有十分重要的位置，是世界文化的重要组成部分。

这个界定包含有时间和空间两层含义。从时间上来说，中华文化历史悠久，源远流长，是世界上最古老的文化之一。自文化曙光时代的草创开始，在世界文化史的各个发展阶段上，中华文化都占有重要的一席之地。直至近代以来虽经历了西方文化的强烈冲击和现代化的历史性嬗变，中华文化始终道统不绝，在不断的自我更新中绵延发展，传承不断，历几千年而不衰，显示了强大的生命力量。从空间上来说，中华民族是世界上人口最多的民族，繁衍生息在广袤而丰饶的东亚大陆上，中国疆域之广和中华文化辐射范围之大，在世界上也是不多的。

中华文化不仅始终保持着独立的、一以贯之的发展系统，而且长久以来其总体水平明显高于周边地区。所以，中华文化的发展并不限于中国本土，它还扩散到周边的东亚各国，形成了包括朝鲜、日本、越南在内的"中华文化圈"。中华文化圈大约在隋唐时代完成了它的总体构造。当时的东亚世界，在地理上以中国本土为中心，在文化上以中华文化为轴心，直到19世纪西方殖民主义势力进入东亚地区以前，基本上保持这样的格局和态势。中国在相当长的历史时期中一直是亚洲历史舞台的主角，中华文化以其强大的文化力度向周边地区辐射和扩散。朝鲜、日本和越南以中国为文化母国，大规模地吸收和融合中华文化，并在此基础上构建起符合本民族特性的文化体系。

与此同时，在欧亚大陆的文化发展、传播和交流的过程中，从西到东还形成了基督教文化圈、伊斯兰教文化圈和印度文化圈。中华文化圈与之一起并称为"四大文化圈"。各个文化圈保持着各自独立的文化体系和基本文化的特色，辐射到一定的区域范围。然而，一个文化圈从其中心地区向周边地区传播，逐渐便会与另一文化圈的文化要素发生接触，并在一定的程度和范围接受其影响。有时候这种接触、交流和影响甚至是很强烈的。所以"四大文化圈"之间存在着互相交流、互相渗透、互相影响的关系。随着陆路与海上交通日益发达，各民族之间、各文化圈所属地区之间的接触越来越频繁，联系越来越紧密，文化交流与传播的渠道越来越通达。各民族的文化创造成果通过各种渠道传播到其他民族、其他文化圈，成为全人类的共同财富。因此，各民族的文化、各文化圈的文化，不仅具有民族性、区域性和特殊性，而且也具有同一性、普遍性和世界性。英国学者约翰·霍布森指出：在这一时期，“一系列相互联系的世界性帝国的出现，它们能确保极其重要的和平环境，使陆上以及海路贸易繁荣起来。中国唐朝(618—907)、中东的倭马亚王朝和阿拔斯王朝(661—1258)、伊斯兰帝国以及北非的法蒂玛王朝(909—1171)的崛起，都对广泛的全球贸易网络的形成起到了至关重要的作用。……全球贸易的大规模扩张发生在公元600年后的时期。……正如麦克尼尔指出的，阿拉伯世界和中国(以及南亚)的繁荣、商业化，就像一个巨大的风箱煽起了一种新兴的全球经济的火焰。”①

不过，各民族的文化和各文化圈的文化发展是不平衡的，它们对于世界文明的贡献也不尽相同。就文化发展的总体水平而言，在近代以前，在世界史的中世纪时代，中华文化不仅明显高于周边地区，而且高于其他文化圈，在世界文化总体格局中居于领先地位。特别是在唐代的世界性文化交流中，中华文化处于中心地位。在整个欧亚大陆上，唐朝是国力最强盛、文化最发达的大帝国，是当时世界文化总体格局的重心所在。正如著名科学史学家贝尔纳指出的，中国在“许多世纪以来，一直是人类文明和科学的巨大中心之一”②。

三

本书所讨论的是，在19世纪以前，西方文明对中华文明的接触、认识和了解，以及中华文明对西方文明的发展所起到的间接或直接的影响。这是全球史观视野下的文明发展的一个重要样本，是人类文明交流与互

---

① [英]约翰·霍布森：《西方文明的东方起源》，山东画报出版社2009年版，第33页。

② [英]贝尔纳：《历史上的科学》，“中译本序言”，科学出版社，1981年版。

鉴的一个宝贵经验。

西方人对中国和中华文化的了解、认识，早在中西交通、接触之初就已经开始了。西方人对中国的认识史、知识史，是与中西文化交流史同步的。中国与欧洲相距遥远，在古代交通不发达的情况下，最开始只是通过传闻和间接的贸易，有一些模糊不清的印象。在古罗马时代的文献中，就已经有关于中国和中华文化的记载。但是，在那个时候，西方人关于中国的认知，主要限于具体的物质形式（主要是传到欧洲的丝绸），还有源于几经周转的传闻，有许多不确切的、模糊的甚至误传的东西。这也反映了当时中西文化初步接触的条件和水平。那个时候，西方人只是对遥远的那个产丝的国家有一些模糊的印象。

罗马帝国覆亡之后，欧洲进入中世纪时代，大约有五六百年的时间，即直到12世纪以前，被人们习惯地称为“黑暗时代”。这一时期欧洲的历史和文化是落后的、发展缓慢的。在这一时期，虽然有许多中华文化的物质成果和先进技术经阿拉伯人西传至欧洲，虽然中国与欧洲也有一些外交上的往来，如与东罗马帝国，即拜占庭的交往，但实际上欧洲人的中国知识、欧洲人对中华文化的了解和认识，并没有显著的进步与增长，并没有特别值得注意和重视的文献记载。当盛唐文化在东方如日中天、展现它的世界性辉煌的时候，欧洲人却对此知之甚少。实际上，限制人们知识水平的，不仅仅在于被认识客体的表象和呈现，更主要在于认识主体接受、理解的条件和能力。处于“黑暗时代”的欧洲人还不具备充分认识和理解中华文化的条件。

到13—14世纪，即中国元朝统治的时代，情况则大不相同了。从客观条件来说，由于蒙古的西征和四大汗国的建立，中西交通大开，有了更多的接触和交往的机会。从主观方面来说，11世纪以后，欧洲的经济、社会和文化都有了较大的进步，出现了新的复兴和繁荣；另一方面，由于蒙古人西征的威胁，强化了欧洲人了解东方的愿望和自觉性。因而，13—14世纪欧洲人关于中国的知识，无论是在广泛性和丰富性上，还是在知识的层面上，都达到了一个新水平。

13—14世纪欧洲人关于中国的知识，已经主要不是得自传闻，而是来自那些亲自到中国游历和在中国生活过的旅行家们的经历和见闻的记录,来自他们对中国事情的记述和报道。他们在中国生活的时间有的甚至很长,如马可·波罗竟在中国17年之久。因而他们有机会与中国社会各方面人士接触,包括皇帝、官员、僧侣、商人,乃至普通百姓;他们有机会在中国广泛游历,南至广州,北至哈剌和林,鄂多立克甚至到过西藏,马可·波罗到过云南大理。因而他们面对面地认识了中国人,他们对中国和中华文化的了解是直观的、具体的、生动的、真实的。他们不再把传闻,而是把直接的感性经验作为中国知识的基础。当然,"从这些接触的实际背景对基督教中世纪观念的影响来看,它们并未造成东西方在思想层面的实质性遭遇,但这些旅行家的经历再一次刺激了西方世界对东方这一神秘、虚幻之地的兴趣。……这些历险使得欧洲看到了对东方兴趣和信仰的重新解释的可能性,在随后欧洲心灵对东方的想象和知识建构中起到了相当重要的作用。"①

四

16—17世纪以后,世界文化的总体格局又发生了一次重大变化。南欧、西欧先后迈入近代社会的门槛。新大陆的发现和新航路的开通,把整个世界连成一片。这对于世界文化发展的最重要的意义在于打破了各个文化圈的界限,打破了各民族文化体系独自发展的状况,把它们纳入统一的文化大系统中,促进了世界文化体系的形成。任何民族的文化都不能游离于统一的世界文化体系,或如马克思、恩格斯所说的那样,文化成为世界的文化。

新大陆的发现与新航路的开通,最初的动因与中国有着直接的关系。东方的诱惑,对于西方文化来说,是深藏于历史文化心理深处的一种记忆,而东方作为一种神秘和神奇的文化想象,几乎是西方文化精神从诞生之日起就与生俱来的一种基因。在这个时候,在寻找"契丹"的激励下,这个"文化基因"再次被"激活"了。于是,16世纪的地理大发现,大航海时

① [美]J. J. 克拉克:《东方启蒙:东西方思想的遭遇》,上海人民出版社,2011年版,第56页。

代的来临，第一次建立了全球性的交通和贸易体系，迎来了全球化时代的第一次浪潮。法国汉学家毕诺指出："如果16世纪的人发现了美洲，那么17世纪的人则获得了发现中国的成功。"①

按照西方学界普遍的看法，中国自16世纪末或17世纪初，就已不可避免地卷入了全球化的潮流。近年来的研究表明，在鸦片战争以前很久，中国经济就已深深地卷入了经济全球化，并在其中扮演着一个非常重要的角色。一些学者如弗兰克甚至认为，在1800年以前，中国在世界市场上具有异乎寻常的巨大的和不断增长的生产能力、技术生产效率、竞争力和出口能力，这是世界其他地区都望尘莫及的。中国巨大的出口，把当时世界主要"硬通货"白银的一半吸引到中国。史景迁则认为，从1600年以后，中国作为一个国家的命运，就和其他国家交织在一起了，不得不和其他国家一道去搜寻稀有资源，交换货物，扩大知识。

所以，16—18世纪这一时段，是中西文化交流史上一个非常重要的阶段。这一阶段的中西文化交流，既是过去历史的继续，又是在新时代条件下的发展。如果从交流所持续的时间，以及交流所达到的深度来看，甚至可以说，正是在这个时期，中西两大文化体系开始了实质性的、直接的接触，开始了大规模的、多层次和多渠道的交流，"中国与西方之间彼此有了较为全面的认识"②。莱布尼茨曾热情地赞颂这种中西文化交流的积极意义，称"这是一次互相的启蒙"，是那个时代最大的事情，其伟大意义将超越人们的想象。

法国汉学家谢和耐认为，明末时期的中西文化交流是发生在1600年前后的一件极为有趣的事，因为这实际上是两个完全独立发展的伟大文明第一次真正的接触。这一时期中国与欧洲的文化交流史，是中西关系史上一段最令人陶醉的时期：这是中国和文艺复兴之后的欧洲高层知识界的第一次接触和对话。这种交流和接触，不仅对于中国与欧洲双方的文化具有特别重要的意义，而且更是文化全球化历程的一个极为关键的事件。英国学者小约翰·威尔斯指出："从利玛窦入华起，耶稣会开始接

① [法]毕诺：《中国对法国哲学思想形成的影响》，商务印书馆，2000年版，第212页。

② 许倬云：《万古江河——中国历史文化的转折与开展》，湖南人民出版社，2017年版，第345页。

触到中国文明。这是近代世界史初期全球文化沟通的一件大事。"①

这个时期的中西交流，是以西方人到东方来为主要载体。在这一时期，欧洲人对于中国的兴趣，远远大于中国人对于欧洲的兴趣。对于欧洲人来说，中国是一个巨大的知识场域，一个急于探索的广袤之地。在欧洲，谈论关于中国的知识，是这个时代知识分子的一种基本文化修养，是他们的浓厚兴趣所在。

因此，这一时期中西文化交流的基本态势，是中国文化对于西方的影响作用，大于西方文化对于中国的影响作用。无论是就发生影响的深度还是就其广泛性来说，这一时期的西方文化都更多得益于中国文化。

英国学者艾兹赫德指出，在文艺复兴时期，"总的来说，中国的物质生活水平还是远远高于欧洲。因此，技术的流动仍然是从东方向西方。欧洲取得的进步主要体现在其进口商品的质量方面。印刷术和科举考试是西方从东方引进的两项主要成果，这强化了西方日益增长的文化力量。引进的第三项成果是酿酒技术，成为西方实现奢华生活的组成部分。"而到了 17—18 世纪，"这时中国在世界历史上的影响达到了顶峰。……中国在世界历史和世界地理上都引人注目，其哲学、花卉和重农思想受到密切的关注，其经验被视为典范。正如法国耶稣会士钱德明神父所言，中国就是'文化界的秘鲁和波托西(Potosi)'"。艾兹赫德还说道："世界历史上任何一个时期都没有像启蒙时期这样，使得中国的商业贸易相对而言如此重要，世界知识界对中国的兴趣如此之大，中国形象在整个世界上如此有影响。"②

孟德卫也说："要从西方历史中发现西方对中国的敬意，我们必须回到 1500—1800 年这一时段。"③

所以，16—18 世纪的中西文化交流史，是以中国文化大规模西传、以西方效法中国为其显著特征的文化交流史。中国与欧洲，进入从物质到精神的全面相遇、相识的大交流时代。而一位美国历史学家认为，没有亚洲就没有今日的西方文化，只是在西方掌握了这个世界以后，他们编造出

① [英]小约翰・威尔斯：《1688 年的全球史》，海南出版社，2004 年版，第 194 页。

② [英]艾兹赫德：《世界历史中的中国》，上海人民出版社，2009 年版，第 249、275－276 页。

③ [美]孟德卫：《1500—1800 中西方的伟大相遇》，新星出版社，2007 年版，第 15－16 页。

了“东方与西方”“现代与传统”这样的二元对立模式，真实的历史其实不是这样。

五

西方对中国的认识史、知识史，也就是西方人走向东方、走向世界的历史，是西方文明从边缘进入文明中心的历史。这一过程是波澜壮阔的，激动人心的，也可以看到西方文明开拓性和进取性的品质。这一过程，也为我们认识人类文明的交流和互鉴提供了一个特别值得研究的历史文本。而文明的交流与互鉴，则为人类文明的持续发展和创新提供了巨大的推动力量。

所谓“互鉴”，就是互相了解、互相认识、取长补短，更从他人的眼光“观照”自己，认识自己。这样，就能分享人类文明的优秀成果，也会更深刻和全面地认识自己。所以，我们研究这个历史文本，也是从“他者”角度来认识中华文明本身。这样，我们对于我们自身的文化传统，认识得就会更深刻、更全面了，同时也更了解中华文明在世界文明总体格局中的地位、作用和影响，更了解我们对于世界文明的重大贡献。

现代世界是一个开放的世界，是一个全球化的世界。发达的交通工具，先进的通讯手段，密切的国际关系，频繁的人员往来，已经使整个世界的空间距离大大缩小，使各民族文化之间的联系更为紧密。文化交流和互鉴也出现了前所未有的活跃局面和广阔态势，文化也就在愈来愈大的程度上成为全世界的文化。

我们走向世界，世界也走向我们。在现代世界的总体文化格局中，在具有健全机制和健康态势的现代中外文化交流中，中华文化在吸收外国先进文化的同时，也重现丰采，以更宽阔的渠道、更丰富的内容、更广大的范围继续广泛传播于世界各地，在现代世界文化的总体对话中，在现代世界文化的繁荣和发展中做出贡献。

第一部分

猜想·接触·讲述

超越时间和空间：
西方地理和心灵视野的渐次打开方式

第一章
古希腊罗马的东方猜想

一　古希腊艺术所见中国丝绸的影子

在古希腊时代，地中海边上的希腊城邦与东方的中国，相距十分遥远，很难通达信息。所以，在那个时代，希腊人很少有可能获知远方中国的情况。但很可能经过斯基泰人为媒介，中国的丝绸已经运抵希腊城邦。在雅典西北陶工区的墓葬中，有一座雅典政治家阿尔希比亚德斯(Alcibiades)家族的墓葬，在发掘中找到了6件丝织物和一束可以分成三股的丝线。经鉴定，这些丝织品是由中国的家蚕丝所织，时间在公元前430—前400年之间，相当于中国战国的初期，发生在伯罗奔尼撒战争前后。[①]

我们在古希腊女神的雕像中，在陶器、绘画和其他雕塑艺术作品中，都若隐若现地看到中国丝绸飘忽的影子。许多考古资料已经证明，早在公元前5世纪中国的丝绸已经越过阿尔泰山，来到了中亚地区，那么，也有可能沿着那时已经开辟的草原丝路，由希腊人所称为斯基泰人的商队将中国的丝绸运抵希腊，成为希腊人所喜爱的一种珍贵的衣料。

---

① 沈福伟：《中国与欧洲文明》，山西教育出版社，2018年版，第26页。

古希腊雕刻和陶器彩绘人像有的所穿衣服细薄,因而有人推测在公元前5世纪中国丝绸已经成为希腊上层人物喜爱的服装。古希腊的服饰不经剪裁缝制,披挂包裹在身体上,简洁、清纯,以衣褶来表现飘逸的动感美。雅可波利斯的科莱(Kore)女神大理石像,胸部披有薄绢,是公元前530—前510年的作品。雅典卫城巴特农神庙的命运女神浮雕是公元前438—前431年的作品,埃里契西翁的加里亚狄(Karyatid)雕像是公元前5世纪的雕刻杰作,他们都身穿长袍,衣褶雅丽,质料柔软,都体现了丝织衣料的特点,希腊人常用的亚麻织物很难有这种感觉。

希腊绘画中也有类似的丝质衣料。公元前5世纪雅典成批生产的红花陶壶上已有非常细薄的衣料,公元前4世纪中叶的陶壶狄奥希索斯和彭贝(Diohysos & Pompe)更是表现得比较明显。特别是克里米亚库尔·奥巴(Kul Oba)出土公元前3世纪希腊制作的象牙版上的绘画《波利斯的裁判》,将希腊女神身上穿着的纤细衣料表现得十分完美,丝质罗纱将女神乳房、脐眼显露出来。这种衣料在当时只有中国才能制造,绝非野蚕丝织成。[①]

古希腊雅典陶壶人物丝服

据考在西方人的著作中,最早有关丝绸的记载,是古希腊诗人阿里斯托芬(Aristophanes,约前446—前385)的《吕西斯特拉忒》(前411),其中提到一种用"Amorgis"的绢做成的长上衣,叫"Amorgiam"。此为古希腊著作中最早提到的有关丝的记述。[②] 哲学家亚里士多德(Aristotle,前384—前322)在《历史》的"论动物"一节中提到过丝绸,不过他所指的丝绸究竟是来自中国的蚕丝,还是希腊本土生产的一种轻薄织物,学术界还有不同的看法。

在《圣经》中也有关于丝绸的只言片语。《旧约·以西结书》中有两段话提到中国丝绸:

① 沈福伟:《中西文化交流史》,上海人民出版社,1985年版,第22—23页。

② 戴禾、张英莉:《中国丝绢的输出与西方的"野蚕丝"》,《西北史地》1986年第1期。

……我也使你身穿绣花衣服，脚穿海狗皮鞋，并用细麻布给你束腰，用丝绸为衣披在你身上……

……这样，你就有金银的妆饰，穿的是细麻衣和丝绸，并绣花衣。……①

一般认为以西结是公元前6世纪的人，在那个时候，西方人对于中国丝绸已略有所知。

英国学者曼弗雷德·拉施克（Manfred G. Rashke）认为，丝绸被带到西方，可能比中国资料所证明的时间要早得多，甚至可能在公元前6世纪便到达了多瑙河河岸。②

而比较可以想象的是，在亚历山大大帝（Alexander the Great，前356—前323）东征的时候，他一定会在沿途接触过精美的中国丝绸，比如在他所征服的居鲁士宫廷的宝物中，就完全有可能有巨量的丝绸衣料收藏和用于宫中的豪华装饰。阿里安（Flavus Arrianus）在《亚历山大远征记》中记载，亚历山大在苏萨和波斯帕里斯的皇宫里，见到了华丽异常由绫锦制作的挂幡，这些丝织品无疑是由中国运去的。在马其顿首都佩拉附近，亚历山大为其父王菲利普（Philip of Macedon，前382—前336）修建了一座陵墓。人们发现，老马其顿国王的遗骸被包裹在一种绣金的丝绸中。这是在希腊发现的这种原料最古的织物。人们倾向于认为，这很可能是一种中国丝绸。这些丝织品很可能是亚历山大令人从东方送回国内，然后又放在老国王的墓葬中的。

亚历山大大帝远征到大夏和粟特地区，并在药杀水建立了殖民地“极远的亚历山大城”。粟特人是长期活跃在丝绸之路上的从事丝绸贸易的民族，那么，亚历山大及其远征军是不是也可以从粟特人那里得知有关丝绸的信息呢？他们应该从那里最早打听到，大山的那边就是出产丝锦的赛里斯国。

① 《圣经》，中国基督教协会，1998年版，第824页。

② ［英］崔瑞德、鲁惟一编：《剑桥中国秦汉史》，中国社会科学出版社，1992年版，第441页。

二 中国丝绸在罗马

1 中国丝绸风行罗马

1世纪初堪培尼亚壁画上的罗马妇女穿着丝绸服装

到了汉代，由于丝绸之路及丝绸的大批量输入西方，中华文化与西亚和欧洲有了进一步的接触和联系。那时候，在欧亚大陆上，从东到西，有中国的汉帝国、贵霜帝国、安息帝国以及西方的罗马帝国。这四大帝国的文化接触和交流，成为几个世纪之中欧亚大陆文化交汇与融合的主轴。经过漫长的丝绸之路，中国的丝绸等物产陆续传播到波斯，进而传播到罗马帝国，使那里的人们对遥远的东方有了一些模糊的印象，有了一些充满着神秘色彩的传说与想象。这些传说和想象，尽管还是很模糊的，尽管看起来有些荒诞不经和离奇古怪，但却是他们关于中国的最初的知识，是中国在西方的最早形象。

天高地远，山高水长，仍然阻挡不住大陆两端文明的相望、呼唤与交流，成为那个时代世界文化图景中一个若隐若现的画面。

有文献记载的罗马人第一次接触到丝绸是在公元前53年。当时罗马“三头政治”之一的执政官克拉苏(Marcus Licinius Crassus Dives，前115—前53)，在就任叙利亚行省总督不久就匆忙率军远征帕提亚，即安息。在卡莱尔，罗马军团与安息人发生大战。天当正午，交战正酣，安息人突然展开鲜艳夺目、令人眼花缭乱的军旗。由于这些军旗耀眼刺目，再加上罗马人本来就是疲惫不堪，所以他们很快就全线崩溃，安息人大获全胜。这就是历史上有名的卡莱尔战役。在这场战役中，克拉苏阵亡，他的儿子也在战场上捐躯，有2万多名罗马士兵血染沙场，另有1万名士兵被俘。“在卡莱尔战役中，安息人就这样大获全胜。这是罗马人发动的失败得最惨的一次战役。”[①]那些在关键时刻扰乱罗马军心的彩色军旗，就是用中国丝绸制作的。

古罗马壁画身着丝绸服装的女神梅娜德

这是有记载的罗马人第一次见到中国的丝绸。法国学者布尔努瓦(Lucette Boulnois)写道：“至于那些在这次毁灭性战役中使罗马军团眼花缭乱的、绣金的颜色斑斓的军旗，历史学家弗罗鲁斯(Florus)认为这就是罗马人前所未见的第一批丝绸织物。”[②]

此后不久，丝绸很快就为罗马人所熟悉。据说著名的罗马统治者、与克拉苏同为“三头政治”之一的恺撒(Gaius Julius Caesar，前100—前44)曾穿着绸袍出现在剧场，引起轰动，甚至被认为奢侈至极。据说恺撒还曾用过丝质的遮阳伞。

汉代以后，中西交通大开，丝绸西运数量大增，其远达罗马帝国。德国人李希霍芬(Ferdinand von Richthofen，1833—1905)创造“丝绸之路”这个名词，就是为了强调这条路的开辟主要是为运输中国丝绸到罗马帝国去。罗马城区有专售中国丝绸的市场，罗马贵族们不惜重金高价购买中国丝绸。

① ［法］布尔努瓦：《丝绸之路》，山东画报出版社，2001年版，第2页。

② 同上书，第3页。

罗马皇帝提比略(Tiberius,前42—公元37)曾试图禁止男人穿丝绸,以遏奢靡之风,但没有成功。他的继任者卡利古拉(Gaius Julius Caesar Augustus Germanicus,12—41)第一个穿上了丝绸袍子。顿时,中国丝绸风行于罗马宫廷和上层社会,几百年中,元老院的议员一向以能穿中国的丝袍为荣。锦衣绣服既成富室风尚,绸幕丝帘也被教堂袭用。

克洛德·热莱《克利奥巴特拉在塔尔索登岸》

运到罗马的丝绸也传到了埃及。从公元前1世纪起,中国的绫绮便在埃及流行起来。埃及女王克利奥巴特拉(Cleopatra)曾身穿华丽的绸衣出席宴会。1世纪中叶罗马作家罗卡纳(Lucanus)记述这位绝代女王:"她白皙的胸部透过西顿衣料显得光耀夺目,这种衣料本由细丝精心织成,经罗马工匠用针拆开,重加编织而成。"①

丝绸最初输入罗马时,"几乎是一种无价之宝"②,还只是少数贵族享

① 引自沈福伟:《中国与非洲——中非关系二千年》,中华书局,1990年版,第27页。

② [法]布尔努瓦:《丝绸之路》,山东画报出版社,2001年版,第28页。

用的奢侈品，但过了不久，就在全帝国风行开了。在意大利南部的巴布利(Publie)遗址曾出土过罗马时代的丝绸。在2世纪时，丝绸在罗马帝国极西的海岛伦敦，风行程度甚至“也不下于中国的洛阳”。4世纪时罗马帝国属下的埃及的卡乌和叙利亚的杜拉欧罗巴，都曾发现中国丝绸。5世纪以后罗马帝国境内出土的利用中国丝在叙利亚和埃及织造的丝织物就更多了。杜拉欧罗巴北面的哈来比和西面的巴尔米拉都有丰富的出土物。

各蛮族涌入罗马帝国以后，为罗马贵族的豪奢之风所熏染，也开始追求东方奢侈品。408年，西哥特国王阿拉里克(Alaricus，约370—410)率领西哥特军队围攻罗马，向帝国政府勒索大量财物，除金银财宝外，还有丝绸外衣4000件，皮革3000皮和胡椒3000磅。

2 丝绸在罗马引起了“文化革命”

中国丝绸的大量输入，给罗马帝国带来了不可估量的影响。丝绸在罗马帝国的风行，正好适应了当时罗马帝国席卷全社会的奢靡之风。或者还可以说，来自远方的中国丝绸，参与创造了罗马的浮华、奢侈、追求时髦的社会风尚。“在这样一种挥霍浪费和追求虚伪等高雅时髦的气氛中，丝绸就以风驰电掣般的速度而席卷古罗马。”[①]法国学者F. B. 于格(Francois-Bernard Huyghe)和E. 于格(Edith Huyghe)指出：

> 丝绸并不是一种简单的豪华产品，也并不仅仅是罗马帝国的罗马人所迷恋的一种珍品，这是一次文化革命。随着丝绸产品，便出现了两大现象，它们后来与西方的历史变得不可分割了。这就是追求异国情调与时尚。追求远来事物以及新鲜事物的情趣，似乎是微不足道的小事。然而，当它们渗透于时代精神中的时候，它们便会改变历史，包括经济史和行为史。[②]

---

① [法]布尔努瓦：《丝绸之路》，山东画报出版社，2001年版，第29页。

② [法]F. B. 于格、E. 于格：《海市蜃楼中的帝国——丝绸之路上的人，神与神话》，喀什维吾尔文出版社，2004年版，第72页。

古罗马城废墟遗址

以上所说的这两个方面,即异国情调和流行时尚,在当时的罗马社会心理中显得极为突出。而丝绸正好满足了这两个方面的社会心理需求。丝绸本身就有豪华的特征,但更具有吸引力的是来自它本身的遥远而又神秘的起源。当时罗马人只知道丝绸来自遥远的"赛里斯",但是,"赛里斯"在哪里?那里的人们又是什么样?就只有一些荒诞不经或道听途说的想象和传闻。这就更增强了丝绸的神秘性。在所有人的心理上,丝绸都享有一个神奇东方的所有内涵。在所有的文化中,都有对于异国情调的想象与向往,如果这种想象负载在一个具体的事物当中,那么,这个事物就被赋予了特殊的超出它本身的文化价值。丝绸在罗马就是这样。丝绸成了罗马人对于异邦想象的文化载体。"没有任何商品会具有如此梦幻般的意义。那些促使骆驼队穿越沙漠、大碛或乘船漂洋过海的致因,也是为了这一切:对于美好事物和外来物的一种无尽的渴望。"①

① [法]F. B. 于格、E. 于格:《海市蜃楼中的帝国——丝绸之路上的人,神与神话》,喀什维吾尔文出版社,2004年版,第73页。

古罗马壁画《爱与美之女神维纳斯》，她的右手拈着透明的薄纱。

丝绸在罗马的另一个文化影响是创造了一种新的时尚。在罗马，丝绸及其织品创造一种时髦的服装，掀起了一场时尚的狂澜，使整个社会趋之如骛。“不论是精细轻便的丝织衣物，还是豪华的室内装饰的锦缎织品，这一潮流很快传播开来。接下来的两个世纪内，人人穿着至少是半丝织的衣物，否则会被看成苦行僧。纯丝绸制品已经成为追赶时髦的‘必备之物’，但它价格昂贵，并非人人都穿得起。……中国的丝绸赢得了赞誉。其洁白光泽和独一无二的品质可以绣上各种色彩的图案，从最生动的到最温馨的，从橘黄色、紫晶色到无论多敏锐的感官也无法准确定义的——渐渐暗淡的玫瑰花色、色雷斯鹤的色彩、海水的颜色抑或是奇幻的色彩：‘万里无云，温和的西风带着潮湿的气息徐徐吹来。’”①

“中国的丝绸潜移默化地改变着罗马妇女、男人的着装习惯。”②丝绸非常性感，造成了一种诱惑和具有女性化气息。时髦、豪华和享乐是密切联系在一起的。罗马美女们使用来自东方的粉脂和香水，在衣物的轻盈和透明方面互相比赛，满足于这种新鲜而又让人爱抚摸的手感。所以，于格指出，丝绸在罗马引起的文化革命的另一个方面，便是创造了“时髦”。

> 我们不仅应该把“时髦”理解作对上层阶级（特别是他们的习惯）的想象，而且也应理解作某种新鲜事物，这恰恰就是新产品。为了时

---

① ［法］让-诺埃尔·罗伯特：《从罗马到中国——凯撒大帝时代的丝绸之路》，广西师范大学出版社，2005年版，第198页。

② 同上书，第197页。

> 髦，则必须使某种物品、某种行为突然间变成令人向往的对象，它们相当稀少而可以作为名誉地位的标志，接触到它就可以变成生活的典范。……引入丝绸的原因依然是：鉴赏力的变化。因此，我们必须将时髦风气的发明，追溯的比中世纪……更远，直到丝绸出现的时代为止。①

实际上正是由于中国的丝绸大量输入到罗马，在那里的社会生活中引起了巨大的波澜，造成了一种社会风尚，这种追求异域风情和奢侈浮华的风气弥漫于整个社会。也可以说，这是中国文化在欧洲引起的第一股“中国风”，这股“中国风”以丝绸为主要载体，虽然当时的人们还不知道“中国”。于格指出：“自从罗马的贵族夫人们身穿透明罗纱以来，欧洲就已经非常向往中国了。”②

这就是说，当丝绸在罗马帝国的大地上风行的时候，有关中国文化的某些信息也随之传了过去。思想的东西负载在物质的东西身上，成为两种文化间接接触的一个渠道。法国学者安田朴（René Etiemble）指出：罗马人进口已经染色和织好的丝绸的时候，

> 他们收到了一种上面带有某些装饰内容（因而就是神话或宗教的）和颜色比例（因而也就是某种具有造型价值的方法）的商品。所有这一切都包括在一种文明中，由于其特征的作用，这些带着由赛里斯人制造的丝绸之披肩的罗马女士们，都分享了东方人才华的成果。……任何商品都会“随同它而带来一种实用哲学和一种人生学说”。③

丝绸在罗马的风行，造成了重大的社会文化后果。“一些罗马人还为透明的丝袍可能会引起道德败坏而焦虑不安，而另外一些人则担心购买

---

① ［法］F. B. 于格、E. 于格：《海市蜃楼中的帝国——丝绸之路上的人，神与神话》，喀什维吾尔文出版社，2004年版，第74页。

② 同上书，第5页。

③ ［法］安田朴：《中国文化西传欧洲史》，商务印书馆，2000年版，第45页。

奢侈品的巨大花费可能会损害帝国的经济。实际上,这两种担心都证明了进口的丝绸和香料对罗马消费者的巨大的吸引力。”①

许多哲学家和道德学家都对丝绸服装近乎透明感到不安,认为会引起社会的道德败坏。罗马的风纪检查官们就曾批评这种服装过于下流猥亵。哲学家塞涅卡(Lucius Annaeus Seneca,约前4—公元65)一方面肯定了丝绸对罗马人生活的影响,说:“没有丝国的贸易,我们何能蔽体。”另一方面,他又这样写道:

> 我看到了丝绸衣服,如果您称它们为衣服的话,那些衣服一点都不能为着装人提供身体的保护,也不能保持着装人的端庄,虽然穿着衣服,但没有一个女人敢诚实地发誓说她不是裸体的。这些衣服高价从那些甚至不懂商业的国家进口过来,目的是使我们的已婚妇女除了在大街上展示的,再没有什么身体部位可以在卧室里向她们的丈夫展示。②

1世纪的罗马博物学家普林尼(Gaius Plinius Secundus, 23—79)在其著名的《自然史》中充分论述了中国丝绸对于罗马经济和社会的重要影响,他不仅盛赞中国丝绸之美,还特别强调了丝绸作为最高级的奢侈品使罗马金银大量外流,造成类似今日外货入超的严重影响。当时罗马的丝绸价格相当昂贵,以致罗马作家奥利略亚尼(Vita Aureliani)说罗马城的中国丝绸昂贵得和黄金等重同值。美国学者德克·卜德(Derke Bodde, 1909—2003)也曾指出罗马时代丝绸贸易的情况:

> 作为中国丝绸的交换物,罗马帝国将宝石、毛纺织品、石棉和玻璃运往中国。……然而所有这些物品当中,没有任何一种就其价值来看可以和丝绸相匹敌。织成半透明薄纱的丝绸衣料,可供罗马贵族夫人和小姐们缝制最时髦的服装。历史上有若干时期,当丝绸抵

---

① [美]杰里·本特利、赫伯特·齐格勒:《新全球史——文明的传承与交流》,北京大学出版社,2007年版,第314页。

② 引自[英]艾兹赫德:《世界历史中的中国》,上海人民出版社,2009年版,第41页。

达目的地时，其价值要用等量的黄金来衡量，这是毫不夸张的说法。因而在公元1至2世纪，由于罗马人大量使用丝绸和亚洲的奢侈品，致使罗马贸易上的入超估计不下5亿美元。一位学者甚至提出，这种贸易入超是导致后来罗马帝国崩溃的一个重要原因。①

由于丝绸价格昂贵且又大量进口，所以当时的丝绸贸易已达到极大的金额，以致造成罗马黄金大量外流。近代历史学家中有人以为罗马帝国的灭亡实由于贪购中国丝绸以致金银大量外流所致。"那时一些有学识的观察者认为罗马人对于奢侈的渴望和他们的女人们的各种要求将会毁灭他们的文明。"②

如果将罗马帝国的灭亡归结于丝绸和其他奢侈品的流行，似乎有些简单。庞大的罗马帝国的大厦轰然坍塌，有着相当复杂的历史原因，是许多因素合力造成的结果。英国历史学家吉本（Edward Gibbon，1737—1794）为此写了几大卷著作来探讨这个历史之谜。但是，以丝绸的流行为代表的整个罗马社会的腐化、奢靡之风，从内部腐蚀着社会的肌体，不能说不是导致罗马文明覆灭的原因之一。

3 罗马人对蚕与丝的猜想

输入罗马的丝绸风情万种，生丝雪白纤细，受到罗马人的普遍欢迎，作为高档奢侈的象征，也引发人们对于这种精致的纺织品的来源的种种猜想。人们已经知道这是从遥远的"丝国"贩运而来的，但是什么材料制成的呢？当时的罗马人并不知道养蚕缫丝的秘密，而是普遍认为中国出产的丝绸是用一种树上长出的羊毛织成的。于格指出：

> 尽管丝绸从陆、海两路传到了罗马，尽管商行数目与日俱增，尽管帝国的面积辽阔和其道路发展得都很快，但拉丁人却从来不知道

---

① [美]德克·卜德：《中国物品传入西方考证》，《中外关系史译丛》第1辑，上海译文出版社，1984年版，第213页。

② [瑞典]罗伯特·贺曼逊：《伟大的中国探险：一个远东贸易的故事》，广东人民出版社，2006年版，第2页。

丝绸的起源；而在对于神秘的赛里斯国的所知方面，他们也不比希腊人更向前推进一步。①

在那个时候遗留下来的文献中，有不少对于丝和丝绸的赞誉之词，如罗马诗人维吉尔（Virgil，前 70—前 19）说："赛里斯人从他们那里的树叶上采集下了非常纤细的羊毛。"②

希腊地理学家斯特拉波（Strabo，约前 64 或 63—公元 23）约在公元前 20 年移居罗马，他写的《地理志》一书多处提到了赛里斯人。他说："大夏国王们始终不断地把自己的领地向赛里斯和富伊人地区扩张。""也是出于同一原因（气候的酷热），在某些树枝上生长出了羊毛。尼亚格说，人们可以利用这种羊毛纺成漂亮而纤细的织物，马其顿人用来制造坐垫和马鞍。这种织物很像是足丝脱掉的皮织成的赛里斯布一样。"③

哲学家塞涅卡的悲剧《费得尔》中有这样一句台词："女子们，请为我脱掉这些缀金和紫红的服装！我不要推罗人的紫红染料，也不要遥远的赛里斯人采摘自他们树丛中的丝线。"他还说到"赛里斯人采自东方树上的罗绮。"④

诗人贺拉斯（Quintus Horatius Flaccus，前 65—前 8）也颂扬这种珍贵的织物，歌颂它的柔软和精细。但对出产国的情况并不清楚，只是说赛里斯人居住在"东方的边缘"。

普林尼说："赛里斯人，这一民族以他们森林里所产的羊毛而名震遐迩。他们向树木喷水而冲刷下树叶上的白色绒毛，然后再由他们的妻室来完成纺线和织布这两道工序。由于在遥远的地区有人完成了如此复杂的劳动，罗马贵妇人们才能够穿上透明的衣衫而出现于大庭广众之中。"⑤普林尼说的比前几位作家更细致一些，不仅说到丝是长在树上，还说到纺线和织布的两道工序，以及从东方的贩运过程。

---

① ［法］F. B. 于格、E. 于格：《海市蜃楼中的帝国——丝绸之路上的人，神与神话》，喀什维吾尔文出版社，2004 年版，第 52 页。

② ［法］戈岱司编：《希腊拉丁作家远东古文献辑录》，中华书局，1987 年版，第 2 页。

③ 同上书，第 5—6 页。

④ 同上书，第 7—8 页。

⑤ 同上书，第 10 页。

1世纪的西流士·伊塔利库斯(Silius Italicus,25—101)在《惩罚战争》中说:"晨曦照耀中的赛里斯人前往小树林中去采集枝条上的绒毛。""赛里斯人居住在东方,眼看着意大利(火山)的灰烬漂白了他们长满羊毛的树林。天哪! 这真是蔚为奇观!"①

庞贝壁画中的罗马贵妇人

到2世纪中叶,希腊地理学家包撒尼雅斯(Pausanias)在《希腊志》中曾指出,赛里斯人之丝并非取自植物,乃是被称为"塞儿"的昆虫所产。他说:"至于赛里斯人用作制作衣装的那些丝线,它并不是从树皮中提取的,而是另有其他来源。在他们国内生存有一种小动物,希腊人称之为'塞儿'(Sêr),而赛里斯人则以另外的名字相称。这种微小的动物比最大的金甲虫还要大两倍。在其他特点方面,则与树上织网的蜘蛛相似,完全如同蜘蛛一样也有八只足。赛里斯人制造了于冬夏咸宜的小笼来饲养这些动物。这些动物作出一种缠绕在它们的足上的细丝。"②包撒尼雅斯之说

---

① [法]戈岱司编:《希腊拉丁作家远东古文献辑录》,中华书局,1987年版,第14—15页。

② 同上书,第54页。

也有不少得自误传，如说“塞儿”龄5岁，头四年喂小米，第五年喂芦草。但是，这个看法已经有了很大的进步，不再是把丝看作是“树上的羊毛”，而是得自“小动物”。包撒尼雅斯的对于丝的看法比较接近正确的了。至少他提供了一个重要信息，即制作丝绸的丝在欧洲第一次不再是来自“树皮”而是来自“一种很小的动物”。

但4世纪初叶的普里西安（Priscien）却有另外一种说法，他说，赛里斯人“从来不关心放牧自己的牛羊，而是从他们国土上的荒凉地区中所采来的花朵纺织出衣装并精心缝制。”①

丝绸在罗马世界流行了几个世纪，罗马人趋之若鹜，爱不释手，却始终不知道制作如此精美的丝绸是什么材料制成的，这一点是很奇怪的。英国汉学家裕尔（Henry Yule，1820—1889）指出：“情况也许是，商贸世界对这件事有着更正确的知识，而诗人们却没有注意到它，仍抱残守缺地坚持缪司传人的传统，信守旧文献传说中羊毛产自树叶的说法。”②裕尔认为，包撒尼雅斯之所以有比较接近正确的看法，或许是他获得了特别的消息来源。也有可能他与在马可·奥勒留时期访问过中国的罗马人有过接触。他说的这些“访问过中国的罗马人”，就是中国史籍中著名的“安敦使团”。

三　希腊拉丁文献记载的中国

1　古代西方人对中国的称谓

汉代中国把巴克特里亚称为“大夏”，把波斯称为“安息”，把罗马称为“黎轩”或“大秦”。这些都是中国人对这些国家的称谓，它们自己并不用这样的名称。同样，当时的西方人也有自己对中国的称谓。西方人对中

① ［法］戈岱司编：《希腊拉丁作家远东古文献辑录》，中华书局，1987年版，第53页。

② ［英］H. 裕尔：《东域纪程录丛》，云南人民出版社，2002年版，第13页。

国叫的名称有多种，而这种称谓的变化或许从一个侧面反映了他们对中国的接触和了解。

大约在公元前5世纪，波斯的古文献中就记有中国的名称，称中国为“支尼”（Cini，Sāini）。波斯古文献对中国的称谓还有Cin、Cīnistān、Cīnastān，都和粟特语中的Cyn相近。

印度最早称中国为“支那”（Cina）。印度两大史诗《摩诃婆罗多》和《罗摩衍那》中都有这个名称。公元前4世纪的考底利耶（Kautilya）著《政事论》一书，其中载有Cina之名，并记“中国丝卷”（Kau seyam Cīnapattāsca Cīnabhumijāh），Cīnapattā原意是“中国所出由带捆扎的丝”。

因此，波斯人的Cini和印度人的Cina，都可能与丝绢的输入有关。他们是从贩运到他们那里的中国丝绸而开始知道中国的。裕尔指出：“我们有理由相信，‘支那’（China）一名在更早的时候即已使用，因为《摩奴法典》和《摩诃婆罗多》已提到它。《摩奴法典》和《摩诃婆罗多》都是早于秦帝国许多世纪的作品。《摩奴法典》中称，‘支那斯’（Chinas）是一个堕落的刹帝利种姓。虽然两部作品中所显示的‘支那斯’人和地理位置确实很不准确，但在缺乏与此相悖的客观证据的情况下，似乎有理由相信，对当时的印度人来说，‘支那’这个名称所代表的就是现在的中国；同时，印、中两国天文学体系的一部分内容也极有力地显示，中印两国古代的交流源远流长；这些极为古老的交流甚至在影响深远的史书中也失记了。”①

古希腊人称中国为“赛里斯”（Seres）。英国科学史家李约瑟（Joseph Needham，1900—1995）说：“Seres（丝国）这个字起源于‘丝’，传到欧洲成为希腊字（Serońp），因此，这个名称大约始于丝绸贸易开始的时期。”②

最早提到“赛里斯”的是希腊人克泰夏斯（Ctesias），据说他在公元前416—前398年间担任过波斯宫廷医生。不过有人对他的生卒年持怀疑态度，认为他关于赛里斯的记载系后来伪托。比较可靠的说法是，Seres这个词第一次在欧洲出现是在公元前130至公元前87年之间，那时阿尔泰米特的阿波罗多汝斯（Apollodorus of Artemita）曾说过，希腊巴克特里

① [英]H.裕尔：《东域纪程录丛》，云南人民出版社，2002年版，第4页。

② [英]李约瑟：《中国科学技术史》第1卷，科学出版社、上海古籍出版社，1990年版，第173页。

亚的国王欧西德莫斯(Euthydemus I)的征服地区扩展到Seres。不过，这里所说的Seres并不是指中国，而是作为中间人的西伯利亚各部落。Seres直接指中国，应该是在恺撒和奥古斯都(Gaius Octavius Augustus，前63—公元14)的时代。裕尔指出：赛里斯人“这个名称在古典作家作品中的出现更为频繁，……奥古斯都时代的拉丁作家对这个名称确已比较熟悉，但具体内容却总是模糊不清，并且通常泛指东亚和更东部地区。”①

在拉丁文中还有Sina和Thinae或Hiv指称中国。如《爱脱利亚海周航记》中载有“秦尼”(Thinae)。而托勒密(Ptolemee，约90—168)的《地理志》中同时提到秦尼国(Sinae)和赛里斯国(Seres)之名。似乎他不清楚这两个名称实际上是指一个国家。可能是因为Seres之名是从陆路传来的，而Sinae(或Sina)是从海路而来的。

而后，生活在6世纪的科斯马斯(Cosmas Indicopleustes)在《世界基督风土志》中对中国的称呼并不是希腊－罗马世界所熟悉的传统的“赛里斯”或“秦奈”，而是一个陌生的“秦尼扎”(Tzinitza)和一个稍有差异的“秦尼斯达”(Tzinista)。对于这两个形式稍异的称呼，法国东方学家戈岱司(George Coedes，1886—1969)认为，它们都是梵文Cinasthāna的希腊文译法。裕尔在肯定两个名称均指中国的同时，似乎倾向于其起源的两种可能性：“科斯马斯称呼中国的名字是一个引人注目的Tzinitza(秦尼扎)，……它又表现为更确切的形式Tzinista(秦尼斯达)，代表古印度语Chinasthána，波斯语中的Chinistan。所有这些名称都与西安发现的叙利亚文石碑中称述中国的名称Tzinisthan是一致的。”②5世纪的亚美尼亚史学家摩西(Moses of chorene)在其著作中把中国称为“哲那斯坦”(Jenasdan)。

古代西方人用许多词语来称呼中国。关于这些名称的来源，有过很热烈的讨论。考其语音，一为希腊人之Seres(赛里斯)，有论者认为这个词的对音是“丝”，或者认为是“绮”，反正与丝绸有关。西方人因知丝绸而知产丝之国，称为Seres。另一为印度梵文Cina(支那)，拉丁文的Sina，

---

① ［英］H. 裕尔：《东域纪程录丛》，云南人民出版社，2002年版，第10页。

② 同上书，第16—17页。

Thinae,Tzinitza,Jenasdan等等皆系从Cina演变而来,并由此演为现代英语中的China。对于“支那”这个名称的对音,有几种不同的说法,有的认为“支那”来自中国历史上的秦国的名称。张星烺著《“支那”名号考》一文支持此说。另一种主张“支那”与“丝”有关。还有的认为“支那”的原音为日南,或为古代滇国,如此等等。

实际上,这种讨论的任何一种主张都带有猜测的性质。由于年代久远,我们已难详细考察这些称谓的语音学上的来源。不过,我们确切知道的是,在古代西方人的文献中,“赛里斯”或“支那”等称谓就是用来指称对于他们来说相当遥远的东方大国,用来指称我们中国。

2 “很远,在东方的那端”

古希腊文献中与中国有关的论述,最早的大概是希罗多德(Herodotus,约前484—前425)的历史著作。希罗多德的巨著《历史》中有一卷记欧亚草原地带的斯基泰族,代表了当时的希腊人对于东方的知识。希罗多德根据公元前7世纪一位旅行家普罗康涅斯的阿里斯泰(Aristaeus)所写的题为《阿里玛斯波伊人》的诗,记载了约有10个独立的民族或部落,并叙述了他们的习俗。阿里斯泰是西方传说中的古希腊著名旅行家和诗人。他曾经跟随庞大的斯基泰商队,从希腊出发,穿越了7个民族和地区,到达阿尔泰山脚下“阿尔及巴埃人”的市场。在那里,他见到了伊塞顿商人(大约是居住在伊犁河流域的塞人),然后跟着返回的伊塞顿商人沿着阿尔泰山南麓继续东游。在天山山口和阿尔泰山山口,北风怒吼,飞雪漫舞,山后面是难以逾越的崇山峻岭和沙漠戈壁。他听当地人说,在崇山峻岭的那边,北风之外,是一个温暖的天地,居住着一个幸福宁静的民族,他们就是希佩伯雷安人(Hyperboreans)。其家乡一直到大海之滨,那里土地富饶,人民定居务农,海水永不结冰。“希佩伯雷安人”的本意是指“居住在比北风地更遥远地区的人”。与希罗多德同时代的一些地理学家,也可能见过阿里斯泰的诗篇,所以在他们的书中也对希佩伯雷安人的情况进行了描述。他们说,希佩伯雷安人位于“丽白安”山脉之外的北方海洋之滨,那里土地肥沃,还说他们是素食者。

这个材料适合于将希佩伯雷安人说成中国人的假说。作为农业国，中国人相对于中亚那些完全是游牧与狩猎的部落而言，当然是素食者。至于丽白安山脉，则应指一条或几条中亚的大山脉，如阿尔泰山、塔尔巴哈台，或者天山等。所以，英国学者赫德逊(G. F. Hudson)说，应该把"第一个进入准噶尔的门户并知道中国存在的欧洲文明人这项荣誉归之于他"[①]。

古罗马壁画：港口景色

现代的历史地理学家曾试图将这些部落的位置在地图上标定下来。这样，由西往东，杜撒盖塔伊人(Thyssagetae)大概居住在乌拉尔山的南部，伊赛多涅斯人(Issedones)大约在天山之东的某地，而阿里玛斯波伊人(Arimaspi)则在塔里木盆地和戈壁沙漠之间。"那么，就会得到一个乍看起来令人惊讶的结论：希佩伯雷安人不是别种人，而正是居住在关中地区和黄河下游一带的汉族人。"[②]有许多东方学者都持这种看法。

---

① [英]赫德逊：《欧洲与中国》，中华书局，1995年版，第25页。

② [英]李约瑟：《中国科学技术史》第1卷，科学出版社、上海古籍出版社，1990年版，第177页。

在我国一些边远少数民族地区仍保留着这种贸易方式。这种贸易方式的传说在罗马流传很广,有许多人如著名博物学家普林尼等都曾提到过。

关于普林尼,我们曾引述过他对中国丝绸在罗马社会流行及其影响的论述。除此之外,他还有一段话也是人们时常提及的。普林尼在其著名的《自然史》中写道:

> 在喀劳狄执政年间,由锡兰前往罗马的使节们介绍说,锡兰岛的一侧朝东南方向沿着印度延伸,有一万节之遥;这些使节们曾在赫摩迪山(Hemedi)以外地区见过赛里斯人,并与他们保持着贸易关系;使团长拉西亚斯(Rachias)的父亲曾到赛里斯国;赛里斯人欢迎旅客们,他们的身材超过了一般常人,长着红头发,蓝眼睛,声音粗犷,不轻易与外来人交谈。另外,由他们所提供的资料与我们西方商人们的所说也相差无几……①

普林尼记述的红头发、蓝眼睛的人显然不是中国人。但他的这段记载,常被认为是罗马帝国在喀劳狄执政期间所获得的关赛里斯人的首批资料。所以有人说,普林尼是第一个提供较准确的资料并有惊人发现的拉丁作家。但是,虽然普林尼是古罗马时代最伟大的博物学家,他对中国的描述比前代人要具体一些,但仍有含糊和不确之处。这也反映了当时西方人对中国的认识水平。因为当时丝绸是几经中间民族转手而传入罗马的,罗马人所知道的那个产丝之国也是几经转述的传闻,这里面不可避免地包含着许多想象和误传。

2世纪的地理学家托勒密写的《地理志》一书中对赛里斯国有着更细致的描述:

> 赛里斯国的四至如下:西部是伊麻奥斯山外侧的斯基泰,沿上文所指的路线延伸;北部是一片未知之地,与图勒(Thoulè)位于同一条纬度线上;东部也是一片未知之地,沿一条子午线的方向延伸,该子

---

① [法]戈岱司编:《希腊拉丁作家远东古文献辑录》,中华书局,1987年版,第11—12页。

午线两端的方位是:180°和63°,180°和35°。其余是外恒河以南的印度的另一部分……

赛里斯国四周环绕着一座叫做阿尼巴(Anniba)的山脉,……赛里斯国的绝大部分地区由两条河流所流经,……

赛里斯国的首都赛拉城,每天白昼最长为十四个小时四十五分,东距亚历山大城的时差为七小时五十分钟或整八小时。①

托勒密认为在印度和赛里斯国之外,在赛里斯国首都的东部,还存在一块不大为人知的土地,"那是一个覆盖着淤泥的湖沼",它滋润着亚洲大陆直到东海岸。那里芦苇丛生,这些芦苇长得坚挺粗壮,人们甚至能从其上部攀缘而越过沼泽面。这种假说的结果使赛里斯国处于了内陆。他列举了许多山脉,这些高山几乎包围了整个国家。他同时还命名了两条长河:瓦尔卡德河和包蒂索斯河。他说到"赛里斯国的绝大部分地区由两条河流所流经",这应该是指黄河和长江。他列举了15个左右的民族和大量的城市。

关于古代西方人对于中国地理位置及其国家的认识,裕尔指出:

对于如此遥远的人民,希腊罗马人对其确切方位的了解充其量只是朦胧不清的,这并不奇怪。他们的知识圈从地中海岸边的中心区向外扩展,自然如同四倍率的电流一样,变得越来越弱,越来越模糊不清;……况且,在孤零寡碎的知识状态下,距离较远的统治民族的名称有时被用于它近处的从属民族身上,周边邻近民族的特点被移到统治民族身上,这也是很自然的事情。②

但是,尽管当时的欧洲人对于中国的知识是遥远的、模糊不清的、雾里看花似的,但其意义在于,在大陆的另一端,已经有了一个遥远的"他者",有了一个可以想象的异域,有了一个可以与西方对话的"东方"。俄

① [法]戈岱司编:《希腊拉丁作家远东古文献辑录》,中华书局,1987年版,第31—32、49页。

② [英]H.裕尔:《东域纪程录丛》,云南人民出版社,2002年版,第12—13页。

国学者巴尔托德指出:“在罗马时代,欧洲人在和东洋交涉的历史上具有重要意义。希腊文化所影响的各地被罗马政权统一,作为希腊·罗马文化在西欧扩大的结果,希腊·罗马的世界,即作为和欧洲世界对立的、特殊的‘东洋’概念开始出现。在这种意义上的‘东洋’或‘东洋的’的概念开始出现在罗马史学家的著作中。”①

3 对中国最初的乌托邦想象

让-诺埃尔·罗伯特指出:“比起确定塞尔国的地点,罗马人对塞尔人的形象更感兴趣。”在那个时代,罗马人很难确定一个遥远地区的地理位置,“但对进口到他们国家的产品,特别是生产丝织品的塞尔人才是他们真正感兴趣的。正因为这些丝织品,才没有人怀疑他们的存在,没有人怀疑他们生活在东方非常遥远的某个地方。”但是,“丝绸在罗马风靡了4个多世纪,然而却没有一个人知道谁是真正的生产者,甚至不知道它到底来自何方。罗马人只有一个理想化的、近乎神化了的想象,他们幻想着这个遥远的东方黄金国,在那里,太阳早早地就升起来了。”②

当时输入罗马的中国物产,除了著名的丝绸以外,好像还有其他的东西,比如普林尼就提到中国的铁。他称赞中国钢铁是优良卓越的产品,说“在各种铁中,赛里斯铁名列前茅”。生活在100年前后的查理同(Chariton)说道:“他将箭囊和弓弩挂在自己身旁,这些都是赛里斯人精工制作的。”③

据有些文献表明,在2世纪,关于中国风俗和道德的一些传闻似乎已经传到了欧洲。2世纪末和3世纪初享有盛名的古叙利亚天文学家和作家巴尔德萨纳(Bardesane)曾谈到过关于中国的故事。他说:

> 在每个地区,人们都制订了一些具体文字。我想介绍一下自己

---

① 引自刘正:《图说汉学史》,广西师范大学出版社,2005年版,第17页。

② [法]让-诺埃尔·罗伯特:《从罗马到中国——凯撒大帝时代的丝绸之路》,广西师范大学出版社,2005年版,第57、58页。

③ [法]戈岱司编:《希腊拉丁作家远东古文献辑录》,中华书局,1987年版,第17页。

> 所知道以及我所能回忆起的情况，首先从大地的一端开始讲述。在赛里斯人中，法律严禁杀生、卖淫、盗窃和崇拜偶像。在这一幅员辽阔的国度内，人们既看不到寺庙，也看不到妓女和通奸的妇女，看不到逍遥法外的盗贼，更看不到杀人犯和凶杀受害者。经过子午线上空的光辉的阿瑞斯（Arès）战神之星体不能违背人心而用铁器杀人，同时与阿瑞斯战神有关于昔普里斯（Cypris）[①]也不能强迫他们之中的任何人与别人的妻子私合。尽管在他们之中，阿瑞斯战神每时每刻在天中央巡视，赛里斯人每天、甚至每时每刻都在生育。[②]

这一段有趣的文字，后来成为许多模仿的作品和夸大的传说的基础。和此文同时期的《伪克雷芒的认识》一书更直接地说：在那里，“燃烧着的星体火星也不像在你们之中一样，对他们的自由仲裁施加影响，……在赛里斯人中，对法律的畏惧比人们在其之下降生的星辰还要强烈。”[③]由巴尔德萨纳的弟子所作的《各国法律集》一书中补充说，虽然赛里斯人不屈服于星宿的威力，可是他们之间还是有贫民和富翁，有病人和壮汉，有统治者和被统治者，“因为这一切都是由统治者们的权力机构所主宰的。”[④]

一个半世纪后，尼斯的格雷戈里（Gregory of Nyssa）的兄弟恺撒里乌斯（Caesarius）曾经说过，在赛里斯，人们所根据的是习惯，而不是成文法：

> 在我们之中或其他民族中的每一地区，一概都存在有国王的法律，无论是成文法还是不成文法。在有些民族中具有成文法，另一些民族中的习惯则具有法律的效力。因为对于那些没有法律的民族来说，便以祖传的习俗取而代之。在这一类型的民族中，首先应该指出居住在大地边缘地带的赛里斯人。他们的法律是先祖的习惯，习惯法严禁他们卖淫、盗窃、通奸、崇拜偶像和求神等活动。因此，在他们之中既没有偶像也没有妓女，既没有通奸者也没有抢劫者，既没有杀

---

① 引者注：昔普里斯，是一种诞生在塞浦路斯地区的希腊女神。

② ［法］戈岱司编：《希腊拉丁作家远东古文献辑录》，中华书局，1987 年版，第 57 页。

③ 同上书，第 58 页。

④ 同上书，第 59 页。

> 人犯也没有盗贼。同样,阿瑞斯战神——一颗闪闪发光的星辰——也没有违背他们之任何人的自由仲裁法,也从未强迫任何人去用铁器击毙自己的邻居或用石块袭击之;那些集聚在阿瑞斯身旁的刺激性欲者们也从来没有说服他们之中的任何人对邻居的妻妾发生爱慕之心。尽管阿瑞斯整天都处于天中央,但在赛里斯人中,先祖之法要比天体的威力更强大。①

据戈岱司认为,恺撒里乌斯的这段记载明显是受到了上文所引的巴尔德萨纳文字的影响。这一段话后来又被多次引用,例如840年前后拜占庭的僧侣编年史学家乔治·哈马托洛斯(George Hamartolos)和11世纪拜占庭的另外两位作家赛特雷诺斯(Cedrenos)和弗朗兹(Phrantzes)都曾引用过。

另外,在当时还有关于中国无神论思想的传闻,据说是根据受到教父哲学家奥利金(Origen)攻击的无神论作家赛尔苏斯(Celsus)的要求而转抄的。奥利金在辩驳中曾多次讲到中国的无神论。李约瑟指出,在当时,"人们对中国道德的描述虽然过于理想化,但是,儒家理性主义和怀疑主义的点滴言谈,竟如此传到了被某种占星学和诺斯替教派的迷信统治着的世界中,这是非常有趣的。这些思想的传播,可能不难理解,因为它们产生在古代丝绸之路畅通后的两个世纪之中。"②

布尔努瓦曾指出文化交流中的一个普遍现象,她说,无论东方还是西方,都把遥远国家当作自己理想中的王国;为了使商人们在交往中彼此之间建立互相信任的气氛,史料中都喜欢表现一种乐观主义情绪。我们在希腊罗马作家们关于中国的描述中看到了这一点。裕尔说:"如果我们将古人对赛里斯人及其国家的认识做一概括性的描述,而不计其中异常的和明显属于传说的成分,那么结果如下:'赛里斯国广袤无际,人口众多,东至大洋和有人居住世界的边缘,向西几乎延伸至伊穆斯山(Imaus)和巴克特里亚疆界。赛里斯人为文明进化之族,性情温和、正直而节俭,不

① [法]戈岱司编:《希腊拉丁作家远东古文献辑录》,中华书局,1987年版,第67页。

② [英]李约瑟:《中国科学技术史》第1卷《导论》,科学出版社、上海古籍出版社,1990年版,第162页。

愿与邻人冲撞，甚至羞于与他人进行密切交往，但乐于出售自己的产品，其产品中生丝为大宗，还有丝织品、毛皮和良铁。'”裕尔还指出，这些特点“在中华民族的性格中现在还都留有清晰的痕迹。对于他们诚实、正义的崇高声誉，虽然人们也许可以说出许多事情加以反驳，但一定有其坚实的基础，因为直到今天这种声誉在最遥远的亚洲邻国仍彼此相互传诵。中国的丝绸、丝织品和毛皮直到今天仍保持其良好的声誉；普林尼夸赞的中国铁可能是优质铸铁，否则不会闻于古人，铸造现在仍然是中国的杰出工艺之一。”①

在古罗马人对中国的记述中，有不少溢美之词，对中国的风土人情和疆土物产都表现出向往之情。除了上文引述的巴尔德萨纳、恺撒里乌斯等人的言论外，4 世纪的罗马史学家马尔塞林（Ammien Marcellin）在其所著《事业》中则把遥远的东方赛里斯国描绘成和平、宁静、富饶之乡。他写道：

> 在东方和距两个斯基泰地区以远的地方，有一用高墙筑成的圆城廓将赛里斯国环绕了起来。这些地区以其土质肥沃和疆围辽阔而著称，……此地的城市确实不稠密，但城市既大又富饶，……至于赛里斯人自己，他们生活在最大的安宁之中，完全不用诉诸战争和动用武器，因为安稳和宁静的人超过一切的爱好是休息，他们不会使任何近邻感到不安。那里的气候宜人且有益于健康，空气清洁，阵风格外温和美好，深色的森林相当丰富。……他们在追求所需方面非常有节制，特别喜欢和平生活，以致于极力避免与其他人建立关系。……赛里斯人的兴趣也非常简单，在交售他们自己的产品时，不要求进口其他任何物品作为交换。②

从这些论述中，可以看出马尔赛林对中国人的和平、宁静生活的羡慕之情，同时他也隐约提到了中国人注重精神生活，不强调物质享受的特

① [英]H. 裕尔：《东域纪程录丛》，云南人民出版社，2002 年版，第 11—12 页。

② [法]戈岱司编：《希腊拉丁作家远东古文献辑录》，中华书局，1987 年版，第 71—72 页。

性。特别值得注意的是他讲到“有一用高墙筑成的圆城郭将赛里斯国环绕了起来。”这“高墙”是否是指中国的长城呢？如是，则是欧洲人所写的著作中第一次提到中国长城。

第二章
罗马教廷与元朝帝国的接触

一　蒙古西征与东西文化的交汇

1　蒙古人的三次西征

自从5世纪西罗马帝国崩溃以后，欧洲大陆陷入蛮族之手，战乱不断，四分五裂，进入历史学家们所称的“黑暗时代”，几乎无法顾及与东方的联系。所以，在持续将近上千年的时间里，欧洲与中国、与东方，几乎没有什么联系和音讯。至少缺少有关这方面的资料文献记载。

直到13世纪以后，欧洲与东方的联系再度活跃起来。

13世纪蒙古在中国北方崛起，西进攻陷西夏王朝，南下中原，先后攻陷金朝和南宋，建立了统一中国的元朝。元朝只是蒙古汗国的一部分。蒙古人的西征，一直抵达多瑙河、波罗的海和地中海，在幅员广阔的欧亚大陆上建立起空前庞大的帝国。蒙古的都城哈剌和林和元朝上都成了当时世界的政治中心和文化中心，中西交通出现了前所未有的盛世，东西方文化的接触、碰撞、交流和融和出现了前所未有的规模。

蒙古大军的三次大规模西征，都发生在13世纪上半叶。

波斯人拉施特手稿的插图，表现成吉思汗追杀敌人。

1206年成吉思汗统一蒙古各部落，建立大蒙古国后不久，便把眼光转向更大的外部世界。1218年，成吉思汗率领大军进行了蒙古的第一次西征。他先派哲别消灭了西辽僭主屈出律，灭西辽帝国，继而又亲率大军分四路攻伐花剌子模，平定中亚各地。1221年攻占花剌子模首都玉龙杰赤城。不久，成吉思汗返回蒙古，派遣哲别和速不台一军继续西进，在攻掠阿哲儿拜占(今阿塞拜疆)、谷儿只(今格鲁吉亚)、设里汪(位于里海西北，高加索山附近)等地后，又越过太和岭(高加索山)，征伐阿速、钦察等部，钦察首领被迫逃往斡罗思。1223年，哲别、速不台大败钦察和俄罗斯联军于坷里吉河(今迦勒迦河)，进兵俄罗斯南部。还有一支蒙古军队越过克里米亚半岛，一直推进到第聂伯河。

成吉思汗的这次西征，攻陷花剌子模(里海、锡尔河南)，讨伐了钦察(里海西、黑海北)和斡罗思(伏尔加河以西莫斯科、基辅一带)，征服了康国(里海、咸海北)，打开了东西方交通的大道，为日后世界性蒙古大帝国的建立奠定了基础。成吉思汗在这次西征中使用了中原汉族和西辽的先进军事技术，装备了弩炮、火箭和飞火枪等攻城武器，所向披靡，攻无不克。实际上，正是在成吉思汗西征的时候，使用中国发明的火药和火器，从而使火药和火器制造技术传到了西方。

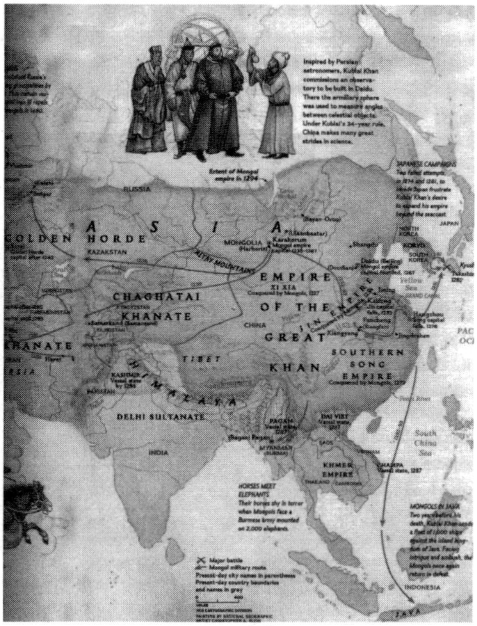

蒙古人建立的庞大帝国

成吉思汗死后，继任大汗的窝阔台决定继承成吉思汗的事业，继续西征。1235 年到 1244 年，拔都和速不台率领 25 万大军，进行了第二次西征，将征服欧洲的计划正式付诸实现。1237 年，蒙古军队消灭摩尔多瓦后，分兵四路征讨斡罗思，连克莫斯科、基辅等城。1240 年，拔都的军队击破斡罗思国都乞瓦城。第二年蒙古军分两路，分别出击勃列儿（波兰）和马扎儿（匈牙利）。1241 年春夏之交，进攻波兰的蒙古军直入西里西亚地区，甚至乘筏渡过了奥得河，直抵今德国边境。西里西亚公爵亨利在里格尼茨附近组织波西联军、日耳曼十字军和条顿骑士团 3 万人抵抗，但蒙古军势不可挡，所向披靡，亨利兵败被杀。拜达儿率领的蒙古军转道马扎儿，与拔都会合。1241 年春，蒙古军攻占了马扎儿的首都佩斯城；7 月，又挺进到维也纳附近的新城，奥地利会同波西米亚军队拼死抵抗，击退了蒙古军队。这年底，拔都渡过多瑙河，攻克大城达兰。

1242 年，传来大汗窝阔台去世的消息，拔都率军向东撤退，而合丹继续追击匈牙利国王别剌，然后经巴尔干半岛进至亚得里亚海，取道塞尔维亚与拔都会师一道东还。在此期间，还有一只蒙古军向西亚进军。1243 年，另一支蒙古军攻入叙利亚，同年小阿美尼亚国王海屯一世遣使到蒙古军统帅拜住帐下，请求归附。

蒙古军队的第二次西征以 1242 年东撤为标志结束，这次西征给欧洲各国以极大的震撼,惊恐地称蒙古军队为“上帝之鞭”“黄祸”,时刻有大难临头的感觉。用一位外国史学家的话说:“由于我们的罪恶,我们不知道的部落来到了,没有人知道他们是什么人,他们是从哪里来的——也不知道他们的语言是什么,他们是什么种族,他们信仰的宗教是什么——只有上帝知道他们是什么人,知道他们是从哪里跑出来的。”“鞑靼人从第聂伯河折回了,我们不知道他们是从哪里来的,也不知道他们再一次躲藏在哪里。由于我们的罪恶,上帝知道,他是从哪里把他们接来惩罚我们的。”①

14世纪波斯细密画《蒙古人征服报达》

蒙哥于1251年即大汗位后,令其弟旭烈兀率兵西征。这次西征主要方向是西南亚地区,头等目标是消灭木剌夷国(Mulahida,今里海南岸的伊朗北部)。1257年,蒙军荡平木剌夷之地,并挥师继续西进,攻陷报达(今巴格达),屠杀80万人,灭亡历时500多年的黑衣大食。此后旭烈兀又率兵攻陷阿拉伯的圣地麦加,攻占大马士革,其前锋曾渡海收富浪(今地中海东部的塞浦路斯岛)。本来他还要进一步攻打埃及,因得到蒙哥伐宋阵亡的消息,便率主力班师。

在近半个世纪中,蒙古帝国以蒙古大漠为中心,通过三次西征,以及对中国内陆地区包括金朝、西夏以及南宋王朝的征服,把欧亚大陆的大部地区都纳入蒙古帝国的版图中,形成了从东到西庞大的蒙古汗国,从东亚的海边一直延伸到欧洲的内陆,跨越了东亚的中国、中亚和西亚的穆斯林

① 引自葛桂录:《中英文学关系编年史》,上海三联书店,2004年版,第1页。

以及欧洲的基督教几大文化世界。经过多次的征战，“成吉思汗帝国将周围诸文明社会整合进一个全新的世界秩序之中。”[①]

在这片广袤的大陆上，实现了前所未有的“和平”景象。14 世纪的意大利人裴哥罗梯(Francesco Balducci Pegolotti)游历广泛，他根据当时往来商人介绍的材料，于 1340 年著成《通商指南》一书，把当时颇为兴盛的中国与意大利贸易作了详细介绍，其中特别提到通往中国的商路是很安全的。裴哥罗梯记载说：“据商人曾至契丹者言，由塔那(Tana)至契丹，全途皆平安无危险。日间与夜间相同。惟来往商人，死于途中者，则所有财货，皆归当地国王所有。王委官吏至寓所收没之。死于契丹国者亦然。若有兄弟随行，或知己同伴，冒称为死者之兄弟，则官吏交出其财货，不没收也。”[②]所以，后来的西方学者把 14 世纪称为“蒙古强权下的和平世纪”。

2　丝绸之路上的大流动

在“大汗给予的和平”之下，实现了东西方陆路交通的大畅通。民族的疆域被打破了，文化的藩篱被拆除了，贸易的道路通畅了。因此，这就进入一个中西方文化大交流的时代，进入一个中国走向世界、世界认识中国的时代。

从汉代张骞通西域开始，就建立起贯穿欧亚大陆的交通大通道丝绸之路。这条丝绸之路承担起东西方物质和文化交流的重要使命。但是，这条大路并非时时畅通，在汉代的时候就曾出现过“三通三绝”的现象。唐代安禄山之乱以后，中国通西域的道路已不大通畅，到了宋代，因金、西夏的阻隔，中西陆路交通中断多年。元代对外交通的一个突出成就，就是陆路交通得到恢复和发展，丝绸之路实现空前的大畅通。

在欧亚大陆的另一端，这一时期的欧洲人也在进行着从西向东的开拓。从 11 世纪开始，在近 200 年的时间里，在教廷的号召和组织下，先后

---

① [美]杰克·威泽弗德：《成吉思汗与今日世界之形成》，重庆出版社，2009 年版，第 7 页。

② 引自张星烺编注：《中西交通史料汇编》第 1 册，中华书局，2003 年版，第 416 页。

元任伯温：《职贡图》（部分）

发动了8次十字军东征。这些东征与蒙古军队的西征大体处于同一时期，如第四次十字军东征和成吉思汗的第一次西征就大体同时，而第七次十字军东征则是在蒙古军队的第二次西征之后不久。十字军东征给欧洲带来深远的社会、经济和政治的影响，它并没有达到巩固天主教会势力的目的，反而使西欧诸国四分五裂，使欧洲没有任何力量可以与蒙古大军相抗衡，这就为蒙古军队的西进打开了一条空间上的通道。

另一方面，十字军东征打破了拜占庭和阿拉伯人在东方贸易中的垄断地位，打破了他们筑起的东西方贸易的屏障，威尼斯、热那亚、马赛、巴塞罗那等城市在地中海的商业优势从此得以确立。这就冲破了中世纪对西方文化在时间和空间上的禁锢，使西方人得以发现东方世界，使中国文化与外部世界的交流进一步延伸到地中海以西和以北地区，造成了东西方文化交流的新态势。欧洲人的东征，“发现了遥远的中国文化和印度文化，接触到了新的事物。”①

蒙古军队的西征从东往西开拓，十字军从西往东的挺进，虽烧杀劫掠，烽火狼烟，但战争之后，却使丝绸之路重新开通畅达，为中国与西方的交通开辟了大通道。

不仅如此，元代的对外交通，尽管传统的丝绸之路得以畅通，元朝还大力发展海上交通，实际上，有元一代，海路的作用和重要性远远超过陆路。关于元朝时代中西交通的盛况，李约瑟评论说：

① 许倬云：《许倬云说历史：中西文明的对照》，浙江人民出版社，2013年版，第135页。

地中海港口威尼斯

> 中国在元代比在以前和以后(直到20世纪)的任何时候都更著称于欧洲。这是因为蒙古人统治下的疆土一直扩展到欧洲;喜马拉雅山以北的全部地区,从山海关到布达佩斯,从广州到巴士拉,全部在一个政权统治之下,这在世界历史上是空前绝后的。通过中亚细亚的交通线在当时比在以前和以后的任何时候都更繁忙和安全。在大汗的朝廷中充满了许多有各种技能的欧洲人和穆斯林,以及来自西藏、俄罗斯或亚美尼亚的使者。①

畅通的道路带来了空前的人员往来的便利。英国汉学家裕尔写道:"蒙古征服者在中国和西亚所造成的这种特别关系,不仅将陌生人从遥远的西方输送到中国及其边境,而且也将中国人从中央王国传输到遥远的地方。人们不仅看到由阿兰人和钦察人组成的军队在东京(今开封)作战,而且也看到中国工程师受雇在底格里斯河畔工作,中国的占星术士、医师和技师在桃里寺(Tabriz)接受人们咨询。忽必烈使团的足迹扩展到

① [英]李约瑟:《中国科学技术史》第1卷《导论》,科学出版社、上海古籍出版社,1990年版,第145页。

马达加斯加。”[1]在马可·波罗、柏朗嘉宾和鲁布鲁克等人的记载中,都提到在大都、在和林以及在中国的其他地方见到过来自欧洲不同国家的人,有的是专业的工匠在大汗的宫廷里服务。

文化交流主要的依靠渠道是人员往来。人员往来使不同民族、不同文化的人有了面对面交流的机会,有了互相认识、互相了解的机会。交通的畅达、人员的流动,都为元朝时代中西文化的大交流创造了条件。元代文人王礼曾写道:

> 西域之于中夏,言语嗜欲殊焉。虽汉唐以来婚媾有之,然各怀旧族,不能杂处他土,顾安有生西域而葬江南者。惟我皇元,肇基龙朔,创业垂统之际,西域与有劳焉。洎于世祖皇帝四海为家,声教渐被,无此疆彼界,朔南名利之相往来,适千里者如在户庭,之万里者如出邻家。于是西域之仕于中朝,学于南夏,乐江湖而忘乡国者众矣。……呜呼!一视同仁,未有盛于今日也。(王礼:《麟原前集》卷六《义塚记》,《四库全书》本。)

元朝帝国之内,四海一家,无民族、地域差别,所谓“四海为家,声教渐被,无此疆彼界”。

空前的人员大流动造成了空前的文化大交流。在这100多年的时间里,在欧亚大陆上出现了前所未有的“流动”的浪潮,有各类人员的流动、物质商品的流动、技术发明的流动、思想观念的流动、文化的流动。蒙古人的征战和统治为这一切的流动创造了广泛的条件和基础。

正是在这样的人员交流、文化交流的高潮中,西方第一次真正地认识了中国。如果说,在古罗马那个时代,通过丝绸,欧洲人对于中国只是有一些模糊的影像,那么,随着蒙古大军横扫欧亚大陆,开创了大交通、大交流的新局面,那么,欧洲人则看到了一个真实的中国,一个充满神秘和魅力的中国。裕尔指出:“蒙古统治的极盛时期,中国与西方各国的交流,较之历史上的任何其他时期,都更少受阻于人为的障碍。”“正是在蒙古时

① [英]H.裕尔:《东域纪程录丛》,云南人民出版社,2002年版,第128页。

代，中国才第一次真正地为欧洲所了解。欧洲所知道的这个名称——契丹，虽是特指中国北部各省，但它逐渐变成了一个更宽泛的称呼。”①

二　关于长老约翰的传说

在12世纪，欧洲各地广泛流传着有关“长老约翰”的传说。这个传说宣称，在东方有一个崇奉基督教的国王，在亚洲统治大片地区。他在波斯一带战胜了穆斯林，随后又转向圣地耶路撒冷，只是由于底格里斯河涨水未能通过，才终止前进。人们称他为“长老约翰王”(Prester John)。方豪说，在东方天主教史上，长老约翰是“一位非常显赫的人物。”②

当时西方的基督教各国都盼望东方有个强大的基督教国家，能配合西方进攻伊斯兰国家，共同收复“圣地”。1145年，叙利亚加伯拉地方主教奉亚美尼亚国王之命，出使教皇尤金三世宫廷，趁机宣传远东有“长老约翰王”，还说他是《圣经》中所载向耶稣圣婴朝拜的“三贤王”(Three Wise Men)的后裔。他虔信景教，曾出征波斯、米底诸国，攻占爱克巴塔那(今伊朗的哈马丹)，准备进军耶路撒冷，因受阻于底格里斯河而归。

20多年后的1165年，在欧洲忽然出现了一封长老约翰寄给拜占庭帝国曼纽尔一世(Manuel I Comnenus，1143—1180在位)的信件。信中这位“统治三个印度”的约翰王邀请曼纽尔一世拜望他，并允诺“当您意欲返回时，您可携带珠宝满载而归”，“如果您确想知道我的权限范围的话，那么请您坚信，我，长老约翰的统治至高无上，其美德超群，我十分富有，统治着天下的万物生灵。”另外，信件还承诺：“我将率领一支庞大的军队前来拜谒上帝的圣墓，使我们的耶稣圣像生辉，以此来贬低或惩罚基督十字架的敌人，弘扬领主之名”。但这封信没有注明地点和日期。

于是，长老约翰的传说更加盛行，欧洲盛传东方有个强大的“约翰长老国”，“约翰王”这个“看不见的使徒”将来会帮助西方基督教国家战胜穆

---

① [英]H.裕尔：《东域纪程录丛》，云南人民出版社，2002年版，第118—119页。

② 方豪：《中国天主教史人物传》，宗教文化出版社，2007年版，第37页。

斯林。12年后,教皇亚历山大三世发出了一封复信,敦劝“长老约翰王”由异端的“景教”归化为天主教徒。但是此后就没有了下文。

在《马可·波罗游记》中也曾谈到了中国的基督徒和信仰基督教的统治者,以及某一个所谓的“长老约翰”,即约翰牧师,他是信仰基督教的人民的“国王”。不过马可·波罗说他并没有见过这些人。

关于“长老约翰”的传说最初出现于12世纪中期,大概与西辽帝国有关。当时,契丹人打败了中亚地区的穆斯林统治者,建立了一个新的地域辽阔的非伊斯兰国家。这个消息被基督教界视为某个基督教约翰国王战胜了穆斯林的行动。“在13世纪里,长老约翰国王的神话在欧洲天主教中广为流传。在亚洲各国,凡是有利于基督教同时反对穆斯林的一切所作所为,哪怕是带有某种不真实的渲染和夸大的消息,都归功于长老约翰国王的权威和影响。事实是,由于蒙古人多次征服性的进军,中亚和西亚的一些强大的伊斯兰国家均被消灭。消灭这些国家的功绩归于‘那个长老约翰本人,他的强大是举世闻名的’(马可·波罗)。与此同时传入西欧的一些消息说,在蒙古汗中间也有一些基督教徒,蒙古汗对这些基督教徒委以重任,他们确实对穆斯林毫不留情。”①

这个传说很可能是指定居在中亚地区的聂思脱里派基督徒。唐代后期景教被禁,退至中亚地区。辽代时,景教又在中国北方重新抬头。蒙古兴起前后,分布在阿尔泰山附近的克烈部和内蒙古河套以北的汪古部都信奉了景教。元朝建立以后,景教成为在全国各地流行的宗教之一。

据学者们研究,西方传说中的“长老约翰王”“长老约翰国”指的就是12世纪的西辽、13世纪的克烈部、14世纪的汪古部。这些地区曾广为流行过聂思脱里教,所以被西方认定是东方的强大的“长老约翰国”,这个“看不见的使徒”会帮助西方基督教徒战胜敌对教派。无论如何,“约翰长老的神话传说,以其力度、持续期和复杂性而独树一帜,与众不同。这是丝绸之路故事的中心大故事之一,也是诸多内容的一种汇集处。”②

当欧洲人最初听到关于“长老约翰”传说的时候,是颇受鼓舞和兴奋

---

① [苏]马吉多维奇:《世界探险史》,世界知识出版社,1988年版,第78页。

② [法]F. B. 于格、E. 于格:《海市蜃楼中的帝国——丝绸之路上的人,神与神话》,喀什维吾尔文出版社,2004年版,第190页。

的。因为他们以为在东方有一个同样信奉基督教的民族，在代替他们打败穆斯林。英国历史学家韦尔斯(Herbert George Wells，1866—1946)曾说，在当时，“长老约翰”是最令人兴奋的传说之一。“它大大地鼓舞了欧洲的冒险事业，使欧洲人认为在遥远的中国有一个与他们信仰同一宗教的人的社会，它自然会愿意欢迎并帮助他们的事业。”[①]

但是，当蒙古大军已打开欧洲的大门，欧洲人受到直接威胁的时候，罗马教皇则想利用宗教的力量，阻止蒙古人进一步西进。

三 罗马教廷与元朝帝国的来往

1 罗马教廷与蒙古帝国接触的努力

自从西罗马帝国灭亡以后，基督教会逐渐成为欧洲社会的支配力量，罗马教廷成为全欧洲的宗教中心和政治统治中心。从 11 世纪起，在近 200 年的时间里，罗马教廷先后发动了 8 次十字军东征，企图巩固和扩大基督教会的势力，与伊斯兰教势力对抗。在 13 世纪的时候，伊斯兰教是它仍然畏惧的唯一敌人。所以，当蒙古大军首次西征，兵进俄罗斯的时候，欧洲人竟对蒙古人毫无所知。

15 年后，蒙古人再次发动西征，征服了俄罗斯，并一度占领波兰、匈牙利，兵进奥地利，使欧洲人大为震动，引起了一种普遍的不安之感，教皇和各国君主也认识到局势的严重性，察觉到他们迫在眉睫的危险。

西欧最早关于蒙古威胁的消息，是由叙利亚的伊斯玛仪派得到的。他们在 1238 年曾向法兰西和英格兰国王建议，结成穆斯林与基督教的大同盟，以对付来自东方的可怕敌人。但欧洲人却以幸灾乐祸的态度看待这个建议。温切斯特主教(Winchester)对英国国王亨利三世(Henry Ⅲ)

---

① [英]赫·乔·韦尔斯:《世界史纲——生物和人类的简明史》，人民出版社，1982 年版，第 768 页。

拉施特《史集》插图:蒙古汗廷

说:“让这些狗互相摧毁,完全消灭,全球性的基督教将在他们的废墟上建立起来。在全世界只有一种教会,一个基督。”

1240年,有一位叫马太·巴黎(Mathew Paris)的人在其著作中对蒙古人作了比较详细的介绍,这是在1246年柏朗嘉宾前往蒙古之前欧洲人所知的关于蒙古人的最初情报。他说:“人类的欢乐,尘世的幸福,不是永久没有哀伤的,因此在这一年(1240),一支可憎的撒旦人,也就是无数的鞑靼人马,从他们的群山环绕的的家乡杀出,穿过(高加索的)坚硬山岩,像魔鬼一样涌出地狱(Tartarus),因此他们被恰当地称作地狱的人(Tartari 或 Tartarians)。像蝗虫遍布地面,他们恐怖地毁坏了(欧洲的)东部地区,用烧杀把它变成荒凉。……他们闪电般来到基督徒的国境,烧杀掳掠,无比恐怖和可怕地攻打一切人。”①

1241年,蒙古军队在里格尼茨大败西波联军,同时另一支蒙古军队进入匈牙利,侵入中欧和西欧的最后屏障被除掉。这时欧洲人才如梦初醒,发觉真的要大难临头了。教皇格里高利九世(Pope Gregory Ⅸ)呼吁组织一支十字军抵御蒙古人,宣传要进行一次圣战。此时,神圣罗马帝国兼西西里王国皇帝腓特烈二世(Frederic Ⅱ)写信给英国亨利三世,他因为和阿拉伯人有长期的友好关系,对蒙古人及其战事有比较正确的认识,

① 引自《柏朗嘉宾蒙古行纪·鲁布鲁克东行纪》,中华书局,1985年版,第187—189页。

可能超过了他同时代的任何人。“在这封信里他相当详尽地提到第一次蒙古人的入侵欧洲，库蛮和南俄的征服。然后他谈到第二次入侵，匈牙利的征服，国王贝拉四世在佩斯的败北，以及里格尼茨的更大惨败。他把波兰、波西米亚遭到蹂躏、奥地利遭到进攻的事告诉亨利王，特别谈到所有基督教诸侯为共同防御而采取联合行动的迫切需要，因教皇对他的打击使这件事变得困难。他的信结尾说，他信赖上帝，希望靠基督教国家的共同力量，鞑靼人最终将被赶回他们的地狱里去。”[①]但是，教廷方面对腓特烈二世的这个意见并没有采纳，因为他们怀疑腓特烈二世与鞑靼人勾结，引狼入室，他为了反对教皇的目的捏造了“鞑靼祸害”的谎言。而当时教皇面临的最大问题就是腓特烈二世与之争权。

后来，由于蒙古大汗去世，蒙古军队停止了进攻的步伐并返回亚洲，欧洲人面临的威胁才暂时得以消除。但这时的欧洲人已经知道有一个强大的、危险的蒙古存在了。裕尔在评论这一时期西欧人的状况时写道：“关于鞑靼人及其可怕的蹂躏的种种传言，使欧洲人惊恐万状，欧洲联军在列格尼兹的溃败使这种恐惧感达到顶点。孱弱不堪、内讧不止的基督教世界似乎确已躺在蒙古蛮人的铁蹄下。教皇肯定宣布过十字军讨伐，并向各地致函呼吁，但是他与腓特烈二世的争斗致使任何联合均告无望，他们对匈牙利国王发出的最迫切的求救呼吁，充其量不过是报以口头声援。”[②]

1243年，英诺森四世(Innocent Ⅳ)当选为新教皇，他鼓励组织军队，抗拒危在旦夕的蒙古入侵。同年，在里昂召开了一次特别会议，为了“找到一种对付鞑靼人、其他反宗教分子及迫害基督百姓者的补救办法”。会议认为：“鞑靼人是基督名字的死敌，基督徒仍然又遭到他们攻击的危险——因为没有把基督徒完全征服，如他们按照消灭基督教的愿望那样做，他们将肯定返回来，而在波兰、俄罗斯、匈牙利及其他国家所见到的恐怖，将重新出现。”因此，会议号召所有基督教百姓做好抵抗蒙古人的准备。另一方面，因为“约翰长老”的传说，教皇英诺森四世向东方派出了使

① 引自《柏朗嘉宾蒙古行纪·鲁布鲁克东行纪》，中华书局，1985年版，第190页。

② [英]H.裕尔：《东域纪程录丛》，云南人民出版社，2002年版，第121页。

节团,试图缔结和约,窥探蒙古的军事实力,并且考察是否有可能使蒙古人改宗基督教,以避免蒙古人威胁西欧的危险。

2 柏朗嘉宾出使蒙古

1245年4月16日,由教皇英诺森四世派遣意大利方济各会修士柏朗嘉宾出使东方,由里昂启程前往哈剌和林。

柏朗嘉宾(Jean de Plan Carpin,1182—1252)出生于意大利佩鲁贾地区的一个贵族家庭。他是圣方济各(Saint François d'Assise)的挚友,也是方济各会的创始人之一。从1221年起,他受圣方济各的派遣前往日耳曼,直到1239年之前,他基本在那里执行萨克森修道院长和省教长的职务,其间有3年到西班牙任职。1245年他奉教皇派遣出使蒙古时,已经是65岁的老人了。

柏朗嘉宾在途中与为他作通译的波兰人本尼迪克特(Benedict)汇合,1246年4月,他们到达伏尔加河畔的拔都的营帐。拔都决定应该立即送他们去哈剌和林。他们经过3个半月的长途跋涉,在7月22日抵达和林附近的蒙古皇家幕帐。8月24日贵由汗举行大汗受位庆典,8月底才接见柏朗嘉宾和本尼迪克特,接受教皇的信件。

罗马教皇英诺森四世写给蒙古汗王的信件,其主要内容是阐明基督教教义,规劝可汗皈依基督教,优待基督教徒,并直言蒙古屠杀之非。

看来教皇是太天真,或是对当时的蒙古人太缺乏了解了,以为单凭他的一纸文书,几句规劝,就能阻挡蒙古大军的铁骑。贵由汗当即复书教皇,对教皇的责难一一驳斥,并将蒙古人军事征服的成功归诸上帝的偏爱和相助。贵由复教皇信原用蒙文写成,由镇海等人逐字逐句地翻译后,柏朗嘉宾即用拉丁文记录下来。为使罗马教廷在欧洲能够找到解读原信的人,又译成波斯文,交给使者带回。贵由汗复信的拉丁译文早有传本,波斯文原件亦于1920年在梵蒂冈图书馆发现。原件用黑墨写在一张长1.1米、宽0.2米的由两片粘接而成的棉纸上,上有两处同一畏吾儿字蒙古文方印,印文为"长生天在上,贵由汗在地,圣旨所致处,众生须敬之。"

柏朗嘉宾带着贵由汗给教皇的复信,于当年11月13日踏上返程,

1247年秋回到教廷。

柏朗嘉宾奉使蒙古的任务，一方面是试图规劝蒙古人皈依基督教，与欧洲基督教国家结成联盟，以达到遏制蒙古人西进的目的。他的这个任务并没有实现。“虽然此行并没有完成预期目标，但不可否认，这是一次了不起的探险之旅。”柏朗嘉宾被认为“是公元900年后，第一位东行到巴格达并成功走出亚洲的人迹罕至之地，最终安全返回欧洲的西方人”[①]。

另一方面，他还受教皇之命要了解蒙古人的情况，特别是了解蒙古人的军事实力和西征计划。这一部分使命完成得却颇为出色。柏朗嘉宾的这次出行是一次充满危险的旅程。因为他们对于蒙古人一点也不了解，而且所听到的都是杀戮与残暴的传闻。但是使命在身，这个使命最重要的就是要给欧洲一个比较准确的关于蒙古人的信息。他写道：尽管可以预见这次出行会由许多危险或不测，“然而，为了能够根据教皇陛下的命令而实现上帝的意志，为了替基督徒效劳，我们至少要真正洞察这些民族的意图和计划，以将之揭示于基督教徒们，为了不使前者的突然入侵会使后者像过去多次由于人类的罪孽而造成的那种处于措手不及的境地，以及为了使基督教诸民族不会遭到大规模的杀戮，我们就难以钟爱自身了。”[②]柏朗嘉宾“冒着生命危险，搜集了一批有关人种学和军事方面的第一手资料。作者着重研究了蒙古人的宗教信仰和崇拜活动”，“对于当地民族的瑕疵和美德，他都作了客观的评介。”[③]

出使归来后，柏朗嘉宾所介绍的故事引起了人们的关注，于是他向教廷写了一份出使报告，重点介绍了蒙古人进行的战争、征服的地区、武器装备、如何对付蒙古人的入侵及其风俗习惯等。他的报告以自己的亲自观察为基础，并广泛利用了他在旅途中搜集的大量资料。诚如他本人所说：“对于我们很谨慎地为了您们自身的利益而记录下的这一切，您们应该深信不疑。更何况，所有这些事物有的是我们亲眼目睹，因为我们……与他们一起旅行了一年又四个月的光阴，其间我们一直置身于他们之中；有的是由我们从他们之中那些作为俘虏的基督徒中所获悉，我们认为这

① [美]劳伦斯·贝尔格林：《大旅行家马可·波罗传》，海南出版社，2010年版，第45页。

② 《柏朗嘉宾蒙古行纪·鲁布鲁克东行纪》，中华书局，1985年版，第23页。

③ 同上书，第13页

些人是值得信赖的。事实上,我们受教皇之命要仔细地研究所有事物和观察一切;我们一丝不苟地执行了这一命令。"①

柏朗嘉宾报告书名为《蒙古史》,或称《柏朗嘉宾蒙古行纪》。因为柏朗嘉宾的出使比中世纪其他欧洲旅行家如鲁布鲁克、马可·波罗、鄂多立克等人东游的时间要早,所以柏朗嘉宾介绍的有关蒙古和中亚的许多情况是首次传入欧洲的,"是欧洲人根据亲身见闻所写的关于蒙古的第一部详细报告"。② 其行纪中所记的资料至今仍是研究元朝史和中国北方地区历史的珍贵资料。法国著名东方学家韩百诗(Louis Hambis)曾评论说,柏朗嘉宾的这部"有关蒙古人的第一部拉丁文著作于可靠性和明确程度方面在一段相当长的时间内一直是首屈一指和无可媲美的"。③ 英国学者克里斯托弗·道森(Christopher Dawson)则说它是中世纪最流行的百科全书式的著作之一,"写下了西方基督教世界和远东之间第一次接触的第一手绝对可信的记载。"④柏朗嘉宾的这份报告收入同时代人文森特(Vincent de Bauvais)的百科全书式名著《大鉴》第4部《史鉴》中,原书抄本有5种传世,16世纪以后有多种刊本和译本。

3 鲁布鲁克出使蒙古

在教皇派遣柏朗嘉宾出使蒙古的同时或不久,还派出了另一支由多明我会修士阿西林(Ascelin)率领的使团。他们奉命出使驻扎在距小亚细亚边界最近的蒙古军队的营地,要求他们停止反对基督教世界的战争。阿西林一行于1247年5月24日抵达位于里海之西的蒙古军统帅拜住的营地,递交教皇的信件。阿西林一行受到粗暴的接待,在被拘押两个月后,携带与柏朗嘉宾已经携回的内容相同的复信,于1248年夏回复教皇。当时有两位蒙古使者同阿西林一道前往教廷。这两位使者于1248年在意大利受到教皇英诺森四世的接见,并带回教皇给拜住的复信。

① 《柏朗嘉宾蒙古行纪·鲁布鲁克东行纪》,中华书局,1985年版,第23—24页。

② 白寿彝总主编:《中国通史》第8卷上册,上海人民出版社,1997年版,第77页。

③ 《柏朗嘉宾蒙古行纪·鲁布鲁克东行纪》,中华书局,1985年版,第13页。

④ [英]道森编:《出使蒙古记》,中国社会科学出版社,1983年版,第1页。

拜住的继承者宴只吉带本人是景教徒，对与西方基督教徒建立关系的重要性有所认识，并开始采取一些相应的措施。这时法兰西国王路易九世(Louis Ⅸ，1214—1270)率第七次十字军，进驻塞浦路斯。宴只吉带派其使者大卫(David)和马克(Mark)于1248年12月到达塞浦路斯，要求与法王协同作战，共同对付穆斯林。其实宴只吉带的使节并非蒙古大汗派遣，没有真正的权威性。但法王路易九世不了解这个情况，遂派出法国多明我会修士安德鲁(Andrew of Longjumeau)率领一个使团，随两位蒙古使节于1249年1月25日启程，往见蒙古大汗。安德鲁曾参加过阿西林的使团。不料此时值贵由汗去世，皇后海迷失摄政。她把安德鲁一行的出使看作是臣服，并把他们的礼物作为贡品。她对法王致以词意傲慢的复信，要求对方归顺和缴纳贡赋。和柏朗嘉宾一样，安德鲁也没有达到出使的目的，于1251年折返回国。

鲁布鲁克蒙古旅程图

虽然法王对安德鲁的出使结果感到失望，但他获得了关于"鞑靼地区"内有大量基督教徒的报告。另外他还从别处得知拔都之子撒儿塔本人就是基督教徒。于是，法王路易九世于1253年又派法国方济各会修士鲁布鲁克前往和林。

鲁布鲁克(William of Rubruk)是法国佛兰德斯(Flanders)鲁布鲁克村人,方济各会士。与柏朗嘉宾不同,他不是由教皇而是由法国国王路易九世派遣出使蒙古的。他曾一直随法王参加十字军,转战塞浦路斯、埃及和巴勒斯坦。前面已经提到,法王在1249年曾派出一个赴蒙古的使团,但不得要领而归。

鲁布鲁克是在柏朗嘉宾奉使8年之后启程的,因而他有机会做充分的准备。据说他曾在巴黎见过柏朗嘉宾,听他介绍出使蒙古的经历和见闻。他还从其他奉使回来的使节以及别的渠道获得许多有价值的情报。因而,当鲁布鲁克踏上东行之旅的时候,所具备的知识准备要比柏朗嘉宾等人充分得多。关于这次会见,《鲁布鲁克东行纪》的英译本前言中说:"有种种理由推测威廉教友(指鲁布鲁克)在巴黎遇到那两位返回的旅行家,听他们口述他们危险的旅行故事。他可能在那个时候已有意访问那遥远的地区,宣讲正教,把散居在蒙古帝国内的基督徒携归罗马教廷。约翰教友(指柏朗嘉宾)已向他透露了这些人的存在。在后来的四年中,威廉教友伴随圣路易士,注定要扩大许多见闻,有助于坚定他访问蒙古人的意愿,提供他可贵的指导情报。"①

鲁布鲁克于当年5月7日从君士坦丁堡启程,历尽辛苦,12月27日抵达和林。宪宗蒙哥接见了法国使者,并致以回复法王的国书。鲁布鲁克要求留在蒙古传教,遭到蒙哥婉言拒绝。1254年8月18日,鲁布鲁克不得不离开和林折返回国。鲁布鲁克在其游记中多次声称,他出行的目的是为了传教,在蒙古人面前从不承认自己是使臣。然从其出行带国王信札,归国后即复书信给国王,及其与国王的密切关系来看,他无疑是带有某种特殊使命的使臣。他一再否认自己是使臣,恐怕别有原因。

鲁布鲁克自蒙古返回欧洲,抵达塞浦路斯时,得知法王路易九世已返回法国。当地的主教不允许他赶到法国去见路易王,而是叫他把旅行经历写下来,另派人转交国王。鲁布鲁克只得这样做。于是他以长信的形式记下了他的行程,此即流布后世的《鲁布鲁克东行纪》。不过他在报告的末尾要求到法国面见国王,大概获得了准许,所以后来鲁布鲁克还是回

① 《柏朗嘉宾蒙古行纪·鲁布鲁克东行纪》,中华书局,1985年版,第195页。

到法国。几年后英国著名哲学家和科学家罗吉尔·培根(Roger Bacon，1214—1292)在法国遇到他，向他详细询问了旅途的经历和发现，并且几乎将每个地理细节都在他的名著《大著作》中披露出来，关于火药的知识也是在这次会见中鲁布鲁克向罗吉尔·培根介绍并第一次进入欧洲的文献中。实际上，鲁布鲁克对于培根的影响不仅仅如此。培根"对鲁布鲁克的中国之行给予很大的重视。此人……梦想对科学和宗教知识做一番全面总结，因为这些知识已经变成了'与人类共存的'的整个社会的纽带。远东的发现、对契丹人地理位置的确定并承认他们就是古代的赛里斯人，所有这一切都具有多种意义。神学可能会因此受益，但实验科学的情形也如此。"①

美国汉学家史景迁(Jonathan D. Spence)说，鲁布鲁克是"第一位以欧洲语言写下讨论中国人专著的"欧洲人。②《鲁布鲁克东行纪》的特点在于，无论是蒙古地区的风土人情，还是他本人的种种活动，都描述得细腻和具体，以致有的研究者认为，他可能在行程中作了某些记录或日记。英国学者雷蒙·道森将鲁布鲁克与柏朗嘉宾加以比较，说他们二人的旅行经历十分相似，"然而，他们两人所写的游记的内容和风格则是十分不同的。柏朗嘉宾主要关心于把当时被认为是对基督教世界迫在眉睫的危险的蒙古人及其帝国的情况，向教皇提出一个全面的报告，特别注意于论述他们作战的方法和怎样才能最好地对付他们的攻击。鲁布鲁克的游记……则是对于其游行和个人经历的老老实实的充分详细的叙述。他是一个罕见的观察力敏锐的人，具有一位艺术家的气质和眼睛。"道森进一步评论说，鲁布鲁克写出的游记，"成为整个游记文学中最生动、最动人的游记之一，甚至比他同时代的马可·波罗或19世纪的胡克(Huc)和加贝特(Gabet)等人的游记更为直接和令人信服。"③裕尔也指出："他的游记读来饶有趣味，显示出作者是一位聪慧不凡、善于观察的人；他对一些事

---

① [法]安田朴：《中国文化西传欧洲史》，商务印书馆，2000年版，第94页。

② [美]史景迁：《大汗之国——西方眼中的中国》，广西师范大学出版社，2013年版，第17—18页。

③ [英]道森编：《出使蒙古记》，中国社会科学出版社，1983年版，第17页。

物的观察、尤其是对契丹人语言特点的观察显示出他目光敏锐、犀利。”[①]安田朴的评论比较简洁，他说鲁布鲁克的游记是“一部如此具体、充满了取自现实生活细节以及地理学和传奇神话”的游记。[②]

当然，鲁布鲁克可能也有了解蒙古人情况和动向的使命。裕尔就说：“他出使蒙古的目的既是为了传播宗教，也有侦测政治形势的性质。这位教士虽然携有法国国王的信件，但显然奉命掩饰其使者身份，而佯装以传播福音为游历之使命。”[③]所以，他在《东行纪》中用了一定篇幅，介绍了蒙古人许多方面的情况，包括蒙古民族的风情礼俗、婚丧嫁娶、饮食服饰、法律禁忌、狩猎生产等等。

鲁布鲁克在其《东行纪》中有一大段落论述“契丹人”。他说：

> 还有大契丹，我认为其民族就是古代的丝人。他们生产最好的丝绸(该民族把它称为丝)，而他们是从他们的一座城市得到丝人之名。有人告诉我说，该地区有一座城市，城墙是银子筑成，城楼是金子。该国土内有许多省，大部分还没有臣服于蒙古人，他们和印度之间隔着海洋。这些契丹人身材矮小，他们说话中发强鼻音，而且和所有东方人一样，长着小眼睛。他们是各种工艺的能工巧匠，他们的医师很熟悉草药的性能，熟练地按脉诊断；但他们不用利尿剂，也不知道检查小便。这是我亲眼所见。他们有很多人在哈剌和林，按他们的习惯做法，子承父业。[④]

鲁布鲁克的这段论述非常重要。他在这里提出，古代人所说的“赛里斯”(丝人)其实与“契丹”是同一个国家和民族。这种判断具有重要的历史地理价值，使欧洲人开始把他们所知的“契丹”与历史文献上说的“赛里斯”联系和统一起来认识。苏联学者马吉多维奇指出，鲁布鲁克的一个贡献在于，“在欧洲人中他第一个很准确地推测出古代地理学上所称的‘赛

---

① [英]H. 裕尔：《东域纪程录丛》，云南人民出版社，2002年版，第124页。
② [法]安田朴：《中国文化西传欧洲史》，商务印书馆，2000年版，第95页。
③ [英]H. 裕尔：《东域纪程录丛》，云南人民出版社，2002年版，第124—125页。
④ 《柏朗嘉宾蒙古行纪·鲁布鲁克东行纪》，中华书局，1985年版，第254—255页。

里斯国'和'中国人'之间的关系，即一个国家和它的人民"[①]。

4　孟高维诺的《中国书简》

1289年，教皇尼古拉四世派遣意大利人孟高维诺出使中国。孟高维诺(John de Monte Corvino，1247—1328)是意大利的方济各会修士，曾在伊儿汗国都城大不里士主持教务，因而可能对东方和蒙古人的情况比较熟悉。

孟高维诺于1289年从罗马出发，携带教皇致伊儿汗阿鲁浑、大汗忽必烈及海都的信，启程东行，经亚美尼亚抵伊利汗国都桃里寺。1291年，他与商人彼得(Peter)结伴继续东行。因当时忽必烈与海都正在交战，陆路不安全，遂走海路至印度，留居马八儿一年多。在此期间，他曾给西方教廷写过一封信。约在1293年，他从马八儿乘船来中国，在中国登陆的口岸可能是扬州。他于1294年抵达大都，觐见元朝皇帝。孟高维诺抵大都时，忽必烈已经去世。元成宗接见了他，孟高维诺向成宗呈交了教皇的信件，并请求准许其在中国传教。元成宗对孟高维诺以礼相待，并准许其在大都传教。商人彼得亦留在中国经商。从此，中国的基督教开始在聂思脱里派之外，和罗马教廷取得了联系。

孟高维诺在中国的传教活动，可从他寄给罗马教廷的三封信中得知一个大概。第一封信是1292年寄自印度。第二封信是1305年1月8日在汗八里(大都)写的。第三封信写于1306年。孟高维诺的《中国书简》是中国天主教史上重要文献。

孟高维诺是罗马教皇派到中国开辟教区的第一任主教，在中国生活了30多年。道森对孟高维诺的事迹评论说，孟高维诺是足以与柏朗嘉宾和鲁布鲁克"并列在一起而无愧色的。他是圣方济各会的一个真正的门徒，他的性格非常朴实，但是也具有英雄般的坚忍不拔的毅力和基督的使徒那样的精神，他孤独一人在中国的蒙古皇帝们的宫廷里传教达12年之

---

① ［苏］马吉多维奇：《世界探险史》，世界知识出版社，1988年版，第83页。

久的故事,乃是传教史上最为突出的插曲之一。"[①]

孟高维诺的第二封信是1305年1月8日在汗八里(大都)写的。在此之前,孟高维诺和罗马教廷、方济各会已失去联系整整12年。道森说他孤独一个在中国宫廷传教达12年之久,即指此事。孟高维诺在这封信中回顾了他到中国以后开展传教活动的情况,他说蒙古大汗(元成宗)宽待基督教徒,虽然他曾努力使大汗改宗而未成功。他曾受到景教徒的迫害,但最终排除诬陷,获得大汗信任。他在汗八里建了一座教堂,已为几千人施行了洗礼。孟高维诺希望罗马方面派助理辅佐他,并展示了中国领土之广大,以示传教之前景。

罗马教廷收到孟高维诺来自大都的这封信,可以想象受到了极大的鼓舞,教皇克莱门五世遂于1307年特设汗八里总主教区,任命孟高维诺为总主教,授权他统辖契丹、蛮子(中国南部)各处主教、高僧,统理远东教务,有授主教和划分教区权,非重大事件,不需请示教皇,只须承认教皇为教会领袖,并从教皇领取总主教绶带,但绶带的传袭,须有教皇的认可。

同年7月,教皇派遣7名方济各会传教士前往中国,但只有格拉德(Gerardus)、佩里格林(Peregrinus de Castello)和安德鲁(Andreas de Perugia)3位副主教约在1308年抵达中国,协助孟高维诺在中国的传教事业,其他4人在途经印度时病逝。1311年教皇再增派彼得(Peter)、哲罗姆(Jerome)和托玛斯(Thomas)3人赴中国传教。

孟高维诺的第三封信写于1306年,主要说他在汗八里大汗宫门前开始建一座新教堂。他还说到大汗对他的礼遇,他在大汗宫里有一个座位,享有进入宫内的权利。

孟高维诺写这两封信的目的,主要是想请教廷再派一些传教士来华,协助他在中国开展传教活动。英国汉学家雷蒙·道森说:"这些信件读起来引人入胜之处在于能够使人稍微了解到教会在这一遥远的前哨阵地的宗教生活情况。"[②]

1308年,格拉德、佩里格林和安德鲁3位副主教抵达中国,协助孟高

---

① [英]道森编:《出使蒙古记》,中国社会科学出版社,1983年版,第260页。

② [英]雷蒙·道森:《中国变色龙——对于欧洲中国文明观的分析》,中华书局,2006年版,第29页。

维诺在中国的传教事业。约在 1313 年，泉州创设主教区，由格拉德任首任主教。格拉德死后，佩里格林被孟高维诺任命为泉州主教。在他任泉州主教期间，居住泉州的一个亚美尼亚富妇出资修建一座大教堂，孟高维诺将其指定为主教座堂。1318 年，佩里格林写信给本国教友，报告他在中国的传教情况。

与佩里格林同来的安德鲁在大都居住 5 年，也要求去泉州，得到元政府的批准。他乘驿南行，沿路皆极受欢迎。他在泉州附近的小林中建造教堂一座，修院一所，其中可容修士 22 人。佩里格林去世，安德鲁被孟高维诺任命为泉州主教，移居城内大教堂总理教务，直到最后死于泉州。20 世纪 30 年代，泉州曾陆续发现了一批基督教徒的坟墓和墓碑，其中一块墓碑石上刻有拉丁文碑文，半可辨读，大意是“安德鲁牧师长眠于此”。碑文末所刻年份可辨者为“M……XII”，应是 1332 年，即安德鲁去世之年。

安德鲁曾于 1326 年 1 月在泉州主教任上发出一封信给教皇，信中报告了他们来华途中的艰难遭遇及在华的传教经历，其中特别提到在汗八里五年所享受到皇帝赐予的优厚的“阿拉发”(Alafa)待遇。安德鲁迁居泉州时，得到允许，将钦赐薪俸(阿拉发)移往泉州。

1328 年，孟高维诺病逝于大都，享年 81 岁。出殡时，很多教徒及非教徒自愿参加送葬行列，足见其在当时极负盛名和影响。孟高维诺在华传教 30 年，对天主教在中国的传播起了很大的作用。但是，孟高维诺去世后，这种局面并没有继续下去。赫德逊指出：“孟高维诺死后，传教的努力不是增加了，而是衰落下去；欧洲教会的混乱、旅途极其遥远而危险以及拉丁欧洲与北京之间的通讯困难，都使得传教机构难以扩大或甚至难以保持其实力，而孟高维诺之后也没有一个继任者值得一提。中国又一次变得离欧洲更遥远了。”①

后来，教皇派巴黎大学神学教授尼古拉斯(Nicholas)任汗八里总主教，同行者有教士 20 人，平民 6 人。尼古拉斯及同行者抵达阿力麻里(位于今新疆霍城县)，受到察合台汗的欢迎。但从这以后，竟不知去向。另

---

① [英]赫德逊：《欧洲与中国》，中华书局，1995 年版，第 128 页。

一说马黎诺里抵京时,尼古拉斯尚在途中,确未到京,其可能在后来抵京。

5 鄂多立克的《东游录》

柏朗嘉宾、鲁布鲁克的东行,带有直接的外交使命,他们的行记主要还是复命报告。孟高维诺、佩里格林是来中国传教的,他们的书信谈的主要是与传教有关的事情。鄂多立克也是来中国传教的,但他更是以一位旅行家著称于世。他和马可·波罗、伊本·白图泰、尼古拉·康蒂一起,被誉为"中世纪四大旅行家"。

鄂多立克(Odoric de Pordenone,1265—1331)是意大利人,圣方济各会修士。他早年一直过着清苦的托钵僧的生活。这种艰苦生活的磨炼对他以后的长途旅行很有裨益。1318年,他开始长达十几年的东游旅行。与柏朗嘉宾、鲁布鲁克等人不同的是,鄂多立克是从海路先到广州以及中国南方地区,然后到达大都,再由西北陆路返回欧洲。实际上,他对中国与欧洲之间的海陆两路交通都有了切身的经历。这与马可·波罗相似,但行程相反,马可·波罗是从陆路进入蒙古和大都,然后从海路返回欧洲的。

到大都后,鄂多立克曾受泰定帝接见,并在大都留居3年,劝化许多人归信基督教。据他说,在大都宫廷中担任要职的蒙古人、萨拉森人及佛教徒,都有改奉基督教的。就连皇帝身边的御医,也有8名是基督徒。并说孟高维诺深得皇帝宠信,威望很高。鄂多立克看到孟高维诺年事已高,急需加派教士协助,即于1328年离开大都,准备回欧洲报告教皇这一情况。

鄂多立克回到欧洲后,到阿维尼翁谒见教皇,求教皇降福,准许其率领50位传教士东来传教。但因病未得实现。他后来寓居帕多瓦,将旅途见闻口述,由索拉纳的僧侣威廉(William of Solagna)笔录,即流布于世的《鄂多立克东游录》。此书一经问世,就受到人们的重视,以后陆续有拉丁文、意大利文、法文、德文等各种语言抄本达76种之多。

鄂多立克东行游历十几年,足迹几乎踏遍整个亚洲,特别是在中国,从南到北,远达西南、西北诸省,所记甚为详细,他的游记被称为"关于中国的最佳记述”。

鄂多立克在中国游历极广，对所到地方都有记载。他说广州“是一个比威尼斯大三倍的城市……该城有数量极其庞大的船舶……整个意大利都没有这一个城的船只多”。他说刺桐(泉州)“系世上最好的地方之一，就其对人之生活所需说亦如此”。他记载金陵府(南京)“其城墙四周为四十英里。城中有三百六十座石桥，比全世界上的都要好。蛮子国王最初驻跸在此城，他常住在那里。它的人口稠密，有大量使人叹为奇观的船只。城市坐落在交通方便之处，有大量各种好东西。”[①]鄂多立克对中国各大城市的印象极为深刻，认为中国城市的雄伟壮丽，绝非欧洲诸城可比。他特别描绘了杭州城，说它是世上最大的城市，称其为“天堂之城”。

鄂多立克和其他到中国的旅行者一样，对中国的物产丰富和生活富裕留下深刻的印象。他写到杭州时说，我很奇怪，那么多的人怎么能安排住在一个地方，但那里始终有大量的面食和猪肉，米和酒，酒又称为米酿(bigin)，享有盛名；那儿确实有大量其他种种食物。

鄂多立克在大都居留的时间最久，对元朝的规章礼仪、宫廷建筑，有不少翔实的记载。他记载大都城有十二门，两门之间的距离是两英里；两城之间也有大量居民，二者的四周加起来超过四十英里。大汗在这里有他的驻地，并有一座大宫殿，城墙周长约四英里。其中尚有很多其他的壮丽宫殿。

鄂多立克对元朝宫廷的礼仪规制也有一些记载，如元朝的机构、皇帝出巡的仪仗队伍。四大节日以及庆典仪式、驿站制度等等。他强调帝国的广大，全国分为十二部分，每部分叫作一个“省”。鄂多立克特别记述了“蛮子省”即中国南方的情况。

对于中国人的风俗习惯，鄂多立克有颇为生动的描绘。他说广州人以蛇肉为佳肴，若有人宴请客人而桌上无蛇，则赴宴者认为一无所得。妇女缠足的陋习，鄂多立克是第一个予以报道的西方人。他写道：“对女人说，最美是留小脚；因这个缘故，做母亲的在女儿一生下来就给她紧紧缠

---

① 《海屯行纪·鄂多立克东游录·沙哈鲁遣使中国记》，中华书局，1981年版，第64—65、65—66、70页。

脚,以致脚再也不长。”[①]他还讲到扬州的待客风俗,“倘若有人想要以丰盛筵席款待他的友人,他就去找一家专为此目的而开设的旅舍,对它的老板说:‘给我的若干友人准备一桌筵席,我打算为它花多少钱。’然后老板一如他吩咐的那样做,客人们受到的招待比在主人自己家里还要好。”[②]

鄂多立克较详细地介绍了驿站制度。他写道:“因为旅客需要供应,所以他叫在他的国土内遍设屋舍庭院作为客栈,这些屋舍叫做驿站(yam)。这些屋舍中有各种生活必需品。当帝国中发生新事时,使者立刻乘马飞奔宫廷;但若事态严重紧迫,他们便乘单峰骆驼出发。他们接近那些驿站——客栈或车站——时,吹响一只号角,因此客栈的主人马上让另一名使者做好准备;前来投递情报的骑士把信函交给他,他本人则留下来休息。接过信的另一名使者,赶快到下一驿站,照头一人那样做。这样,皇帝在普通的一天时间中得知三十天旅程外的新闻。”[③]

6 马黎诺里的游记

孟高维诺任主教期间,曾劝化一些外来的部族信仰基督教,包括从俄罗斯和西方来的军人,其中最重要的部族是从黑海高加索地区来大都的阿兰人。由于孟高维诺去世,尼古拉斯尚未到任,他们请求元顺帝遣使教廷,以通往来。阿兰官员也上书教皇,请求委派主教和传教士来中国。

1336年(元顺帝至元二年),元顺帝派在中国的欧洲人安德烈·弗兰克(Andrew the Frank)和威廉(William of Nassio)等人率领包括16人的使团,出使教廷,携元顺帝致教皇书信一封。信的内容除表示友好,要求教皇“告天祝寿”外,还将信奉基督教的阿兰人介绍给罗马教皇,并请帮助购买良马、珍宝等物。

中国使团于1338年抵达当时教皇驻地阿维尼翁。教皇本尼迪克特十二世(Benedict Ⅻ)隆重接待了元顺帝的使者,并安排他们游历欧洲各地。同时教皇派遣由数十人组成庞大使团前来中国,使团中有4名方济

① 《海屯行纪·鄂多立克东游录·沙哈鲁遣使中国记》,中华书局,1981年版,第84页。
② 同上书,第71页。
③ 同上书,第77页。

各会士。1338 年 12 月，使团从阿维尼翁启程，至意大利那波利港，会齐元朝来使，取道君士坦丁堡，渡过黑海，先到钦察汗国都城会见了钦察汗，又到察哈台汗国都城阿力麻里，从那里经哈密前往大都。当使团于至正二年(1342)七月到达大都时，元朝安排了盛大仪式，给予隆重接待。他们向元顺帝呈上教皇的复信和西方骏马一匹。元顺帝大喜，命画工周朗作《天马图》，文臣揭傒斯作《天马赞》，在廷文人多应制写诗作序，时人叹为盛事。

他们在大都留住 4 年，1346 年回国。他们经杭州、宁波到达泉州，由泉州启航，于 1353 年抵阿维尼翁，进呈元顺帝致教皇克莱孟六世的国书。信中表示大汗尊重基督教，并要求教皇继续派传教士来中国传教。

马黎诺里(J. Marignolli)是参加这次使团的意大利方济各会士。1354 年，马黎诺里受日耳曼皇帝查理四世之召至布拉格，负责改修波希米亚编年史，著《波希米亚史》3 卷，其中最后一卷追忆其出使中国的见闻。这部著作完成后藏于布拉格图书馆，鲜为人知，直到 1768 年，教士多博纳(Gelasius Dobener)著《波西米亚史》，将其列入所编的著作中，才为世人所知。1820 年，德国学者梅纳特(J. G. Meinert)将多博纳著作中的这一部分辑出，依原文重新整理，为《马黎诺里游记》，刊于波希米亚科学学会会报，马黎诺里出使及其游记才为世人所知。

马黎诺里在游记中记述了他奉使东方的行程，对中国之广大赞叹不已。他说蒙古大汗“统治东方世界过半。权力之巨大、城市之众多、疆土之辽阔、语言之复杂、物产之富足，民族之繁多，难以言表”。他说到汗八里城：“此城乃东方帝国之首府，雄伟无比，其人口之众和军容之庄严，无须赘述。……”[①]马黎诺里一行借返国之机，到中国南方游历，“沿途我们看到许多城市村庄，其繁荣昌盛难以言表。”《马黎诺里游记》对泉州作了这样的记载，他说刺桐城是一个令人神往的海港，也是一座令人惊奇的城市。

---

① 引自[英]穆尔：《一五五〇年前的中国基督教史》，中华书局，1984 年版，第 285—287 页。

第三章 马可·波罗及同时代人讲述的中国事情

一 马可·波罗及其游记

1 马可·波罗的中国之行

在13—14世纪这个时代里，中国与西方的文化交流，最值得大书特书的就是马可·波罗的中国之行及其游记的问世。《马可·波罗游记》首先向欧洲人展现了比较完整的有关中国的知识，引起了持久不衰的热情。一直到16世纪末欧洲人开始陆续地来到亚洲、进入中国以前，欧洲人的中国知识基本上都是以《马可·波罗游记》为基础的。甚至哥伦布发现新大陆以及大航海时代的来临，都与马可·波罗游记的激励有关。

马可·波罗(Marco Polo，1254—1324)是意大利威尼斯人。威尼斯是一个古老的商业城市，其商人早在9—10世纪间，就在地中海上进行商业活动。到了13世纪，地中海成为欧洲的两大商业区之一，而意大利的威尼斯、热那亚、比萨等城市，又是地中海商业区的中心。这些城市联系着西欧和东方的市场，成为东西贸易的枢纽；而威尼斯的地位尤为重要，它是东方货物运往中欧和北欧的一个吞吐港。马可·波罗的父亲尼科洛

元世祖忽必烈在上都夏宫接见马可·波罗一家

(Niccolo)和叔父玛菲(Maffeo)都是有名的威尼斯商人,经常奔走于地中海东部地区,进行商业活动。

1271年,年仅17岁的马可·波罗随父亲和叔父同行,踏上了东方之途,开始了他一生中长达24年的漫游东方的历史行程。

1271年11月,马可·波罗一行由威尼斯启程。他们乘船渡过地中海,到达小亚细亚,经巴格达而到当时商业繁荣的霍尔木兹。继而,他们穿越荒无人烟的伊朗高原,继而东行,翻越险峻的帕米尔高原,沿着古老的丝绸之路,经喀什、莎车、和阗,再经敦煌、酒泉、张掖、宁夏等地,经过3年半的跋涉,于元至元十二年(1275)夏天抵达了元朝上都。

马可·波罗一行抵达上都后,受到忽必烈的接见。马可·波罗年轻聪明,善于学习,很快熟悉了东方的风俗和语言,很受忽必烈器重和信任,留他以客卿身份在朝中供职。大约在至元十四年(1277)至至元十七年

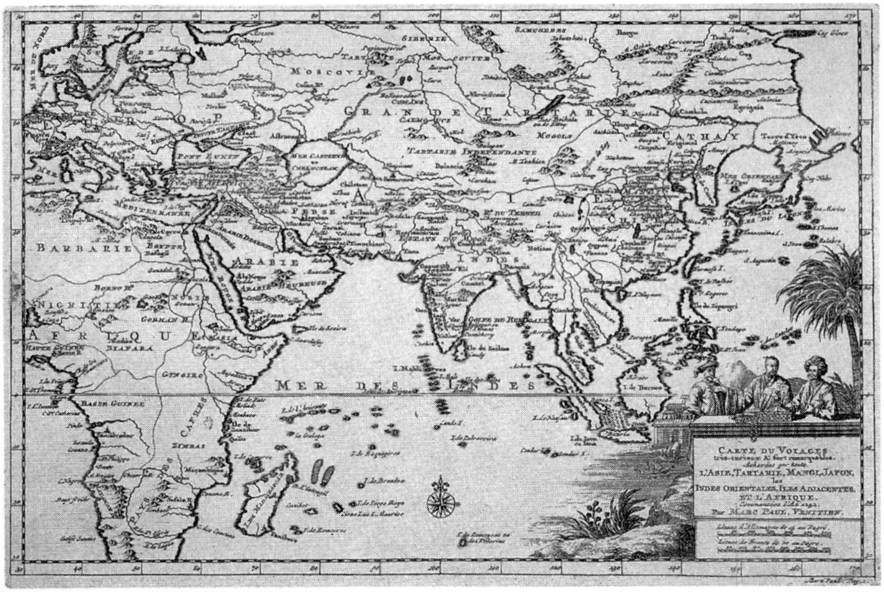

以《马可·波罗游记》为蓝图所绘的《马可波罗父子亚洲旅程图》

(1280),马可·波罗离开京城到云南游历访问。他从北京出发,经由河北到山西,过黄河进入关中,逾越秦岭至成都,西行至建昌,并到过西藏地区,最后渡金沙江,到达云南昆明和大理地区。此后,马可·波罗又游历了江南一带。他的游记中没有明确的行程记载,但却记载了淮安、宝应、高邮、泰州、扬州、南京、苏州、杭州、福州、泉州等南方城市。马可·波罗可能不止一次游览江南地区。至元二十九年(1292),马可·波罗趁奉命护送蒙古公主阔阔真嫁到伊儿汗国之便,得以和父亲、叔父离开中国。他们一行先到波斯送阔阔真公主,然后继续西行,于1295年回到故乡威尼斯。

马可·波罗在中国生活了17年,遍游大江南北与长城内外,对中国情况的了解远远超过当时的欧洲人。他回国后向乡人介绍东方见闻,自然引起人们的极大兴趣。

1298年,即马可·波罗回到故乡后的第三年,他参加了威尼斯与热那亚的战争,战败被俘,被关在热那亚的监狱里。在狱中,马可·波罗经常向同狱的难友讲述在东方游历的见闻。当时关在同一监狱中的作家鲁思蒂谦诺觉得马可·波罗的游历见闻很有意思，如不写成书传之后世，将是十分可惜的。于是，二人合作，由马可·波罗口述，鲁思蒂谦诺将之笔录成书，即日后闻名于世的《马可·波罗游记》。

鲁思蒂谦诺，又叫鲁思蒂凯洛(Rustichello)，是意大利比萨人。他从小受到比萨文化传统的熏陶，并且对外部世界有着浓厚的兴趣。后来，他前往法国深造，专门研究法国骑士文学。他曾写了一个欧洲人熟知的阿瑟王和其他骑士的侠义故事，得到英国国王爱德华一世的赏识。1270年，他用法语写成了一部骑士传集《梅里亚杜斯》。该书反映了当时人们理想中的骑士精神。这部著作很快传到意大利，在各城邦君主、贵族的宫廷里以及骑士传奇读者中广为流传，受到热烈欢迎。所以，在与马可·波罗相遇、笔录《马可·波罗游记》之前，鲁思蒂谦诺已是一个颇有名气的文人了。由于他广学博识，富有教养，所以人们都尊敬地称他“鲁思蒂谦诺老师”。

据文学史专家认为，鲁思蒂谦诺在笔录《马可·波罗游记》时，态度严谨、忠实，该书的文字流畅自然，不尚浮华夸张，体现了历史的真实和马可·波罗口述的特点。但是，他也并非仅仅扮演了一个纤毫不失地机械笔录的角色。事实上，在鲁思蒂谦诺的笔录中，也包含着他对马可·波罗口述的接受、理解和再创造，包含着作为一位文学家的艺术匠心和风格。而且，更重要的是，“如果没有这位执着的比萨人强迫威尼斯旅行家静下心来坐在那里，滔滔不绝地讲述自己的经历，那么马可的游记绝不可能变为文字被人们所传阅。他的经历最终也只能是那些行走‘丝绸之路’的商人们闲来无事的谈资，而他的故事也必将随他生命的终止而一同消逝。”①

对于马可·波罗的这段狱中生活，法国学者安田朴说道：“对于我们来说，这该是多么幸运啊！这名如此具有天才的观察家未遭杀害，而是在库尔佐拉(Curzola)的战斗中被俘。因为在1298年9月7日，这场战斗使热那亚军队与威尼斯军队互相对垒。大家让他在狱中口授其难友——某位比萨人鲁思蒂谦诺而写成了一部书，又该是多么幸运啊！”安田朴继续说：“马可·波罗由于在热那亚狱中于1298—1301年口授写成了一部游

① ［美］劳伦斯·贝尔格林：《大旅行家马可·波罗传》，海南出版社，2010年版，第266页。

记故事,而很快成为那些曾赴鞑靼地区的旅行家中获得最大成果和最持久名声的人。……从此之后并在数世纪内,《马可·波罗游记》就成为我们了解亚洲的主要史料来源。它搅乱了人们的思想并诱惑了那些想入非非的人。”①

2 《马可·波罗游记》展现了中华文明

1477 年纽伦堡印本《马可·波罗游记》扉页的马可·波罗肖像画

《马可·波罗游记》共分 4 卷,第一卷叙述马可·波罗诸人东来时的沿途见闻,直到上都为止。第二卷记载了中国元朝初年的政事和大汗忽必烈的宫廷生活、都城、宫殿、节庆、游猎等;马可·波罗奉使经太原、西安、成都等地赴云南各地见闻;自大都南行至淮安、扬州、镇江、苏州、杭州、福州、泉州等地见闻,描述了各地的繁华景象。第三卷介绍日本、越南、印度尼西亚、斯里兰卡、印度、印度洋沿岸诸岛以及非洲东部等地区的情况;第四卷讲述成吉思汗以后蒙古各汗国之间的战争和俄罗斯的概况。全书共 229 章,记述的国家、城市的地名 100 余个,而这些国家和城市的情况,包括山川地形、生物矿产、气候寒暑、工商贸易、珠宝香料、居民肤色、宗教信仰、风俗习惯等,及至国家的琐闻轶事、朝章国故,也时时夹见其中。

① [法]安田朴:《中国文化西传欧洲史》,商务印书馆,2000 年版,第 101、97 页。

马可·波罗在中国生活期间，他的足迹所至，遍及华北、西北、西南和华东等地区。他怀着对中国的深厚感情，在游记中以大幅的篇章，热情洋溢的语言，赞颂中国地大物博，文教昌盛。他说到中国的地域广大，人口繁盛，财富充裕，生活舒适，物产丰富，交通便利，工商业发达。他向西方人展现了迷人的中华文明，系统地介绍了中国的辉煌文化。

马可·波罗用了很大篇幅来描述汗八里城即元朝大都的宏伟和繁荣。在历史上，凡是到过中国都城的外国旅游者首先都会为中国都城建设的宏伟壮丽惊叹不已。比如在唐代的长安城，恢宏壮观、大气磅礴，成为当时世界上第一大都市。在17—18世纪来中国的传教士们也都对中国的首都北京留下深刻印象，撰写了大批描述北京面貌的文字，形成他们的"北京经验"。马可·波罗也是如此，他在其游记中，对北京即当时的"大都"作了详细的介绍。他称大都为"汗八里"。"汗八里"是突厥语，意为"帝王之城"。他描写汗八里面积广袤，还说到大都的街道布局，说"街道甚直，此端可见彼端盖其布置，使此门可由街道远望彼门也。"①马可·波罗重点介绍了大都的宫殿和皇家苑囿，对大都的宫殿作了精彩的描述。他说，大都的皇城，宽广各有1哩，周围有高达10步的城垣环绕，皇城四角建有角楼。宫城内部，是君王临朝听政的大殿："此宫之大，向所未见。宫上无楼，建于平地。惟台基高出地面10掌。宫顶甚高，宫墙及房壁满涂金银，并绘龙、兽、鸟、骑士、形象，及其他数物于其上。屋顶之天花板，亦除金银及绘画外别无他物。"他还写道："大殿宽广，足容六千人聚食而有余，房屋之多，可谓奇观。此宫壮丽富瞻，世人布置之良，诚无逾于此者。顶上之瓦，皆红黄绿蓝及其他诸色。上涂以釉，光泽灿烂。犹如水晶。致使远处亦见此宫光辉。应知其顶坚固，可以久存不坏。"②游记还写道，在宫城与皇城两墙之间还有"一极美草原"，种植种种果树，还有许多动物，如鹿、獐、山羊、松鼠等。另外还有一个大湖，景色非常优美。

除了描述大都的宏伟壮丽之外，马可·波罗还介绍了元初的另外两座都城哈喇和林和上都，说到上都"大而富"，宫殿建筑的"工巧之极，技术

---

① ［法］沙海昂注：《马可波罗行记》，中华书局，2004年版，第335页。

② 同上书，第324页。

之佳,见之足以娱人心目。”马可·波罗在游记中还介绍了西安、太原、成都、大理、昆明、涿州、淮安、高邮、泰州、扬州、瓜州、镇江、苏州、杭州、福州、泉州、哈密、沙州、肃州、甘州、凉州等等数十个城市,尤其对经济发达、人文荟萃的长江中下游地区留有深刻印象。

除了对大都和这些大都市的描写之外,《马可·波罗游记》中还记述了许多中国的情况,涉及政治、军事、法律、奇闻逸事、风土人情等许多方面。

因为马可·波罗本人是个商人,所以他以极大的兴趣记录了各个地区的物产、贸易、集市、交通、货币、税收等等与商业有关的事物。正如朱谦之所说的:“马可·波罗终究是一个商人和商人的儿子。‘百万马可·波罗’所欣慕的是财富,是工商业的物质生活。如科姆洛夫所说,‘马可·波罗的商人本色是活现于整个的记述中,他的爱好自然居于第二位,游戏的热忱居第三位。’因为他是商人,所以他的游记所记载的中国文明,也以物质的生活为主。”[①]雷蒙·道森也指出:“马可·波罗出自一个以航海为生的蕞尔小邦的商人家庭,从一个商人的眼光看待其经历。他把注意力集中在商业利益上,对事物之精神的一面基本上没有提及。”[②]有人统计,《马可·波罗游记》中关于商务的记录,约占中国部分内容的1/6以上,以致欧洲人曾把它看成是东方的“商务指南”。他不仅记录了扬州、杭州、福州、泉州等商业名城的商务和物产,而且还细心地观察了途经的中等城市的工商业状况。其中关于地方特产、商店市场、贸易方式、物价税率、货币折算及金银比价等记事,甚至比当时中国的一些文人的记述更为详细和具体。比如他说到成都的蜀锦,云南大理的黄金交换价格,扬州居民“恃工商而活”,开封的绢绸生产,镇江居民“恃工商而活,产丝多,以织数种金锦丝绢”,以及苏州、杭州的工商业,福州、泉州的海外贸易等。马可·波罗记述了大都贸易发达,商业繁荣的情况,说大都是“商业繁盛之城”,凡是世界上最为稀奇珍贵的东西,都能在这座城市找到。特别是印度的商品,如宝石、珍珠、药材和香料。中国北方各地区和其他各地区,凡有贵

① 朱谦之:《中国哲学对欧洲的影响》,上海人民出版社,2006年版,第50页。

② [英]道森:《中国变色龙——对于欧洲中国文明观的分析》,中华书局,2006年版,第30页。

重值钱的东西都运到大都来。外国高价珍稀商品及各种商品输入大都城之多，是世界上其他城市所不能相比的。这里“百物输入之众，有如川流之不息，仅丝一项，每月入城者计有千车”。

马可·波罗对在元朝流行的纸币作了比较详细的介绍。还介绍了中国的育蚕制丝技术、制盐造纸、用煤作燃料，乃至做面条的方法；对于宗教、葬俗、饮食、生肖纪年、社会救济等，都有繁简不同的记述。《马可·波罗游记》内容相当丰富，对中国和中华文化的介绍涉及方方面面，不胜枚举。

在《马可·波罗游记》中，对中国有两种称呼，一个是“契丹”，一个是“蛮子”。这是沿用了蒙古人的叫法。元朝统一中国后，把中国北部称为“契丹”，把中国南部称为“蛮子”。与他同时代来的柏朗嘉宾、鲁布鲁克、鄂多立克等人都是采用这样的称呼。在俄语、希腊语和中古英语中把整个中国称为“契丹”（读音分别为 Kitay，Kitala，Cathay）。关于契丹的种种传闻传入欧洲后，人们误以为“契丹”和“中国”（蛮子）是两个国家，认为在 China（中国）之外，遥远的东方还有一个美丽的国家——契丹。甚至在地理位置上认为“中国”在“契丹”以南以东的位置。《马可·波罗游记》中详细地描写了契丹的繁荣昌盛，使契丹这个名字在欧洲不仅耳熟能详，而且成为欧洲人向往和追求的梦想。这样混淆的地理概念一直持续了几个世纪，直至 16 世纪时，欧洲人对东亚大陆的认识还十分混乱，从海路来华者，称中国为“秦”或“China”；从陆路来华的称中国为“契丹”。17 世纪初，由于利玛窦等人的努力，才最后得以澄清，欧洲人始确认“契丹”与“中国”实际上是一个国家的不同名称。

3　《马可·波罗游记》的流传与影响

在《马可·波罗游记》完成不久的 14 世纪初，就已经有手抄本流传。马可·波罗生前的回忆录有两种文本：一个是 1298 年的狱中回忆，为鲁思蒂谦诺笔录的《对世界的描绘》，穆尔认为应是法文古本；二是马可·波罗出狱回乡后，补充成书的意大利文本，拉丁文本以《百万先生》为题。其后这两种文本各有一些其他语种译本的抄本。

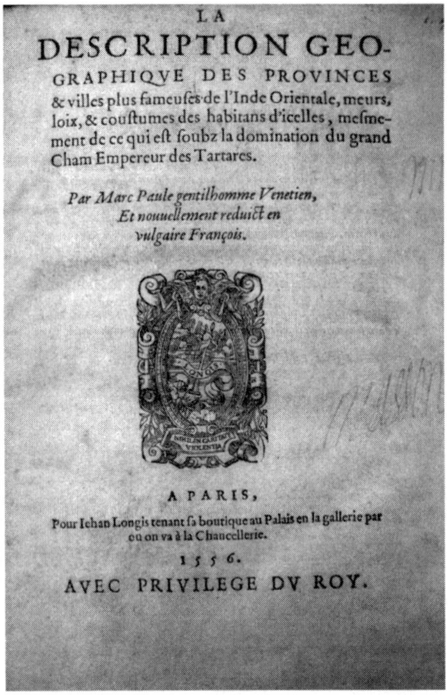

LA
DESCRIPTION GEO-
GRAPHIQVE DES PROVINCES
& villes plus fameuses de l'Inde Orientale, meurs, loix, & coustumes des habitans d'icelles, mesmement de ce qui est soubz la domination du grand Cham Empereur des Tartares.

Par Marc Paule gentilhomme Venetien, Et nouuellement reduict en vulgaire François.

A PARIS,
Pour Iehan Longis tenant sa boutique au Palais en la gallerie par ou on va à la Chancellerie.
1556.
AVEC PRIVILEGE DV ROY.

《马可·波罗游记》法文第一版,1556年。

在《马可·波罗游记》诞生后的头20年,其语言形式有法意混合语的、托斯卡纳语的、威尼斯语的、德语的、拉丁语的,以及一种经过改造的法语形式的版本。该书的译本创造了中世纪的史无前例的记录。由于传抄和翻译的广泛,所以在14世纪,该书成为法国人和意大利人的史诗中有关东方内容的源泉之一。威尔斯的《世界史纲》说:"欧洲的文学,尤其是15世纪欧洲的传奇,充满着马可·波罗的故事里的名字,如契丹、汗八里之类。"①

安田朴指出:"当这些来自中国的新闻首先通过手稿然后又用刊本传来时,基督教国家应该具有一种什么样的普遍感情:惊奇、赞叹和入迷。这部著作获得了神奇的成功,正如它既通过其抄本又通过自15世纪末开始出现的刊本之巨大数量所证实的那样。现在共知道有143种抄本,分别用法文、拉丁文、托斯卡纳文、威尼斯文,甚至是卡塔卢尼亚文和阿拉贡文抄写。特别使人感兴趣的是发现了相当多的用罗马各种语言抄写的手稿,这种事实证明在地中海社会中对马可·波罗书所产生的强烈兴趣。该书的拉丁文本无疑是用于在日耳曼语系地区传播,因为拉丁语是当时西欧的媒介语言。"②

1477年,《马可·波罗游记》的第一个印本——德文译本在德国纽伦堡印行。以后陆续翻译成多种文字出版。最早的英译本是1579年在伦敦出版的。早期著名的英译本是英国东方学家马尔斯登(William Marsden,1754—1836)于1818年从赖麦锡本译出的。在译文前面,他写

① [英]赫·乔·韦尔斯:《世界史纲——生物和人类的简明史》,人民出版社,1982年版,第769页。

② [法]安田朴:《中国文化西传欧洲史》,商务印书馆,2000年版,第98页。

了 80 多页的序言，介绍马可·波罗的生平、内容概要、译文原本、原抄本语言等，并附注释和索引。1871 年，英国学者亨利·裕尔重新英译了该书，1903 年和 1921 年，法国汉学家亨利·考狄埃对裕尔的译本作了增订，这是学术界公认的具有很高学术价值的译本。

到 19 世纪时，有很多学者利用当时已经知道的东方文献，从多方面研究《马可·波罗游记》，充分肯定马可·波罗及其游记的历史价值，对他的贡献和影响给以很高的评价。从此，马可·波罗的游记越来越受到人们的重视，成为世界文化宝库中的重要文献。据向达 1956 年统计，国外已出版了近百种《马可·波罗游记》。而据伯希和 1938 年统计就有 143 种。[①]

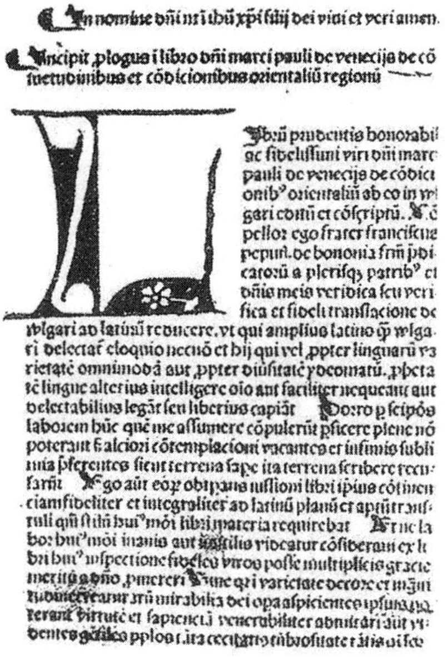
In nomine dñi nrī ihū xpī filij dei vivi et veri amen.
Incipit plogus i libro dñi marci pauli de venecijs de cõsuetudinibus et cõdicionibus orientaliū regionū

《马可·波罗游记》最古老的版本

《马可·波罗游记》在几百年间产生了巨大的反响，受到欧洲社会的高度重视，并且充分显示出巨大的历史价值和文化价值。韦尔斯指出，《马可·波罗游记》“打开了我们对 13 世纪的这个世界的想象力，……仅仅是历史学家的编年史是做不到这一点的。”[②]英国学者雷蒙·道森指出：“马可·波罗在其同代人中具有显赫地位。他是历史上那些为数甚少的其故事具有浪漫性特征和典型性、从而确保了自己享有世界声誉的人物之一。”[③]

马可·波罗及其游记的历史价值，首先在于以亲身的经历和见闻，比较系统地向欧洲介绍中国和中华文化，大大开阔了欧洲人的视野，增加了

① 余士雄主编：《马可·波罗介绍与研究》，书目文献出版社，1983 年版，第 1 页。

② [英]赫·乔·韦尔斯：《世界史纲——生物和人类的简明史》，人民出版社，1982 年版，第 766 页。

③ [英]雷蒙·道森：《中国变色龙——对于欧洲中国文明观的分析》，中华书局，2006 年版，第 13 页。

他们对中国的了解。本书在前面已经介绍过，早在古罗马时代，罗马帝国和中国就有一些直接或间接的往来，在古罗马文献中，也有一些关于中国的记载。但是，这些记载大都得自传闻，有许多不准确或失实的地方。当时欧洲人对中国和中华文化的了解，犹如雾里看花，若明若暗，只是对遥远的东方帝国有一些模糊的印象。马可·波罗则是亲自游历中国并将其经历笔录成书的欧洲人。而对于那个时代的欧洲人来说，马可·波罗的故事确实使他们大开眼界。可以说，马可·波罗的中国之行，"揭开了欧洲人心灵对于亚洲文化想象的序幕。"[①]史景迁说："波罗的书却与众不同，因为他第一个宣称深入中国的西方人，而他生动的描述也使西方读者印象深刻，至今无法磨灭。"[②]

安田朴指出：

对于那些在其共同的记忆中仍保留了蒙古人入侵的'恐怖'情绪的人以及那些已经忘记了北欧维金人那同样也很残酷入侵的人……来说，当他们获悉嗜血成性的蒙古人的大汗也是大地上所有王公中无论是在人员还是在财产方面都堪称最强大、最慷慨和最殷勤好客的人时，大家可以想象他们该是多么瞠目结舌啊！对于一个仍聚集于基督教理想之下的欧洲和仍处于伊斯兰教的理想之下并被不恰当地称为'阿拉伯社会'的世界一大部分地区来说，发现一个比19世纪的美洲更大并且成了各个种族、各种宗教和各类社会阶层之'熔炉'的帝国，那该是一种什么样的发现啊！那里的游牧民与定居民每天都摩肩接踵；佛教僧侣在那里与穆斯林（木速蛮）富翁一起生活，景教牧师也勉强与天主教传教士、意大利商人和叙利亚批发商和睦相处，我们还应从中补充某些波斯艺人、来自印度和吐蕃的出家人；斡罗思人在那里被迫与来自太和岭（高加索）的阿兰人（奄蔡人）睦邻相处。[③]

安田朴还说道：

---

① ［美］J. J. 克拉克：《东方启蒙：东西方思想的遭遇》，上海人民出版社，2011年版，第23页。

② ［美］史景迁：《大汗之国——西方眼中的中国》，广西师范大学出版社，2013年版，第17页。

③ ［法］安田朴：《中国文化西传欧洲史》，商务印书馆，2000年版，第102页。

> 马可·波罗从来不作仔细思考,或者是很少作思考,但他却提供了许多值得思考的内容。在整整两个世纪期间,有许多商人和航海家都对拥有一本《珍异书》如梦如痴。[①]

由于当时欧洲人的封闭和交通闭塞,许多人对该书所传递的有关中国的信息将信将疑,甚至斥之为虚妄,但该书终因其“奇异”不胫而走。由此,马可·波罗向欧洲展现出一个真实的中国,一个富裕强大、文明昌盛的奇异世界,一个优越的、迷人的、发达的民族的文化。由于马可·波罗的介绍,欧洲人对中国的模糊印象逐渐清晰起来,对中华文化有了进一步的接触和了解。正如有学者指出的:“通过马可·波罗的书,中国最终恢复了一个伟大国家的面貌。”赫德逊指出:“波罗一家在中国的游迹,为欧洲人对远东的知识开辟了一个新纪元。据我们所知,波罗一家是最早在中国居住过一段时间并曾遍游该国的欧洲人。……马可能够给欧洲以对它的详尽的知识,远非对古代人对丝国人的知识可比拟。”[②]

在马可·波罗那个时代,也有一些欧洲人士来到中国并写下他们的游历记录,但由于马可·波罗在中国生活的时间很长,并且广泛游历各个地方,出入宫廷又深入社会,因而马可·波罗对中国的了解比他们更深入、更充分,他的记述也比他们更具体、更详细、更富有感染力。因此,可以说,正是马可·波罗代表了那个时代欧洲人关于中国的知识水平。裕尔指出:

> 波罗家族的游记,使欧洲熟悉了契丹之名及其新鲜事物。在这方面波罗家族的游记,比所有其他游记发挥了更大作用。的确,在马可·波罗光芒四射的星空旁,到达契丹的所有其他旅行家只是黯然失色的星星。马可·波罗的真实性曾一度受到怀疑,但这种怀疑久已过去。马可·波罗的真实存在和他所做的正确观察,由于重新获得失去的或被遗忘知识而变得更为明朗。[③]

---

① [法]安田朴:《中国文化西传欧洲史》,商务印书馆,2000年版,第143—144页。

② [英]赫德逊:《欧洲与中国》,中华书局,1995年版,第124页。

③ [英]H.裕尔:《东域纪程录丛》,云南人民出版社,2002年版,第127页。

我们还应特别注意到马可·波罗在向欧洲传播中国文化上的贡献与影响。通过上面的介绍,我们已经知道,在马可·波罗的游记中,除了描绘了中国的地域广大、物产丰富、奇异的风土人情之外,还介绍了许多中国的文化、科学、技术发明,如纸币、煤炭、造船、运输、雕版印刷等,其中有许多是第一次介绍到欧洲的。美国作家劳伦斯·贝尔格林写道:"他带回到威尼斯的一些中国发明以及他后来在《马可·波罗游记》中讲述的这些发明的重要意义再怎么强调都不为过。刚开始时,欧洲人很怀疑这些技术上的奇迹的真实性,但最终还是接受并认可了它们。""马可回到威尼斯后,欧洲人从他那里第一次听说的纸币还引发了整个欧洲金融界和商界的一场巨大变革。""总之,如果没有马可·波罗在东西方文化传播中所起的作用,很难想象后来的文艺复兴乃至现代社会将会是什么样子。"[①]许倬云指出:"西方世界对于中国的了解,相当一部分是由《马可·波罗游记》带来的想象:东方庞大的帝国富足而繁华,生活形态与欧洲有着极大的差异。对东方的向往引发了欧洲人的好奇心,也使他们认真思考,除了欧洲基督教文明以外,还有哪些其他的文化和生活方式。这是欧洲近代变化的诱因之一。"[②]史景迁也说:"马可·波罗留给后世的,除了他所提供的资料外,最主要的还是他所激发的好奇心。"[③]

《马可·波罗游记》对15—16世纪欧洲航海事业的发展,起到了极为重要的激励和促进作用。当时一些著名航海家和探险队的领导人曾读过马可·波罗的游记,从中受到鼓舞和启示,激起他们对于东方的向往和冒险远游的热情。在这方面我们可以举出亨利王子、哥伦布等在大航海时代举足轻重的人物。正是现实经济利益的驱使,以及马可·波罗所描述的富庶东方的召唤,直接推动了葡萄牙的地理发现运动。"当亨利在位时期,关于祭司王约翰的古老神话和马可·波罗的奇妙见闻都被视为未来的远景,两者的结合产生了寻找一条通往东方的海路的想法,后来这就成

① [美]劳伦斯·贝尔格林:《大旅行家马可·波罗传》,海南出版社,2010年版,第260页。
② 许倬云:《许倬云说历史:中西文明的对照》,浙江人民出版社,2013年版,第148—149页。
③ [美]史景迁:《大汗之国——西方眼中的中国》,广西师范大学出版社,2013年版,第8页。

为葡萄牙国家政策的目标。”①

张星烺曾经说,《马可·波罗游记》“诱起”哥伦布决心漫游东方而至发现美洲,正是此书“最伟大之功绩”。据说哥伦布曾熟读马可·波罗的游记。哥伦布下海远洋,随身携带了《马可·波罗游记》。第一次出航时他携带的《马可·波罗游记》和他自己的航海日记都丢失了。目前存世的一本据传是哥伦布出航阅读的,保存在西班牙塞尔维亚的哥伦布纪念馆。书中有哥伦布的 264 条批注,还有两处记下了批注的日期,分别是第二次出航的 1493 年和第三次出航的 1498 年。

有人说寻找“东方”是欧洲大航海事业的“意志灵魂”,而这种“意志灵魂”正是在《马可·波罗游记》中培育、生长和锻造的。

4 《马可·波罗游记》问世之初受到的冷遇

《马可·波罗游记》以其丰富的内容、富有感染力的文笔,给欧洲的知识界开辟了一个新天地,极大地丰富了欧洲人对中国和东方的认识。这部《马可·波罗游记》被称为“世界第一奇书”,马可·波罗被誉为“中世纪的希罗多德”,“不仅是中世纪最伟大的旅行家,而且是有史以来世界上的最大旅行家之一。”

不过,当时的欧洲人并没有充分认识《马可·波罗游记》的重要价值。因为对于当时欧洲人来说,对于中国、对于东方的了解还是相当有限、相当模糊的。特别是因为 14 世纪以后,土耳其的奥斯曼帝国兴起,中西交通再次受阻,欧洲人对于东方的了解更困难了。而马可·波罗所说的一切,对于他们是太陌生、太新奇、太不可思议了。他们还没有接受如此大量文化信息的观念上和文化上的准备。所以当时有人将《马可·波罗游记》看作是《天方夜谭》一类的书籍,并未持有充分的信任和理解。马可·波罗也被同时代人称之为“讲故事的能手”。道森指出:“这一世界有史以来所知最富裕、最有势力的专制君主统治下的国家极度繁荣的故事并未

---

① 引自中国国际文化书院编:《中西文化交流的先驱——马可·波罗》,商务印书馆,1995 年版,第 322 页。

当即普遍为人接受，同时那一时代的资料中可佐证马可·波罗之叙述者寥寥无几。人们对它的真实性表示怀疑，中世纪学术的传统主义对知识的传播构成极大障碍，而这在印刷术问世之前也注定更为缓慢。”[①]冯承钧指出：“此时代民众之怀疑不信，亦无足异。因为当时仅知鞑靼人之破坏同残忍，将他们看作微具人面的野人一样。乃在马可·波罗书中，说有一鞑靼皇帝，具有一个壮丽的朝廷，许多灿烂的宫殿，还有贵人高官等等，与夫繁殖数百万人口的大城。当然不足取信于人。”[②]向达也指出这与欧洲人的知识状况有关。他说：“因为游记所述地理、方物、史事，超出了欧洲人常识以外，一般人虽然为其新奇可喜所动，同时也怀疑游记的真实性。”[③]

所以，在相当长的时间里，《马可·波罗游记》只被看作是一种文学作品，人们并不相信其真实性。它和那个时代的其他地理学著作一样，基本上被当作是一本关于世界奇观和奇风异俗的书，而在欧洲中世纪，地理学的基本构成元素就是奇闻异事。

对于《马可·波罗游记》在当时所受到的冷遇，18世纪法国启蒙思想家魁奈写道：

> 13世纪末叶，著名的威尼斯人马可·波罗第一次带来了中国的消息。他报导这个君主国的古老，法律和政治的明达，它的繁荣、富庶，贸易的兴盛，帝国居民的众多，人民的知识、教养、对艺术和科学的爱好，但这一切似乎都是难以置信的。所有这些报导曾被认为是夸大其辞。他那不寻常的游记，看起来更像是生动想象的产物，而不像是一个忠实观察家的报告。
>
> 相信三千里格[④]以外能有这样一个强大的帝国，它胜过欧洲最文明的国家，似乎很荒谬。什么！在有那么多野蛮国家的远方，在世

---

① [英]雷蒙·道森：《中国变色龙——对于欧洲中国文明观的分析》，中华书局，2006年版，第23页。

② [法]沙海昂注：《马可波罗行记》，中华书局，2004年版，第46页。

③ 向达：《马可·波罗于马可·波罗游记》，余士雄主编：《马可·波罗介绍与研究》，书目文献出版社，1983年版，第294—295页。

④ 引者注：里格(League)是陆地和海洋的测量单位，一里格等于3.18海里。

界的另一端，居然存在着这样一个古老、博学和文明的民族，就像这位威尼斯旅行家所描述的那样！这是一种幻想，只有那些头脑简单和易于盲从的人才会相信它。[①]

魁奈接着说，直到16世纪末以后，由于大批传教士深入中国，才证实了马可·波罗所记述的真实性。于是，“怀疑化为相信，伴随而来的是惊奇和羡慕”[②]。

魁奈所说的这种情况在当时是很普遍的。在当时的一些人看来，《马可·波罗游记》并非真实的记录，而是他“曾仿许多旅行家，将他所见的事物故意夸张粉饰”而成，认为马可·波罗并未到过东方，书中所述是得自他人的传闻。他的一些亲友也持这种怀疑态度，在马可·波罗病危时，他们为“解救他的灵魂”，曾要求他否认其说，至少也要将世人所认为纯属虚构的部分否认。据说在马可·波罗的家乡，但丁就对马可·波罗和他的书怀有成见，在他的著作里从未提到过马可·波罗和他的书。1321年，但丁和马可·波罗都在威尼斯。但丁是以使节的身份到威尼斯为拉文纳家族的案件做辩护，马可·波罗则以“社会贤达”的身份被委任为大陪审团的成员。“奇怪的是，这两位在当时都是最有名望的旅行家，竟从未在一条狭窄和人群拥挤的街道上相遇过”。“也许，正因为是旅行家，他们彼此都显得冷淡：但丁使马可可能更感兴趣的是使节的身份，而不是诗人，而马可在但丁眼中是一个不值得一提的人物。……他同许多同时代的人一样，对游记所记述的可靠性提出了疑问。结果，在地理方面但丁未能从波罗的经验中获得有益的知识，因此他宁愿遵从教义和当时普遍流行的观点，保持沉默，以此含蓄地拒绝和谴责了马可所说的一切。一方面，因为马可的见闻与教义、传统原则相抵触，另一方面，在但丁看来，马可所说的显得幼稚，难以置信。”[③]

《马可·波罗游记》问世之初，就曾遭到人们的质疑，认为所讲的内容荒诞不经。这主要是因为当时中欧交通阻断、欧洲人对与中国有关的知

---

① ［法］弗朗斯瓦·魁奈：《中华帝国的专制制度》，商务印书馆，1992年版，第25页。

② 同上书，第25页。

③ ［意］白佐良、马西尼：《意大利与中国》，商务印书馆，2002年版，第49页。

识和信息极少。直到15、16世纪,东西交通又逐渐恢复起来,欧洲人对于东方的历史和地理知识也逐渐丰富,《马可·波罗游记》的价值才被注意和重视起来。正如前面引证魁奈的话所说,"怀疑化为相信,伴随而来的是惊奇和羡慕"。所以,有人说,马可·波罗用了20年时间认识中国,而欧洲人认识马可·波罗却用了200年。

17世纪中西交通大开,许多商人、旅行家特别是传教士纷纷来到中国,使马可·波罗所讲述的事情大部分得到证实。到了19世纪以后,经过学术界的充分研究,纷纷肯定游记的真实性和重要的历史价值。安田朴就曾指出:

> 当马可·波罗向其同时代人揭示他的亲身经历时,他们都拒绝相信自己的耳朵或眼睛,首先都被惊得目瞪口呆。我们从此之后所掌握的有关蒙古社会和汉文史料的知识,可以证实马可·波罗介绍的有关大汗的那些表面上看来似乎是虚构臆造的新鲜消息之准确性。因此,我们面对着一部非常严肃甚至是非常重要的著作,因为它比《中国印度见闻录》要详细得多。……马可·波罗也不应得到那种吹牛大王的名声,……我们于此所拥有的是对蒙古帝国所做的最富有魅力和最为谨慎小心的描述。①

二 13—14世纪欧洲人的中国纪事

1 《海屯行纪》及海屯和尚的记述

《海屯行纪》是这一时期中西关系上的一份重要文献。1254—1255年,小亚美尼亚国王海屯(Hethum Ⅰ,1224—1269在位)出访蒙古。小亚

① [法]安田朴:《中国文化西传欧洲史》,商务印书馆,2000年版,第100-101页。

美尼亚是小亚细亚东部的基督教国家。这位国王很早就认识到蒙古人西征的力量是不可阻挡的，所以主动与蒙古人议和，甘心为大汗的属臣，1244 年成为蒙古的臣属国。贵由汗登基时(1246)，海屯派他的弟弟、王室总管森帕德(Sempad)前往汗廷，以求续结良好。这位王子去国 4 年后，途中写回一封信函，其中提到唐兀惕和契丹。蒙哥大汗即位后，海屯决定亲自前往蒙古汗廷，表示加强双方友好关系的诚意。他于 1254 年初动身，其赴蒙古汗廷之时，也大概就是鲁布鲁克从那里返回的路上。

法国东方学家格鲁塞记述了海屯的行程和出访目的。他写道：海屯"是一位更好的外交家。鲁布鲁克是在害怕引起蒙古干涉的恐惧中度日，而精明的亚美尼亚王所做的一切是得到蒙古的干预，以巩固基督教世界反对伊斯兰教。抱此目的，他先到卡尔斯城，驻波斯的蒙军统帅拜住当时在此扎营(1253)。从卡尔斯城出发，过打耳班，他来到伏尔加河下游河畔拔都帐中，接着又到了和林附近蒙哥的斡耳朵。1254 年 9 月 13 日，蒙哥'在他全盛的显赫中登上王位'，正式接见了海屯。""蒙哥给予这位忠实的藩王热烈的欢迎，并交给他一份札儿里黑，即授权保护他的国家的诏书。"[①]诏书宣称不许人欺凌他的国家，并允许各地教堂拥有自治权。另外，蒙哥还向他保证，旭烈兀汗统帅的蒙古大军将进攻报达(巴格达)，消灭他们"不共戴天的敌人"哈里发王朝，并将圣地归还给基督教徒。1254 年 11 月，海屯离开和林蒙古宫廷，于 1255 年 7 月返回西里西亚。

海屯之行留有《海屯行纪》，全名是《小亚美尼亚国王海屯一世出使大汗蒙哥宫廷行纪》。这本书最初收录在曾为海屯出访随员的乞拉可思·冈扎克赛(Kirakos Ganjikeci，1201—1272)所著《亚美尼亚史》中。《海屯行纪》的字数不多，但有的研究者认为，它是"一部就价值和意义说，绝不低于其他行纪的书，在这个充满新觉醒活动和无限冒险的时代，尤其如此。"[②]研究者们特别注意这部行纪的地理学价值，因为海屯将自己的来往行程记录得很清楚，特别是他的回程路线，这条路线"异于几乎所有其他中世纪行纪，因此理应受到比它平常受到的更大重视。"[③]他所记述的

---

① [法]勒内·格鲁塞：《草原帝国》，商务印书馆，1998 年版，第 357 页。

② 《海屯行纪、鄂多立克东游录、沙哈鲁遣使中国记》，中华书局，1981 年版，第 9 页。

③ 同上。

这条路实际上就是汉唐以来形成的“丝绸之路”的天山北道，成吉思汗西征和丘处机西行，走的都是这条路。

作为海屯随员的乞拉可思·冈扎克赛所著《亚美尼亚史》，除了收录上述《海屯行纪》之外，还有得自亲身见闻的关于蒙古征服西亚史事以及有关蒙古人风俗习惯、语言等方面情况的珍贵记载。

另外，还有一位叫海屯的历史学家也留下了一些记述。这位海屯（Hethum Patmich）是前述小亚美尼亚国王海屯一世的侄子，格里戈斯（Grigos）公国王公，1305年他向国王海屯二世交还封国，出家到塞浦路斯为僧，所以有的文献中将他称为“海屯和尚”。不久他赴法国阿维尼翁晋见教皇，教皇克力门五世授以普瓦提埃修道院，1308年在此去世。他所著《东方史精华》，系1307年完成于普瓦提埃（以法语口授），分60章，包含亚洲诸国志、蒙古诸汗史、圣地及东方基督教情况三部分，对蒙古与小亚美尼亚关系记载尤详。有多种法文、拉丁文抄本。

海屯和尚的《东方史精华》中有一篇《契丹国记》，其中写道：

> 契丹国是世界上最大国家，人口众多，财富无限。位于海洋岸边。在世界的这一域，海中岛屿极多，数量不可胜计，无人敢自夸遍观所有岛屿，但人们能够到达的岛屿均有无限宝藏。
>
> 契丹国多奇妙、特异之物，世界各国罕有其匹。契丹人极为聪慧、敏锐，于各类工艺和学问均睥睨其他民族。……实际上，契丹所产的大量物品巧夺天工、妙不可言，工艺出神入化，确非其他民族可望其项背。①

海屯还介绍了中国的文字，说契丹人拥有优雅的书面文字，可与拉丁文字媲美；契丹人使用纸币，币上符号决定面值大小。他还介绍了中国人的宗教信仰以及其他习俗。

---

① ［英］H. 裕尔：《东域纪程录丛》，云南人民出版社，2002年版，第232页。

2 《光明之城》

1997年,有一部13世纪犹太人的手稿被发现和出版,书名为《光明之城》。这是一位名叫雅各的犹太商人记录他于1271年从意大利来到当时中国最大的港口城市泉州的传奇经历。他是第一个见诸文字记载的、从海路到达泉州的欧洲人,比马可·波罗的游记问世还要早20年。

关于这部手稿的来历,据手稿的发现者、英国学者大卫·塞尔本(David Selbourne)介绍说,他是于1990年12月在一个私人收藏家手里看到这部手稿的。塞尔本用了几个月的时间,说服藏家允许他在藏家本人监督下检视和试读。直到1991年9月,经过长时间讨论与公布写本有关的种种问题之后,塞尔本终能在藏家的房子里仔细研究这部手稿。手稿的拥有者是一位意大利人,在手稿归属现在的拥有者以前,长时间地"秘藏"在本地一位犹太人的家庭,"有好几代之久"。他没有说明这部手稿是怎样保存下来的,也没有说明为什么这么多年没有公布,因而人们根本不知道这部手稿的存在。但是塞尔本作了许多考证,因而坚持认为这部手稿的真实性。

据他描述,手稿是用一幅17世纪的丝绸包裹的,绸子上绣有华丽的蓝色和粉色花串。手稿本身是纸的,页高25.5厘米,宽19.5厘米,一共有280页,装有已经折皱褪色的皮面。纸质良好,绝大部分是双面书写,每页平均47行。字迹小而清晰,一般连写斜体。有不少改削和页边批,有的与本文为不同人的手笔。这部手稿既无标题,也不分篇章,译文中的题目都是后加的。原本所用语言是中世纪意大利方言,主要是托斯卡那语,受到多种语言影响。塞尔本对手稿进行了仔细的研究,并将其翻译成英文,于1997年在英国出版,书的封面上说:"在马可·波罗之前,一位意大利犹太商人冒险远航东方,他的目的地是一座中国都市,称作光明之城。"

《光明之城》英译本的"提要"中说:"在这份手稿中,一名叫雅各的具有学术思想的犹太商人,描述了他在1270年如何从意大利动身远航,于次年抵达中国的沿海城市泉州——又称之为'光明之城'——的经历。他的远航中国,比马可·波罗于1275年抵达上都还要早4年之久。""这部手稿不但描述了一位中世纪商人的冒险经历,而且通过一位欧洲学者的目光评论了中国社会。作者的叙述生动活泼,常常带有戏剧性的散文笔调,富有人情味,具有洞察力,同时又收集了各种事实材料,所以它构成了一部可能含有重大历史意义的文献。雅各叙述了泉州在繁荣的贸易经济中奇特的生活场景,叙述了它在充满生机的制造业和奢侈的消费生活,叙述了它在日益逼近的蒙古人入侵的阴影之下,在富裕而却分化了的南宋社会,再次演奏的一曲忧伤的告别之歌。"现在,"《光明之城》,透过中古世界迷人的窗口,给雅各意外遇到的一种世界上的伟大文明,带来了引人注目的生命。"①

按照大卫·塞尔本的介绍,此书稿的作者雅各·本·所罗门·德安科纳(Jacob ben Salomone d'Ancona)是13世纪晚期意大利的犹太学者、旅行家和商人,也许还是拉比兼医生。雅各的旅行延续了3年零1个月,从1270年4月到1273年5月。这期间,他去了中国南方,又返回意大利。旅行途经阿卡、巴士拉、霍尔木兹海峡、印度西海岸、锡兰、尼科巴群岛、苏门答腊、马六甲海峡,以及马来西亚和柬埔寨的港口,花费了16个月时间。期间包括他在巴士拉逗留了两个月,在苏门答腊停留了3个月。他在泉州逗留了5个月左右。雅各于1272年动身返回意大利,同样途径爪哇岛和西印度,但是随后又途径亚丁、弗斯塔德和亚历山大港。这些航行路线,"大体上说来,相似于13世纪其他一些从欧洲到东方的商旅所采取的路线"。② 雅各回国后,大约在1290年完成了这部手稿,这时候他应该是70岁了。

自1997年《光明之城》在英国问世以来,一场始于欧洲后又波及中国的国际间学术界的大辩论至今还是众说纷纭。这与当年《马可·波罗游记》问世引起的轩然大波十分相似。有一些西方学者认为《光明之城》手稿的内容不可能在当时的中国出现,是发现者编造出来的伪书。泉州海外交通史博物馆的研究人员基于该馆丰富多样的馆藏中世纪文物,借助

① [意]雅各·德安科纳:《光明之城》,"英译本提要",上海人民出版社,1999年版,第1—2页。
② [意]雅各·德安科纳:《光明之城》,上海人民出版社,1999年版,第42页。

大量的地方文献和实物资料，对手稿所记述的内容进行了认真的考证，认为：《光明之城》手稿所记述的南宋末年泉州的历史状况是真实的。尽管它存在一些甚至违背历史常识的说法，但它所反映的主体内容符合当时特定的大历史背景，与今天的文化遗存和大量的宋元时期馆藏文物相符合。因此，完全可以肯定它的真实性和学术价值。[①]海交馆主编的《重返光明之城》图册也以大量文物、民俗来印证《光明之城》的真实性问题。

雅各的这部手稿先是记述了他们的行程，然后说，“首先我要告诉大家，中国或者称 Mahacin 的国土分成两部分：一部分是北方的契丹人(Cataini)的土地，他们已陷入鞑靼人及他们的忽必烈汗的统治之下；另一部分是南部蛮子人居住的土地，他们现在在度宗(Toutson)皇帝的统治下生活，他们称他为天子，意思是上天的儿子。契丹人源于契丹(Cataio)王国，蛮子人(Mancini)指那些生活在蛮子(Manci)地区的人。”[②]他还指出了契丹和蛮子的具体方位，说从泉州出发，到蒙古的汗廷要走 50 天路程，20 天的路程到杭州，花 8 天的路程可以到福州。他还说，度宗的国家据说有上千个大城市，比如扬州、嘉兴、杭州等，国境一直到长江的南岸。在 14 世纪以后的欧洲人，几乎都搞不清楚中国的地理位置，一直以为“契丹”和“蛮子”(中国)是指两个国家，直到 17 世纪初利玛窦才最后搞清楚这个问题。而在雅各的这个手稿中，关于中国的国土问题已经交代得很清楚了，即他把“契丹”和“蛮子”说成是中国国土的南北两个部分。

他在手稿的主体部分都用来描写泉州这座城市，他把泉州称为“光明之城”，他勾画了泉州当年的一幅商业经济繁荣、制造业兴旺、消费奢侈的景象，展现出一个存在着激烈商业竞争的社会场景。他说泉州是一个不同凡响的城市，具有很大规模的贸易，是蛮子的主要贸易地区之一。这里有一个很大的港口，每年有几千艘巨船在港口进出。在这个城市里，从中国各地运来的商品十分丰富，一年到头它都像一个巨大的交易市场，有来自世界各地的商人在此从事贸易活动。他还具体说到，在这里有许多外国人的居住区，包括犹太人、法兰克人、萨拉森人、印度人、小亚美尼亚人

---

① 李文：《〈光明之城〉究竟是不是“伪书”》，《中国文物报》2009 年 1 月 6 日。

② [意]雅各·德安科纳：《光明之城》，上海人民出版社，1999 年版，第 154—155 页。

等,他们都是常年在这里做生意的。这样,一个人就可以走在泉州的大街上,仿佛是整个世界的一座城市。城市里的商店数目比世界上任何一个城市的商店都多,商店里有各种各样的商品,如香料、丝绸、珠宝、酒,以及油膏等。此外,城中"各处都有巨大的作坊,在那里,数以百计的男女在一起工作,生产金属制品、瓷花瓶、丝绸、纸张等物品。这些作坊中,有的甚至有1000人,这真是一个奇迹。"①

手稿记录的有关泉州的事情,内容广泛而又芜杂,涉及政治、哲学、贸易、城市景观、市井生活、风俗习惯、道德风尚、宗教传播、士大夫与商人阶层之间的冲突等,内容十分丰富。雅各对泉州人的生活习惯、宗教信仰、行为道德,以及某些文化娱乐的描述,是全书中最令人饶有兴趣的部分。他对过分密集的建筑物,喧闹的街市,街道两旁挂着一串串猪内脏的食品摊,公共场所的不卫生和个人的讲究清洁,站在门口向街道撒尿或吐痰,忌讳踢门槛或站、坐在门槛上,"讲古"(即说书)、演戏和喜欢看剧中坏人受惩罚的场面,热衷于求神拜佛和驱邪逐怪等,都有具体的描述。雅各注意到在泉州商人的地位很高,他说那些商人虽然缺乏常识,但因为他们给该城带来了大笔财富,任何地方禁止他们出入都是不公平的。

雅各在手稿中还介绍了许多中国科技方面的成就。他介绍了中国的造纸术和雕版印刷术,他提到"写在纸上的著作和小册子",大概是采用雕版印刷技术印制。他还讲到中国的火药和火器,以及烟花技术。

雅各是作为商人到泉州来的,他在这里居住了将近半年时间,主要是来进行贸易活动,卖出所带来的东西,采购中国的商品。那么,他都采购了哪些中国货物呢?他在手稿中对这方面也有详细记述。他写道:"……他要给我展示五颜六色的丝绸产品,其中包括绿黄相间的丝绸衣料,这种衣料被视为奇物,这种工艺以前在世界各地从未见过。你若买40磅这种料子,却要不了8个威尼斯格罗特(Venetian groats)。此外还有缎子,它的名字源自刺桐,世界上还没有见过像那样富丽堂皇、缀满小珍珠的缎子。他们还为我购买了鞑靼的原料织成的丝织品,其技艺如此之精美,恐

① [意]雅各·德安科纳:《光明之城》,上海人民出版社,1999年版,第164页。

怕画家用笔也画不出与之相媲美的作品来。""我交代他们要买最好的糖、藏红花、生姜、萱姜，桂皮和樟脑，还有靛青和明矾。不过在瓷器方面，他们已买了 600 个制作精美的碗，……虽然它们只是碗，却像玻璃酒壶一样精致。这些是世界上最精美的瓷器，我建议他们再为我购买一些。因为这种货物将会让我发财的，上帝保佑。若不是因为要买别的商品，如珍贵的宝石、珍珠、土糖(country sugar)，治肾病和胃病的黑色藏红花以及其他东西，我们真该推迟到周围地区的商旅。光明之城一带是贸易发达、制造业繁荣的地方，也是买卖兴隆的地区，在这里商人可以获得高额的利润。"①当雅各的同伴从杭州回到泉州时，带来了大量的丝绸、黄金、香水和药膏，这些东西的价值都是难以估量的。在另一处，雅各写道：

> 我也发现质量绝佳的瓷器，它们是用来当碗使的，精美得就像玻璃的酒壶，我用 200 个格罗特购买了 600 件，因为它们全都是世界上最美丽的瓷器。这里也有很多的食糖，口感很好，这是放在一个黑盘子里的，还有红花、生姜，以及高质量的良姜，我都购买了一大批。他们还有一种红花，是用来治疗肾脏和胃的毛病的，我也买了一批；这里还有治疗牙齿的油膏和治便秘的山扁豆。
>
> 我购买了大量的物品，全都是能赚钱的物品。我也发现了许多靛蓝和明矾，也看见了许多香料，这在我们的土地上是从未见过的，其名称我难以说清。这儿还有纸张、油漆以及饮用的高级草药。②

这样，在雅各离开中国时，"带着我从大小印度带来的大批货物，其中有不少于 100 坎塔的丝绸、250 坎塔的优质缎子；大量的瓷器、生姜、中国 galinggale、红花和樟脑；400 坎塔的糖，连同各种各样的香、药品、草药以及其他香料；还有纸、宝石和最高级的珍珠，以及在海上从未有过的这么珍贵的一些东西。"③

以上所列的这些中国货物，都是当时中国出口到欧洲的大宗商品，主

---

① [意]雅各·德安科纳:《光明之城》，上海人民出版社，1999 年版，第 203—204 页。

② 同上书，第 369 页。

③ 同上书，第 476 页。

要包括瓷器、丝绸、药物、香料等,特别值得注意的还有纸张的出口。从这个货物清单中,我们可以了解中国的物产向欧洲输出的情况,也可以知道当时的中西贸易繁盛发达的景象。

3 《曼德维尔游记》

在马可·波罗的同时代,还有一本流传很广的关于中国的游记,即《曼德维尔游记》。据说有一位叫胡子约翰(John the Beard)的英国人,托名曼德维尔爵士(Sir John Mandeville),自称于1322年跟随鄂多立克东游,先启程去了圣地,然后又到过印度、波斯和中国,最后于1356年结束旅程返回家中,著《曼德维尔游记》,卷帙甚多。他宣称教皇在看过他的游记报告后,认为他所记录的一切都是属实的。

以前欧洲人以为,中世纪确有英国人约翰·曼德维尔爵士游历至中国,因此该游记被誉为"首次或几乎是首次尝试把世俗主题引入英语散文领域",其作者在18世纪甚至被约翰逊博士誉为"英国散文之父"。直到20世纪初,始考定其为伪书。"事实上,约翰只是把从别处收集来的各种故事进行了巧妙的编辑,这些故事取自包括普林尼、希罗多德这样一些史学家的作品以及有关亚历山大大帝的各种传奇和神话故事,甚至其中还包括了连马可都不能确定其真实性的祭司王约翰的故事。除此之外,约翰还吸收了一些不太知名的作家的作品。"[①]《曼德维尔游记》的内容是当时流行的各种东方游记和文献的汇集整理,然后再经过作者的想象与加工,实际上反映了那个时代人们对于东方和中国的知识水平。据有关学者研究,曼德维尔游记中所讲的故事的来源,主要有《马可·波罗游记》、博韦的文森特《大鉴》、柏朗嘉宾《蒙古行纪》、鄂多立克《东游录》,还有《海屯行记》以及流传甚广而实为他人伪造的长老约翰的书简(The Letter of Prester John)等。"约翰·曼德维尔爵士大受欢迎的'旅行'记述,像马可·波罗的游记一样,是一份中世纪的文本:它把道听途说与真实描写、

① [美]劳伦斯·贝尔格林:《大旅行家马可·波罗传》,海南出版社,2010年版,第281—282页。

俾格米人与远洋舰队混在一起，它大大强化了东方统治者神话般财富与奢华的说法。”①

虽然《曼德维尔游记》已经被考定为伪书，但在14世纪以后的相当长的时间里流传，影响甚广，对于欧洲人了解和想象中国起到很大的作用。“曼德维尔虚构出来的游记在中世纪晚期和文艺复兴时期的英国成为一部广受欢迎的作品。15世纪的时候，曼德维尔作品的印刷量是波罗游记的五倍以上。”②现存的该游记版本、手稿有300余种之多，涉及法语、英语、拉丁语、德语、荷兰语、丹麦语等众多语种。英国学者吴芳思(Frances Wood)指出：

> 在14、15世纪，约翰·曼德维尔爵士的旅行纪事看来比马可·波罗更受欢迎，因为大约有300件文稿(书写时间延续到大约1500年)用欧洲的主要语言保存至今，包括捷克语、丹麦语、荷兰语和爱尔兰语；相比之下，马可·波罗只有70件文稿在数量较少的欧洲语言中传世，不过其中也包括爱尔兰语。曼德维尔的记述，后在《珀切斯游记》中再现，正是他的故事，而非马可·波罗的，启发了莎士比亚、弥尔顿和柯勒律治有关中国的灵感。马可·波罗的魅力要到19世纪下半叶才发放，那时曼德维尔被当成骗子而遭遗忘。
>
> 无论来源如何，无论作者究竟为何人，约翰·曼德维尔爵士的《游记》是极为重要的：它创造出一幅中国的浪漫图画，16、17世纪的英国作家都从中汲取了养分。③

按照作者的描述，曼德维尔从英国出发，一步一步东游，经过了中亚、印度、中国，最后来到传说中的祭司王约翰的国土，并由位于约翰国东海外的伊甸园回到欧洲。书中所写的，就是他在“漫长的旅程”中的“所见所闻”。

---

① [英]吴芳思：《中国的魅力——趋之若鹜的西方作家与收藏家》，东方出版中心，2009年版，第14页。

② [美]劳伦斯·贝尔格林：《大旅行家马可·波罗传》，海南出版社，2010年版，第282页。

③ [英]吴芳思：《中国的魅力——趋之若鹜的西方作家与收藏家》，东方出版中心，2009年版，第11、15页。

关于中国的部分，这一章的标题是“世界上最好的王国”。他说，向东航行许多航程，“就会到达一个叫蛮子（Mancy）的国家。”“这里有着世界上最精美、最丰富的商品。这是一片辽阔的疆域，共有两千座城市及许多的城镇，居民为基督徒和萨拉森人。这里没有穷人，无人靠乞讨度日。男人长着猫一般稀疏的胡须，女人则分外妖娆美丽。”[①]他说有一座叫拉托雷姆（Latorim）的城市，面积比巴黎还大。他说杭州是世界上最优美的城市，该城周长50英里，有7座城门供人出入。“离杭州城3英里远的另一座城中有七千座桥梁，每座桥都建有一座坚固的桥头堡供驻军抵御大汗的侵略，因为这里已是边境地带。一条大河沿城而过，河畔居住着基督教徒和其他居民，生活富庶，盛产美酒，该城曾为蛮子国王驻跸之处。城中还有一些僧侣。跨过河便可来到一座寺庙。寺庙宛如一个大花园，生长着各种奇花异草，饲养着狒狒、猿、猴等各种动物。”[②]

接着作者介绍了契丹国，他说有一条叫喀剌摩拉（Ceremosan）的河，大概是指黄河，说这条河流经契丹的领土。契丹是一个富饶的大国，商业发达，每年商贾都会云集于此，买卖香料和其他商品。其中有许多来自威尼斯、热那亚的商人，他们要跋山涉水经历6个多月才能到这里。

作者还介绍了大都，说大都的城墙有20英里长，城中建有大汗雄伟华丽的宫殿，宫墙长约两英里。内部美景令人目不暇接。宫中的花园内有小山，山顶上有一座大殿，其精巧华美无与伦比。山上山下树木茂盛，果实累累。山顶的大殿有24根包金的殿柱，过道铺有昂贵的豹皮。这些兽皮不仅花纹美丽，而且气味宜人，花纹颜色如血一般鲜红，在阳光的照耀下令人不可逼视。这种皮革贵如黄金。皇宫的中央是大汗的殿宇，殿宇中镶有各种宝石，四周悬有美丽的挂件。在殿的四角下方各有一条金龙，水可以从龙口中导出。整个殿宇富丽堂皇，大殿尽头的首座是皇帝的龙床，前面的桌子镶有金边、宝石、珍珠。曼德维尔还讲到了蒙古大汗的征服与统治，还讲到了关于长老约翰的传说。

关于《曼德维尔游记》的历史价值，我国学者周宁指出：“《曼德维尔游

---

① 周宁：《契丹传奇》，学苑出版社，2004年版，第403页。

② 同上书，第404页。

记》是一部不折不扣的伪书”，但它在“当年比《马可·波罗游记》流行更广，因为《曼德维尔游记》描写的东方，与当时人们想象的完全一样，所以最受欢迎。从著名的游记中解读中世纪晚期欧洲的中国形象，这部书非常重要，它不仅投合了当时欧洲人关于中国的集体想象，而且广为流传，进一步影响了这种想象。”①

4 伊本·白图泰的东方游记

伊本·白图泰(Ibn Battūta,1304—1377)，是中世纪阿拉伯最著名的旅行家，也是欧洲人所称的中世纪四大旅行家之一。他出生于西北非洲摩洛哥的丹吉尔城。1325年，伊本·白图泰离开丹吉尔取道陆路前往埃及的亚历山大城，从此开始了他的游历生涯。他用了26年的时间，行程12万余公里，游历了半个世界，足迹遍及亚、非、欧三洲的大地。他先后到过非洲北部、叙利亚、阿拉伯半岛、小亚细亚、黑海沿岸、里海地区、伊朗、伊拉克、阿富汗、锡兰、印度、马尔代夫、南洋群岛、西班牙、西非等地。1346年，他以德里苏丹特使的名义访问了中国。1349年，伊本·白图泰经过多年的旅途生活，回到故乡，来到马林国首都非斯。他关于世界的渊博知识很快受到非斯苏丹阿布·伊南(Abù'Inān)的赏识，召他入宫任职，并委派他出国去完成外交使命。他再次回国后，阿布·伊南命他回忆在世界各地旅行的情形，由文学秘书穆罕默德·伊本·玉萨(Muhammad Ibn Juzai)笔录成书。经过一年多的勤奋工作，这部举世闻名的伊本·白图泰游记于1355年12月最后完成。

伊本·白图泰的游记原名为《异域奇闻揽胜》。在这部著名的游记中，伊本·白图泰详细介绍了他游历世界各地的见闻，描绘了阿拉伯、突厥、印度和中国文明的生动图景，对于了解他那个时代世界文化的发展进程，具有重大的史料价值，是一部珍贵的历史文献。伊本·白图泰的游记是一部百科全书式的鸿篇巨制，一些国家的史地书要根据他的记录进行编撰、审定，埃及教育部甚至将它指定为教学参考书。它最初被收藏的马

---

① 周宁:《天朝遥远——西方的中国形象研究》，北京大学出版社，2006年版，第2页。

泉州海外交通史博物馆伊本·白图泰塑像

林王朝皇家档案馆,直到1840年才被译成葡萄牙文出版,此后注家蜂起,竞相翻译,至今已有30多个译本,被译成了40多种语言。

白图泰的这部游记受到各国历史学家和东方学家的高度重视,给予高度评价,称“伊本·白图泰可能是世上写过游记的最伟大的旅行家”。德国著名历史地理学家理查德·亨尼希评论说:“生活在十四世纪的马格里布人伊本·白图泰无疑应被认为是古代世界中世纪最伟大的旅行家。这位旅游爱好者用尽毕生精力完成了惊人的著作,与其相比,连马可·波罗的成就也相形见绌。这种比较,说的不是在文学艺术历史中的价值,而是指作品的内容广泛和他们本人的果敢精神。二十六年中,他游历了几乎十四世纪已知的所有非基督教国家,并给后人留下了最宝贵的中世纪地理学著作。”①俄国东方学家伊·尤·克拉奇科夫斯基也指出:“可以说,命运将他造就成为一位地理学家,同时也在他身上培养了阿拉伯人少有的旅行家素质。他怀着对旅行无法抑制的热情和兴趣而漫游……他对地方的注意不是主要目的,主要兴趣在于对人的观察,自然也就没有想过在地理学领域进行考察的事。也许正因为如此,他的书对十四世纪穆斯林和整个东方社会的描写才有独到之处。它不仅是历史地理学或那个时代历史的丰富宝库,也是那个时代整个文化的丰富宝库。”②克拉奇科夫

① 引自[苏]季莫费耶夫:《旅游者的欢乐》,生活·读书·新知三联书店,1990年版,第326页。
② 同上书,第326—327页。

斯基还说，白图泰对世界文明有一种自身的天赋的悟性，他所描绘的世界的文明情况比威尼斯的马可·波罗所描述的要多得多。美国学者杰里·本特利和赫伯特·齐格勒指出：伊本·白图泰“在任何时期都堪称是世界上最伟大的旅行家之一。”“在古代游记文学中，他对自己冒险的记述可与马可·波罗的著作相提并论。”①

伊本·白图泰的游记有很大篇幅记载他在中国游历的见闻。他的游记共分17章，有关中国的部分主要集中在第十五章“远东中国行”，其他章节也偶尔有所涉及。关于白图泰的中国之行，也颇为复杂和富有传奇色彩。1339年，他从中亚地区进入印度，到达德里，被德里苏丹留住宫廷8年，充任德里马立克教派总法官。当时德里苏丹统治着全部北印度地区。1341年，元顺帝遣使德里，要求重建喀拉格里山麓萨姆哈里的佛寺，供中国佛教徒顶礼。苏丹授命白图泰率领使团前往中国答谢。白图泰早已厌倦了在德里的定居生活，他不习惯在一地久留，渴望继续他的旅行生涯。于是，他很愉快地接受了苏丹的使命，踏上了中国之旅。

白图泰的中国之行很不顺利。1342年7月，白图泰率领的使团离开德里，到达坎贝后，由坎代哈尔登舟，计有3艘使船，南航科泽科特，等候季风，准备乘中国海舶前往广州。不幸发生海事，使团失散，白图泰流落马尔代夫群岛、锡兰、孟加拉等地，历尽风霜，饱尝艰辛，最后于1345年春由爪哇搭乘驶往中国的海船，在泉州港登陆，踏上中国的土地。白图泰在中国先到广州，又从泉州走水路回福建、浙江到杭州，然后沿运河北上大都。据他自述，由于战事发生，白图泰没有见到元朝大汗，便被护送回印度，从泉州登上去印度的中国船。

伊本·白图泰在中国各地游历，前后有11个月左右，对中国文化有了较为具体的了解。他在游记中充分运用自己广博的知识和精细的观察，以判断中国文明的历史价值。他详细介绍了中国丰盈的物产，以及造船、陶瓷、丝、棉织等行业的情况，还特别介绍了当时中国社会的文化习俗、典章制度、宗教信仰等方面的情况。他说“中国幅员甚广，土产甚丰。

① [美]杰里·本特利、赫伯特·齐格勒：《新全球史——文明的传承与交流》，北京大学出版社，2007年版，第597—598页。

有水果、五谷、金银等。世界各国，莫与伦比。”他说中国的农业和灌溉工程极为发达，赞扬中国是世界上出产小麦最多的国家，丝绸普遍到贫民都能穿用，产糖之多和糖质之佳远胜过埃及，而中国人使用煤块作燃料，尤其使他感到新奇。白图泰还称赞中国的驿站制度，说“在中国行路，最为稳妥便利”“途间亦无盗劫之虞”。他倾慕中国社会的稳定和有条不紊，说“中国人甚富裕，乐安民”，居民富庶，国家繁荣。他以明显的赞许记载了中国的社会保证制度。制度规定凡年满50岁的人，都“享受养老金”。据白图泰说，老人和病残者都得到国家的赡养，60岁以上的人连犯罪都不受法律制裁，因为他们的智力被认为已经还童了。他在中国旅行时看到了佛教的庙宇里附设的盲人和老人休养院、免费医院和食堂、寡妇收容所、孤儿院。

白图泰在中国游历了许多地方，到过中国许多大都市，对中国都市的繁荣景象和恢宏气势有很深的印象。他说到汗八里即元朝大都“此城为大汗宫殿所在”。“观其城郭，实世界之大城。”“皇宫在城之中央，专为汗居而设，大都雕木而成，布置优雅。周围有七门。”白图泰对杭州的繁华和宏大极为赞叹。他说杭州城的宏大，须三日才能穿越全城，游览该城需投宿就餐。杭州分有六城，大小相包，城区优美。白图泰还记述了广州、泉州等他所到过的城市，在他看来，说泉州为世界上最大港口也不过分。

总之，伊本·白图泰在中国的游历到处都感到新奇，时时为中国的繁荣富庶、文明昌盛所感染。在他的游记中，往往流露出对中华文化的钦慕和敬意。另一方面，白图泰在游记中对中国和中华文化的介绍，使阿拉伯世界以及欧洲人进一步开阔了对东方的视野，对中国和中华文化有了进一步的了解和较为准确的知识。

三　13—14世纪欧洲人关于中国的知识的水平与特点

从上面介绍的马可·波罗和诸位传教士、旅行家们留下的报告、书信和游记中对中国事情的记述，以及实际上是伪书的《曼德维尔游记》，可以了解到，在13—14世纪这个文化开放的时代里，西方人对中国与中华文化的认识和了解、西方人关于中国的知识，达到了一个新的水平、新的阶段。

西方人对中国和中华文化的了解、认识，早在中西交通、接触之初就已经开始了。西方人对中国的认识史、知识史，是与中西文化交流史、中华文化西传史同步的。正如本书前文已经论述过的，早在古罗马时代的文献中，就已经有关于中国和中华文化的记载。但是，在那个时候，西方人关于中国的知识，主要限于具体的物质形式（主要是传到欧洲的丝绸），并且大部分来源于几经周转的传闻，有许多不确切的、模糊的甚至误传的东西。这也反映了当时中西文化初步接触的条件和水平。那个时候，西方人只是对遥远的那个产丝的国家有一些模糊的印象。当时，可能也有欧洲人来到中国，也可能有欧洲人与中国人的直接接触，例如关于大秦王安敦（罗马皇帝马可·奥勒留）遣使来华的记载等。但他们并没有留下在中国游历的经历和见闻的文字记录，因而在西方人的中国知识史上不占有重要地位。

罗马帝国覆亡之后，欧洲进入中世纪时代，大约有五六百年的时间，即直到12世纪以前，被人们习惯地称为“黑暗时代”。这一时期欧洲的历史和文化是落后的、发展缓慢的。在这一时期，虽然有许多中华文化的物质成果和先进技术经阿拉伯人西传至欧洲，虽然中国与欧洲也有一些外交上的往来，如与东罗马帝国即拜占庭的交往，但实际上欧洲人的中国知识、欧洲人对中华文化的了解和认识，并没有显著的进步与增长，并没有特别值得注意和重视的文献记载。当盛唐文化在东方如日中天、展现它的世界性辉煌的时候，欧洲人却对此知之甚少。实际上，限制人们知识水平的，不仅仅在于被认识客体的表象和呈现，更主要在于认识主体接受、理解的条件和能力。处于“黑暗时代”的欧洲人还不具备充分认识和理解中华文化的条件。

到了我们现在讨论的这个时代，即13—14世纪，即中国元朝统治的时代，情况则大不相同了。从客观条件来说，由于蒙古的西征和四大汗国的建立，中西交通大开，有了更多的接触和交往的机会。从主观方面来说，11世纪以后，欧洲的经济、社会和文化都有了较大的进步，出现了新的复兴和繁荣；另一方面，由于蒙古人西征的威胁，强化了欧洲人了解东方的愿望和自觉性。因而，13—14世纪欧洲人关于中国的知识，无论是在广泛性和丰富性上，还是在知识的层面上，都达到了一个新水平。

13—14世纪欧洲人关于中国的知识，已经主要不是得自传闻，而是来自那些亲自到中国游历和在中国生活过的旅行家们的经历和见闻的记录，来自他们对中国事情的记述和报道。他们在中国生活的时间有的甚至很长，如马可·波罗竟在中国17年之久。因而他们有机会与中国社会各方面人士接触，包括皇帝、官员、僧侣、商人乃至普通百姓；他们有机会在中国广泛游历，南至广州，北至哈剌和林，鄂多立克甚至到过西藏，马可·波罗到过云南大理。因而他们面对面地认识了中国人，他们对中国和中华文化的了解是直观的、具体的、生动的、真实的。他们不再是把传闻，而是把直接的感性经验作为中国知识的基础。

在这一时期欧洲人对中国的认识中，基督教人士（主要是方济各会修士）发挥了重要作用（这一点与16世纪的情况颇为相似，16—17世纪西方人关于中国的知识，大部分来自到中国来的传教士的报道和介绍，不过那时来华的主要是耶稣会修士）。这些人的宗教世界观当然可能限制他们认识的眼界，但也许正因为如此，他们对中国的宗教情况特别留意，有不少关于中国的佛教、道教、聂思脱里派（景教）情况的具体描述，虽然他们一般还限于介绍这些宗教的分布、庙宇和礼拜仪式等表层的东西，没有更多涉及这些宗教的理论形态，但毕竟已经开始深入中国人的精神生活和意识层次了。另一方面，来华的这些基督教人士，有些主要是承担外交使命和了解情况的使命，如柏朗嘉宾和鲁布鲁克；有些人虽是来传教的，但主要还是一位旅行家，如鄂多立克，所以在他们的报告或游记中，宗教的气氛并不浓烈，反而在对中国人文地理、风俗民情的介绍中用了浓彩重墨。

在这一时期欧洲人对中国的认识中，商人也发挥了很大的作用。如我们已经知道的，马可·波罗就是以商人的身份来华的。有的研究者认为，马可·波罗在中国17年中的主要活动也是经商。由于商业活动的特点，使他的活动范围不限于上层和少数人，而是有可能深入社会，与更广泛的人群接触。所以，如前面提到的，与他同时代那些传教士的记载相比，马可·波罗的游记更深入、更充分、更具体、更富有感染力。

13—14世纪欧洲人对中国知识的第一个特点是，建立起一个完整的中国地理观念。在古罗马时代，人们只是对产丝的“赛里斯国”有一个大致的方向，即在遥远的东方，而现在的欧洲人则已经对中国的疆域有了比较清楚的概念。在这个时代的文献中，都说到中国地域辽阔，疆土广大，全国分成十几个省。有的把中国北方叫作“契丹”，把南方叫作“蛮子”，有的则把“蛮子”看作是契丹的一个省。无论是哪种提法，所指的地方都是具体而且准确的（当然，直到16世纪以后，西方人才确切知道“契丹”和“蛮子”其实是一个国家）。在这些文献中，对中国的地理环境也有所描述，如提到北方的沙漠，南方的平原，提到长江、珠江乃至大运河。同时，还提到朝鲜、日本、印度等中国的邻邦，提到中国东邻大海，如此等等。总之，这个时候的欧洲人通过那些旅行家的描绘，已经对中国的地理位置和行政区划有了大体准确和清楚的概念。

第二个特点是，这一时期的旅行家们对中国的城市怀有极大的兴趣。几乎所有重要的游记、报告和书信，都不厌其烦地描述中国的城市，包括大都、杭州、泉州、广州，还有福州、苏州、南京等大都市，也包括忽必烈之前的蒙古汗国都城哈剌和林，甚至涉及一些中小城市。他们往往都以赞美和惊叹的口气详细地描述这些城市规模巨大宏伟，宫殿建筑辉煌壮丽，城市繁华，交通便利，人口众多，物资丰盈。大都和杭州更是他们大加渲染、赞颂的对象。这些旅行家们往往对这些大都市的文化氛围乐此不疲，深为其陶醉。这种现象，不仅仅反映了他们个人的兴趣与感受，而且与当时欧洲城市文化的兴起有很大关系。城市的兴起并日益成为社会生活的中心，成为政治、经济和文化的中心，是10世纪以后的一种世界性政治、经济和文化现象，是欧洲资本主义前夜的一种历史现象。正因为有这样的背景，所以那些从欧洲来的旅行家们，对在中国看到的规模宏大、欣欣向荣的大都市会特别关注；而他们对这些都市的描绘，也会引起欧洲读者们的热烈反应。

第三个特点是，他们都注意到并且着力描写中国的疆域广大、人口众多、物质繁荣和社会富庶。雷蒙·道森在分析柏朗嘉宾、鲁布鲁克和鄂多立克三人的游记时说：“这些游记有许多共同之处，他们提到了世界上一个人口最多、最为繁盛的地区处在大汗的统治之下，后者不仅是各个时代最为强大、最为富裕的统治者，而且仁慈、公正，并且对基督教没有恶意。那里有众多的城市，货物之多不胜枚举，船舶不计其数，航运业发达。"①不仅是这三位记录者，我们在马可·波罗的记载中，也多次看到对于大都以及对于各个城市里的繁荣、奢华、富庶以及工商业繁荣的描写和赞叹。对于来自正处于中世纪的欧洲人来说，面对着如此浮华的强大的中国，他们会发出由衷的赞叹和惊讶。加拿大学者格力高利·布鲁指出："这些著作指示给欧洲读者们，中国是世界上最富有的王国，她的皇帝，也就是大汗，是世界上最有权力的统治者。这些著作也提供了种种讯息：中国人技艺精巧、生活富庶。"②15世纪的德国诗人汉斯·罗森普吕特（Hans Rosenplüt，约1400—1470）在诗歌《葡萄酒赞歌》中写道：

> 上帝赐福予你，名贵的酒药！
> 你使我健康强壮，
> 因为你是一个健康的Syropel。
> 君士坦丁堡的皇帝，
> 契丹国伟大的可汗和
> 教皇的约翰，这三位巨富，
> 连他们用钱都买不来你的价值，
> 难道我还会指责你吗？③

契丹国之所以令人兴奋，是因为它的可汗为传说中的三大巨富之一。

第四个特点是，这一时期欧洲旅行家们对中国的介绍，已经深入日常生活领域，对中国的社会经济文化生活有了更广泛的涉及。他们不仅介绍了中国的典章制度、礼仪规范，还介绍了中国丰富的各种物产，而且用很多篇幅描绘他们所了解的风俗习惯和日常生活。比如广州人吃蛇肉，

---

① [英]雷蒙·道森：《中国变色龙——对于欧洲中国文明观的分析》，中华书局，2006年版，第30页。

② [加]卜正民、[加]格力高利·布鲁主编：《中国与历史资本主义——汉学知识的谱系学》，新星出版社，2005年版，第71—72页。

③ 引自[德]夏瑞春编：《德国思想家论中国》，江苏人民出版社，1989年版，第262页。

西藏人的“天葬”习俗，乃至中国人的婚丧礼俗、饮食起居、家庭伦理、社会刑罚等，都在他们的报告中有所涉及。由于元朝是蒙古人建立的王朝，所以这些旅行家对蒙古人的礼俗风情多有叙述，特别是在这一时期较早来华的柏朗嘉宾和鲁布鲁克，他们主要旅行在中国北部蒙古人生活区，大部分篇幅介绍的是蒙古人。不过，蒙古人是中国主要的少数民族之一，蒙古民族文化是中华文化的一个组成部分。另一方面，虽然蒙古风俗文化与中原汉族有许多不同的地方，但在与汉民族的长期交往、共同生活中，在很多方面都受到汉族文化的影响，甚至在一定程度上汉化了。到忽必烈汗的时候，蒙古人已经充分吸收了汉族的文明。所以，我们仍可以把西方人对蒙古人风俗文化的了解，看作是他们的关于中国知识的一个组成部分。

当然，“从这些接触的实际背景对基督教中世纪观念的影响来看，它们并未造成东西方在思想层面的实质性遭遇，但这些旅行家的经历再一次刺激了西方世界对东方这一神秘、虚幻之地的兴趣。……这些历险使得欧洲看到了对东方兴趣和信仰的重新解释的可能性，在随后欧洲心灵对于东方的想象和知识建构中起到了相当重要的作用。”[①]

---

① ［美］J. J. 克拉克：《东方启蒙：东西方思想的遭遇》，上海人民出版社，2011年版，第56页。

第四章
中华文明与文艺复兴

一 “四大发明”与文艺复兴

1 造纸术和印刷术在欧洲的传播

造纸术、印刷术、火药和指南针这“四大发明”，是中国人的伟大技术发明、伟大的文化创造，它们建万古功业于中华古国，播永久芳馨于人类文苑，其光芒直贯史册，其功勋永世不灭。“四大发明”在欧洲的传播，正赶上欧洲的文艺复兴时期，也对欧洲的文艺复兴和社会文化发展产生了重要的影响。

造纸术是通过阿拉伯传入欧洲的。纸的广泛传播和普遍使用，对于欧洲科学文化的发展起到了相当大的作用。特别是对近代欧洲科学的繁荣和文化的进步，对于知识的传播和理性主义的兴起，乃至对于欧洲走出中世纪的蒙昧主义迷雾，开辟近代文明新的历史纪元，都发挥了直接或间接的影响。16 世纪英国诗人托马斯・丘奇亚德(Thomas Churchyard，约1520—1604)写过一首《咏纸》的诗，其中写道：

约 1391 年德国纽伦堡开办的造纸场

现存最古的欧洲木版画：
1423 年圣克利斯道夫像

我赞颂第一位造纸者，
世间众善，皆源于此。
它使新书面世，旧作永传，
价值远超尘世。
羊皮纸虽传播时空广远，
但不能代替纸张的优良，
纸张在大众中普遍流传，
而羊皮纸仅为少数人所拥有。①

造纸术的发明，纸作为一种新型的书写材料的广泛应用，对于整个人类文明的发展历史来说，都是具有特别重大意义的事件。造纸术的发明在根本上改变了人们的书写材料。这是一个在人类文明发展的历史上具有至关重大意义的发明。各民族的先人们为此做过许许多多的尝试，创制了多种多样的书写材料。比如在中国，就先后应用过甲骨、石刻、竹简、

① 引自[美]钱存训：《中国纸和印刷文化史》，广西师范大学出版社，2004 年版，第 347 页。

锦帛等。其他民族也陆续发明了他们的书写材料,比如最有名的埃及纸草、欧洲的羊皮纸、印度的贝叶等。这些书写材料在各民族的文明发展过程中发挥了很重要的作用。但是,这些书写材料都有一些先天性的缺陷,主要是:原材料不易获取,不易保存或流传,书写的容量小,价格昂贵不易普及,笨重而不便于阅读,不便于大规模地复制,如此等等。因此,在纸发明以前,这些书写材料限制了文化的普及,读书写字是少数人的事情,因而也就限制了文明发展的步伐。

卢浮宫皇家印刷工场

所以,当纸出现的时候,各民族其他的书写材料就都退出了文明的历史舞台,主要作为一种考古学意义上的文物所保留了。人们开始普遍用纸来作为书写的材料,人类文明的历史开始写在纸本上了。所以,纸的出现是文字载体发展史上的革命,在推动人类文明发展中起到重大作用。书写材料是文化传播和文明传承的重要载体,这个载体由于变得方便和平民化,所以使文化的普及和在普及基础上的大发展成为可能。法国学者布尔努瓦在其著名的《丝绸之路》一书中指出:

纸张是从中国为我们传来的另一种重大发明,……其文化意义是无法计算的，纸张引起了拓印术和印刷术的发明。由此而开始了书籍的传播。佛教经典的经书、儒教经典的书、断代史书、科学书、医学书，所有可以传播的人类知识都能被大量印刷，并使人以相对低廉的价格获得，这就是此种发明的最早效益。①

值得注意的一个现象是，在欧洲，造纸术和印刷术几乎是同时传播过去的。实际上，造纸术和印刷术是一个相互关联的发明。没有纸，印刷术几乎没有可能谈起。因为说到印刷，就是指在纸上的印刷。在纸上的印刷，就出现了现代意义上的“书籍”。在此之前，书籍的概念至少是手抄本。手抄本的繁重劳动和高昂价格使其推广十分困难。但是，在中国，纸发明以后，仍然在纸上手抄了好几百年，然后才出现了印刷术，才出现了印本书。有人说，造纸术传播到欧洲延后了几百年，是由于中国人技术保密。其实不是这样。最主要的原因是地理的阻隔，还有一个需要的迫切程度的问题。当时欧洲文化的发展水平还没有对改变书写材料的迫切要求。而到了13世纪以后，这种需要出现了，于是造纸术和印刷术就前后跟着传进来了。而在此基础上，大量印本书籍的出现，大大促进了欧洲人读写生活的变化，促进了宗教改革和新思想、新科学的传播，因而出现了文艺复兴时代。

中国发明的雕版印刷术大约在14世纪末15世纪初传到欧洲，并在意大利、德国、荷兰等地得到推广和应用，印制了纸牌、雕版画、印本书籍等雕版印刷品。但是，由于欧洲各国使用的都是拼音文字，与雕版印刷并不适合，所以欧洲的雕版印刷事业并没有像在中国和东亚各国那样获得充分的发展，构成印刷史上一个有独立意义的阶段。相反，欧洲人一般只把活字印刷的发明，算作印刷术的开始时期，而把雕版印刷只作为准备期间的一个重要步骤。在他们看来，活字印刷的发明才是印刷术的发明。这种看法是片面的、偏颇的，不仅不符合雕版印刷曾在世界文明史上发挥了巨大作用的历史事实，也不符合欧洲印刷技术发展史的基本史实。但是，从另一方面来看，这种看法也说明了（尽管是片面地说明）活字印刷对于西方文明

---

① ［法］布尔努瓦：《丝绸之路》，山东画报出版社，2001年版，第265页。

发展的影响，更具有特别重要的意义。另外，产生这种看法还有一个原因，就是雕版印刷在欧洲历史上独立存在的时间并不长。在雕版印刷术传入欧洲半个多世纪以后，欧洲人就开始应用活字印刷了。

印刷术在欧洲出现不久，便受到社会各界的普遍欢迎和高度重视。由于最初的印刷品都是宗教宣传品，所以宗教界对印刷术的推广和应用十分欢迎，因为他们感觉到这种发明对于宗教信仰的传播是十分有益的。特别是在那些不识字的群众中布教，那些表现圣徒和《圣经》故事的雕版画起了很大的作用。1476年，共生会修士们在罗斯托克（Rostock）城发表宣言，称活字印刷术是“一切学识共同之母”，“教会之辅佐人”。他们自称是“天主的司铎”，说教时“不用口说之语言，而用手写之语言”。

然而，任何发明都可能是一把两刃剑。印刷术的应用价值为宗教界人士所称道，但是与此同时，它也是促进宗教改革、甚至激发起与宗教精神相对立的科学和理性主义精神的重要力量。实际上，欧洲印刷事业的发轫与宗教改革有密切的联系。著名宗教改革领袖马丁·路德（Martin Luther，1483—1546）在提到印刷时认为：它是“上帝至高无上的恩赐，使得福音更能传扬”[①]。在近代欧洲的宗教改革运动中，印刷术确实起到了相当重要的作用。正是由于印刷技术的发展和推广应用，使新教运动的观点能够以小册子、传单和宣言的形式广泛流传。在宗教改革中发挥了巨大作用的纲领性文件、马丁·路德的《九十五条论纲》由于印刷厂赶印，两周内就传遍德国，4周内传遍全欧洲。当时人们形容《九十五条论纲》的传播犹如天使传达基督福音那样快。正如美籍华裔学者钱存训所指出的：

> 如果没有印刷术，新教的主张可能仅限于某些地区，而不会形成一个国际性的重要运动，永远结束教士们对学术的垄断、克服愚昧和迷信，进而促成西欧社会早日脱离“黑暗时代”。[②]

---

① 引自[美]钱存训：《中国纸和印刷文化史》，广西师范大学出版社，2004年版，第349页。

② 引自同上书，第349—350页。

印刷术在欧洲的迅速发展和广泛应用，也反映了时代对这种新发明的需要。在经过中世纪的黑暗时代之后，欧洲正处在文艺复兴那个理性主义精神觉醒的新时期。“这个时期也显然是传播知识、发展贸易和强调用白话而不是用古文进行新文学创作的时期。在那种复杂的情况下，在传播公开的、可接受的、地方的经验和知识方面，印刷术是一种主要的媒介。……印刷术具有人文主义和公开性，在商业上颇有活力，能够开拓人们的眼界，帮助人们认识世界和改造世界，因而得到了广泛应用。”①

印刷术的发明根本上改变了图书的流通方式和人们的阅读方式，使阅读不再是少数人的特权，而变成了一种可以大众共享的文化形态。对于文明的发展史来说，这是一个具有重大意义的变化。印刷术发明最基本的影响在于它带来了书价的降低和书的相对平凡化。在纸和印刷术发明之前，中国使用的书写材料竹简和锦帛，欧洲人使用的羊皮纸，价格都十分昂贵，即使在纸发明以后，书籍的复制主要是靠人工的手抄，不仅费时费工，费用高昂，而且还会出现不可避免的讹误。这些情况为书籍乃至文化的普及带来相当大的障碍。所以中国发明的造纸术和印刷术对于书史具有极大的意义。我们在世界各国文化的发展史上都看到，印刷术的推广和使用，彻底改变了书籍的存在形态，同时也就出现了一个书籍大发展的时期，因而也就出现了一个文化大繁荣、大进步的时期，比如在中国的唐宋时代、朝鲜的高丽时代，以及我们现在说的欧洲的文艺复兴时代。法国学者费雷德里克·巴比耶(Frédéric Barbier)指出：“在15世纪80年代，由于印刷书的出现，手写书大多被弃之一旁；随后，在16世纪初，印刷书最终摆脱了手写书的具体形式的束缚，公众的增加导致了图书种类越来越丰富、文本的新的分布方式和此后可能进入的另一个层次的阅读。”②新西兰学者斯蒂文·罗杰·费希尔(Steven Roger Fischer)也强调印刷术的发明对于人们阅读方式的重大影响，他指出：

自古腾堡首创螺旋式压印机实现活版印刷以来，书籍的材质、内

① [英]德博诺编：《发明的故事》上册，生活·读书·新知三联书店，1986年版，第133页。
② [法]费雷德里克·巴比耶：《书籍的历史》，广西师范大学出版社，2005年版，第118页。

容、语言以及阅读方式都开始悄然变化。应该看到，活字印刷术的发明绝不仅仅意味着一场阅读领域的革命，它更标志着整个欧洲社会的革命。印刷品的影响力渗透到欧洲人生活的方方面面，预示着世界史上最为伟大的一场社会、知识变革即将来临。①

印刷术发展了，书籍的成本低廉了，使用方便了，读书的人迅速地增加起来。有许多统计数字表明，在印刷术推广之后不久，欧洲各国出版的各类书籍，不仅仅是宗教方面的书籍，还包括科学技术、文学艺术的书籍，都成倍地迅速增长，印刷、出版以及书籍的销售成为一个新兴的很有利可图的大产业。据统计，在1450年至1500年间，欧洲大约有27000余部作品印刷刊行。这表明出版与阅读的数量均急剧增长并趋于多样化，在两代人的时间内达到了空前的规模。“自15世纪中叶欧洲活字印刷术发明以后，在短短的50年间，欧洲各国所印制的所谓‘摇篮本’即达3万种，每种平均印制两百部，而德国一地所印就占其中三分之一。当时西方社会对印刷术的需求，如饥似渴，因此促进欧洲的宗教改革和文艺复兴，帮助许多民族文字和文学的产生，以及新兴民族国家的建立。”②美国历史学家菲利普·李·拉尔夫（Philip Lee Ralph）等人所著的《世界文明史》中指出：“印刷术发明之后不久，欧洲各国都开始形成自己的语言标准，这种标准通过图书整齐划一地传播开来。”③在印刷术的推动下，可供阅读的书籍越来越多，更多的读者得以选择自己想读的书，并私下按照自己的标准加以品评和阐释。而且，印刷术通过机械手段将同一作品不计其数地复制，可以使数百上千读者同时拥有同一部作品，书籍的内容成为公有领域，社会获取知识的途径因而由有限转变为无限。这是史无前例的人与书籍关系的急剧转变，并且因此文化传播的广度和深度也极大地提高了。

“印刷术释放了书写文字的力量，成为现代文明发展的动力，加快了

① [新西兰]史蒂文·罗杰·费希尔：《阅读的历史》，商务印书馆，2009年版，第189页。

② [美]钱存训：《印刷术在中国传统文化中的作用》，《文献》1991年第2期，第155页。

③ [美]菲利普·李·拉尔夫：《世界文明史》（第8版），商务印书馆，1998年版，第721—723页。

人类获取知识的步伐。”[1]由于印刷术的应用，把学术、教育从基督教修道院中解放出来，使学术中心由修道院转移到了各地的大学。学术文化不再为修道院所垄断的了，因而促进了教育的大发展和知识的世俗化，由此出现了中世纪后期文化科技艺术发展的高潮，迎来了文艺复兴的新时代。而到了 18 世纪启蒙运动时代，文艺复兴时期人文主义著作印本再次引起人们的广泛兴趣，以致法国大革命将古腾堡褒奖为第一位在欧洲传播“启蒙之光”的匠人，将印刷术当作各民族的“自由火炬”。许多研究者都注意到印刷品文化在启蒙时代的重要性。“通过普及当时发行量仍不大的活版印刷，18 世纪迎来了各种形式书籍统治的时代：从几大卷的百科全书到低级趣味不入流的书籍，从几十卷的大型丛书到批评宣传小册子，从小说到带插图的科学著作，‘印刷自由’意义上的出版自由是 18 世纪的斗争之一，……在大革命热潮中，孔多塞欢呼印刷品是‘不可驯服的力量’，这股力量把出版自由强加到了一切权力之上，它把启蒙思想传播开来了。”[2]

法国启蒙思想家孔多塞(Condorcet，1743—1794)曾精辟地论述了印刷术对于人类文明的影响和贡献，他指出，这种贡献大致表现在三个方面：

(1) 由于印刷术可以花费很少而无限地增多同一部著作的印数，这种读书的便利，扩大并传播了进行教育的愿望和手段；

(2) 印刷术还是把对人们的教育从一切政治的和宗教的枷锁下解放出来的强有力的工具；

(3) 印刷术的发明几乎恰好与其他两件大事的时间相吻合，这就是土耳其人攻占君士坦丁堡和欧洲对美洲大陆和亚洲航线的新发现。前者因为希腊文人来到意大利避难，使希腊的古文献大量完整地印刷出来。这就使过去根据断简残篇而产生的对古希腊的崇拜，进而在全面的著作中寻找它的真谛，并敢于评判和反驳它。这已经是开始摆脱旧思想的羁绊。后者推广了欧洲的宇宙边界，向人们展示了新的天空并开辟了未知的土地，人们才有可能认识自己居住的地球，并且通过商业活动给工业、航海、科学和艺术，装上了飞跃的新翅膀。

---

① [新西兰]史蒂文·罗杰·费希尔：《阅读的历史》，商务印书馆，2009 年版，第 191 页。

② [法]让-皮埃尔·里乌、让-弗朗索瓦·西里内利主编：《法国文化史》第 3 卷，华东师范大学出版社，2006 年版，第 34 页。

孔多塞指出，印刷术是反对专制主义和宗教愚昧，解放人们思想的重要手段。他认为，印刷术把对人们的教育从一切政治斗争和宗教的枷锁之下解放出来了。他指出，在印刷术发明以前，同一本书的手抄本为数极少；为了取得构成一门科学整体的全部著作，就必须费尽心力、往往还要旅行和花费，这些都是富有的人才能做得到。统治者在这方面则很容易销毁那些刺痛了它们的偏见或揭穿了它们的骗局的各种书籍。野蛮人的一场入侵，一天之内就可以一举而永远剥夺整个一个国土上的种种教育手段。毁掉一份手稿孤本，对于整个国家往往就是一项无可弥补的损失。当时人们仅仅抄录那些由于其著者的大名而为人推崇的著作。所有那些只能是由于互相的结合而获得其重要性的研究、可以用来维持科学在同一个水平上并准备好了它们的进步的那些孤立的观察和细节的改进、所有各时代所积累的有待天才来运用的那些资料，都注定会永远湮没无闻。促进科学研究的著作、解说其中疑难的著作、以便更简便的各种形式表述真理的著作等，这些著作都不可能找到抄写者和读者。但是，"在发明了印刷术以后，基督教就全然无力阻碍科学再度焕发出光辉来。"[①]印刷术"能够散布出一道独立而纯洁的光明。"由于印刷术的出现，知识变成了一种积极的、普遍的交流的对象。因此，孔多塞指出："所有这些能使人类精神的进程更加迅速、更加确实和更加便利的手段，也都是印刷术的恩赐。"[②]

印刷术的发明和广泛应用对于近代西方历史文化的影响是多方面的，甚至可以看作是近代西方历史的一个重要的转折点。印刷术的广泛应用促进了欧洲的现代化，对政治、社会和文化等方面产生了激烈而深远的影响，使它成为一种社会变革的媒体和力量。

印刷术对于世界文明的贡献和意义怎么估计也不会过分。直到今天，我们仍然享受着这一伟大文化成果的恩惠。钱存训指出："印刷术是人们公认的'文明之母'，而纸则是用以保存人类思想和抱负以及增进知识传播和交流的媒介。……在古代文化交流的各种成就中，很少有其他

---

① ［法］孔多塞：《人类精神进步史表纲要》，生活·读书·新知三联书店，1998年版，第74页。

② 同上书，第103页。

发明可以和造纸术及印刷术的重要性相比。二者对现代文明皆有极深远的影响。虽然现代社会还有其他的传播媒介，但它们都还不能替代纸和印刷二者所具有的基本性和永久性的功能。”①

2　火药和火器制造技术在欧洲的传播

中国古代发明的火药，是一种由硝石、硫磺和含炭物质按一定合理比例配制而成的混合物，它能在没有外界助燃剂参与的情况下迅速地燃烧，结果产生大量气体和化学能。在五代末、北宋初（10 世纪 60 年代），中国已有了真正的军用火药。火药的发明，是古代中国科学技术的重要成就，是中华民族对世界文明的伟大奉献。恩格斯指出：“现在几乎所有的人都承认，发明火药并用它朝一定方向抛射重物的，是东方国家。……在中国，还在很早的时期就用硝石和其他引火剂混合制成了烟火剂，并把它使用在军事上和盛大典礼中。”②

欧洲野战炮，采自大约 1450 年的日耳曼烟火书。

火药和火器的知识和技术经阿拉伯人为媒介传入欧洲后，迅速得到推广和应用。大约在 14 世纪上半期，欧洲就已经开始制造并在实战中应用火器了。关于火药和火器技

① ［美］钱存训：《中国纸和印刷文化史》，广西师范大学出版社，2004 年版，第 1 页。

② ［德］马克思、［德］恩格斯：《马克思恩格斯全集》第 14 卷，人民出版社，1964 年版，第 193 页。

术在欧洲传播的历程,恩格斯概括说:

阿拉伯人从中国人和印度人那里学会了提取硝石和制造烟火剂。……阿拉伯人看来很快就丰富了从中国人那里得到的知识。……如果说阿拉伯人……在1280年已使用火炮攻打哥多瓦,而到十四世纪初火炮的知识就由阿拉伯人传给了西班牙人。1308年,斐迪南四世利用火炮夺取了直布罗陀。1312年和1323年在巴萨、1326年在马尔托斯、1331年在阿利康特的强攻中都使用了火炮;在上述围攻战中有几次火炮还发射了燃烧弹。使用火炮的知识又从西班牙人那里传到欧洲其他各国。法国人在1338年围攻吉约姆山时使用了火炮,同年,普鲁士的德意志骑士也使用了火炮。到1350年,火器已流传到西欧、南欧和中欧各国。[①]

17世纪欧洲使用火器的战争中挖掘地壕工事图

大约在14世纪上半期,中国发明的火药和火器技术已经在欧洲广泛传播,并很快得到推广,应用于军队装备和各种战事。当时,欧洲正处于历史大变革的前夜。火药和火器的传入,对于这场历史大变革起到了重

① [德]马克思、[德]恩格斯:《马克思恩格斯全集》第14卷,人民出版社,1964年版,第194—195页。

要的推动作用，从而对世界历史进程起到了重要的推动作用。美国历史学家海斯(Carlton J. H. Hayes)等人合著的《世界史》中曾概述了火药和火器的这一世界历史意义，他们指出：

> 火药的制造和火器的使用，极大地影响了近代的生活。最显著的影响之一是，由于主要是在十五世纪的战争方法的改变，国王们的权力稳步地增长了。
>
> ……
>
> 枪炮的应用招致了封建制度的毁灭，因为封建城堡不能抵御炮弹；封建骑士虽然穿着光亮的盔甲和横着长矛，却不是步行的带着滑膛枪的普通人的对手。当火药时代开始的时候，骑士制度和骑士精神的时代就终止了。
>
> 随着火药和火器的采用以及国家收入的增加，国王们开始雇用兵士，维持常备军，并且以枪炮把他们装备起来。大炮是笨重的，滑膛枪是粗糙的燧火枪，然而它们比起叉、矛、剑和箭却有效得多了。一旦一个国王有了火器装备的军队，他就能征服难以控制的封建领主，压服暴动的老百姓，或者对邻近的王侯们进行有效的战争。从此他就占有了专制政体的重要工具，许多欧洲的国王们就使用这些武器和这种军队去扩大他们的领土和加强他们的权势。①

孔多塞指出，火药和火器的发明，改变了作战方式，使战争这种"艺术"发生了一场革命。他说：

> 有一位化学家把硝石与可燃物混在一起时，发现了那种火药的秘密，它在战争艺术方面造成了一场意想不到的革命。尽管火器有着可怕的效果，但它们增大了战斗人员的距离从而使得战争的杀伤较少，战士也不那么凶暴。军队的远征耗费更大了，而财富就可以平衡武力：即使是最好战的国家也感到需要做好准备，需要有商业和工

---

① [美]海斯、穆恩、韦兰：《世界史》中册，生活·读书·新知三联书店，1975年版，第610—611页。

艺致富来保证自己作战的手段。开化的民族就不再害怕野蛮国家的盲目的勇武了。大规模的征服以及随之而来的革命，已经变得几乎是不可能。[①]

孔多塞还说：

铁盔铁甲、几乎是无懈可击的骑术、使用长矛、长枪或刀剑——这种贵族对平民所具有的优势终于全都消逝了；而摧毁对人类的自由的和对他们的真正平等的最后这道障碍的，却是由于最初一眼看去似乎是在威胁着要消灭整个人类的这样一种发明。[②]

对于火药和火器西传的重大历史意义，恩格斯作了更为精湛的概括：

在十四世纪初，火药从阿拉伯人那里传入西欧，它使整个作战方法发生了变革……火器一开始就是城市和以城市为依靠的新兴君主政体反对封建贵族的武器。以前一直攻不破的贵族城堡的石墙抵不住市民的大炮；市民的枪弹射穿了骑士的盔甲。贵族的统治跟身披铠甲的贵族骑兵队同归于尽了。[③]

恩格斯在这里指出的火药和火器的意义，就不仅仅是在军事装备上的改进和作战方式的改变，而且深入社会文化的层次，着重指出了它对于经济进步的意义，推动了社会生产力的发展，同时也成为引起社会变革的一个契机。军事的变化，经济的发展，以及社会政治关系的变革，都是在这一时代的欧洲具有重大历史意义的事变。从中国传去的火药和火器对摧毁欧洲封建制度起到了重要作用，从而给欧洲历史和文明的发展进程以极大的推动。

---

① [法]孔多塞：《人类精神进步史表纲要》，生活·读书·新知三联书店，1998年版，第97—98页。

② 同上书，第98页。

③ [德]马克思、[德]恩格斯：《马克思恩格斯选集》第3卷，人民出版社，1972年版，第206—207页。

另一方面，在资本原始积累过程中，西欧殖民势力向各地进行殖民侵略，也把火器带到各地区。15 世纪起，葡萄牙的管形射击火器有了很快的发展，并且广泛用于军队装备。在资本主义殖民扩张过程中，火器也成了一种得力的工具。

以上我们主要是从战争使用的火器的角度来论述火药发明的重大意义。确实，火药发明的重大意义和直接影响主要表现在战争方面。这一点与我们在论述造纸术的发明的情况有些相似。造纸术的发明，纸张的广泛应用，取代了原来使用的书写材料，改变了人们的书写方式。这是造纸术的根本性作用。当时，纸的用途不仅仅在这一方面，它在人们的日常生活的许多方面都有其使用价值。火药的情况也是这样，火药的用途不仅仅是用于火器的制造和战场上的应用。火药的发明和应用，对于近代科学的进步与发展，也有着重要的意义。正如李约瑟所说的：火药的发明不仅仅应用于战场上，更加激动人心的是，“除了开矿、采石及人类交通运输线路建设——所有民用工程项目——中应用爆破外，火药作为人类所知的最早的化学爆炸物，还在各种热机发展中起着必不可少的作用。”①比如对火药爆炸现象的分析和研究，导致人类发现了氧，并由此为全部现代化学奠定了一个新的起点。炮弹在空中的运动（弹道学）促进了动力学的新研究。爆炸本身所具有的力，和炮弹从炮膛里的排出，证明了有一些天然力，特别是火，其力量是可供实用的，而这一点激励了蒸汽发动机的发展。在蒸汽机处于全盛期之前，惠更斯（Christiaan Huygens，1629—1695）和帕潘（Denis Papin，1647—1712）在 17 世纪晚期曾试图制出成功的火药发动机。虽然他们从未能使其运转，但这却使他们获得了干脆用水及可冷凝蒸汽的灵感。

关于火药对于近代科学的意义，贝尔纳指出：

> 归根到底，是火药对科学的影响而不是它对战事的影响，将产生最大的影响，使机器时代得以出发。火药和大炮不只爆破了中古时

---

① ［英］李约瑟：《中国科学技术史》第 5 卷第 7 分册《军事技术：火药的史诗》，科学出版社、上海古籍出版社，2005 年版，第 X Ⅶ 页。

> 代的经济世界和政治世界；它们更是毁灭中古世界的思想体系的两股主力。……首先，火药和大炮对世界说，是新东西——希腊人就没有一个称呼它们的名词。其次，制造火药、火药的爆炸、炮弹从炮筒放射出去以及出膛后的飞行，都提出了一些问题，其实际解决引导人们去研求一些属于一个新种类的原因，并创立几门新科学。①

不仅如此，火药和火器的广泛应用，在欧洲社会生活方面也具有很重大的影响。对此亦有许多人士做过专门论述。这里仅举一列。1857年，英国作家巴克尔（H. T. Buckle）在其著作中指出，火药和火器的主要影响是使战争职业化。火药技术十分复杂，不易掌握，不可避免地造成军队中的职业分工，最终导致常规军队的建立。在欧洲中世纪那种每个男人都是潜在士兵的情况便不复存在。以战争为业的人在人口中的比例下降，使更多的人转而从事和平的艺术事业、技术工作，或受雇就业。另外，“由于热衷于战争的人数目减少，尚武精神也有所收敛。”这样，便造成了巴克尔所称的“中间知识阶级”的崛起。“在此之前，欧洲人的智慧不是消磨于战争就是消磨于神学，而现在他们有了一条中间道路可走，创造出那些伟大的学科，而现代文明的发祥正应归功于它们。”②

3　航海罗盘在欧洲的应用

指南针是依据磁铁的指极性原理制作的辨别方向的工具。指南针的发明为人类的实践活动提供了极大的便利。特别是磁针罗盘在航海事业上的应用，提高了航路的准确性，为远洋航行提供了很大的便利，从而推动了世界航海事业的巨大变革和发展。在15世纪前后的欧洲大航海时代，罗盘发挥了重要的作用。正是由于罗盘的使用，才使达·伽马发现印度新航路、哥伦布发现美洲大陆和麦哲伦的环海航行成为可能，并由此促进了欧洲商业贸易的扩大和工场手工业的发展，为资本主义的产生和发

---

① ［英］贝尔纳：《历史上的科学》，科学出版社，1959年版，第195页。

② ［英］李约瑟：《中国科学技术史》第5卷第7分册《军事技术：火药的史诗》，科学出版社、上海古籍出版社，2005年版，第13页。

展提供了必不可少的前提。

欧洲罗盘

罗盘在航海事业上的普遍应用，是当时的远洋航海事业发展的需要。另一方面，正是因为罗盘为人们提供了可靠的导航仪器，人们获得了全天候远洋航行的能力，大大促进了远洋航海事业的发展。宋元时代，中国商船远洋航行空前活跃，与指南针的发明和罗盘的应用有很大关系。

13 世纪时，欧洲的航海者似乎已经知道了指南针。意大利商船首先采用了罗盘，并很快推广到印度洋、地中海航运界，引起了它们巨大的变革和发展。欧洲在使用中国罗盘以后，加以改进，采用支轴装置罗经，用一个支轴的尖端顶在磁针中部，使磁针水平旋转，在航海上使用较水针方便，称为“旱针”。14 世纪初，意大利人阿马尔费塔尼（Amalfitani）发明了一种“罗盘卡”，即字盘装在磁针上，盘随针转的旱罗盘。

指南针传入欧洲，在欧洲的大航海时代起到了重要作用。由于指南针表明方向的结果，地图精确起来，并且地图的绘制也有了普遍性。在早期葡萄牙亨利王子培训航海家队伍时，帮助舵手掌舵的有“星相家”，这是一些精通领航业务的专家，他们会看罗盘，能算出罗盘偏差并在地图上标出子午线。在麦哲伦作环球航海时所使用的船只上，备有不可缺少的罗盘，必要的航海仪器也有大量储备，包括罗盘、罗盘针、沙漏计时器、星盘、比重秤和星座一览表等。法国启蒙思想家孔多塞在《人类精神进步史表纲要》中指出：“磁针指向天上同一点的这一性质是中国人已知道的，并且甚至被他们用于指导航海；这时它也在欧洲被人观察到了。人们学会了使用罗盘，它的运用扩大了商业活动，改善了航海技术，给人一种新的航海观念，使人放眼观看他自己所在的整个地球的广阔。"[①]德国学者雅克布(Georg Jacob)在《论东方文化对于西方文化之影响》中说："罗盘针是中国人最重要的发明，它放开我们的眼界。""我们近代的世界观的形成全靠深入异邦文化的精神，只有罗盘针的发明才能够帮助我们达到这种境界。希腊罗马的航行只限于沿海，地中海那样一个小海占据了四周的土地，人文主义者就以为这是世界帝国了。"[②]李约瑟也指出：

> 磁罗盘，从广义上来说，也就是磁极和磁引力的知识，在西方世界有着惊人的社会影响。……因为十五世纪欧洲航海家手里的罗盘在从十三世纪开端的航海科学的整个时期占据着重要的地位，它不但使环绕非洲成为可能，而且也发现了美洲大陆。随着大量白银的涌入，市场上不计其数的新商品的销售以及殖民地和种植园的开拓，这对欧洲生活产生了多么深远的影响。[③]

英国科学史家贝尔纳也曾说过，罗盘的使用，"破天荒第一次开放了大洋，供人探险、战争和贸易，引起了巨大而迅速的经济的和政治的效果。"[④]

4 "四大发明"对文艺复兴的影响

古代中国人发明的造纸术、印刷术、火药和指南针，是中华民族在改造世界、征服世界的伟大实践中进行的伟大文化创造，是伟大民族智慧的结晶，是中华文化对于世界文化的重大贡献。在今天的现代生活中，我们仍然享受着"四大发明"的无尽惠泽，"四大发明"是现代世界文明须臾不

---

① [法]孔多塞：《人类精神进步史表纲要》，生活·读书·新知三联书店，1998年版，第97页。

② 引自朱谦之：《中国哲学对于欧洲的影响》，上海人民出版社，2006年版，第32页。

③ 《李约瑟文集》，辽宁科学技术出版社，1986年版，第234页。

④ [英]贝尔纳：《历史上的科学》，科学出版社，1959年版，第193页。

可离的文化要素。

当“四大发明”传播到欧洲的时候，对于以基督教思想为核心的、以教会的神权统治为支柱的西方中世纪传统文化系统来说，“四大发明”不是一种支援力量，而是一种巨大的破坏力量。在西方文化由中世纪走向近代，在人们迎接近代文明曙光的伟大时刻，从远方中国传来的奇妙无比的“四大发明”，对于西方文化，起到了激励、开发和推动这一伟大历史转变的重要作用。或者说，“四大发明”是从外部刺激西方文化系统内部发生蜕变和更新的重要文化要素。“四大发明”对西方乃至整个世界的历史进程都起到了革命性的作用，推动和促进了整个人类文明的结构性改变。

“四大发明”通过各自的渠道和路线陆续传播到欧洲。它们的传播和接受，本来是各自独立进行的，互相之间并没有必然的联系。但是，它们传播到欧洲的时间却大致发生在同时，即是在蒙古人通过三次西征而建立起跨欧亚大陆的超级大帝国的时代，是中西文化大流动、大交流的时代，也即欧洲发生文艺复兴运动的前夜。正是在这样一个文化接触的汇合点上，“四大发明”发挥的作用和影响远远超出了其本身的技术性范围，成为刺激文艺复兴运动并为其推波助澜的外来力量。这是一种不可低估、不可替代、更不可否定的来自东方的文化力量。

有许多文化史研究者指出“四大发明”对于文艺复兴的这种推动作用。美国学者卡特（Thmoas Francis Carter，1882—1925）在《中国印刷术的发明和它的西传》一书中指出：

> 欧洲文艺复兴初期四种伟大发明的传入流播，对现代世界的形成，曾起重大的作用。造纸和印刷术，替宗教改革开了先路，并使推广民众教育成为可能。火药的发明，削除了封建制度，创立了国民军制。指南针的发明，导致发现美洲，因而使全世界、而不再是欧洲成为历史的舞台。这四种以及其他的发明，中国人都居重要的地位。[①]

日本著名科学史家薮内清在 1982 年出版的《中国·科学·文明》一

① ［美］卡特：《中国印刷术的发明和它的西传》，商务印书馆，1957 年版，第 9 页。

书中也这样说：

> 中国是世界上最早发明纸、印刷术、磁石、火药等技术的国家。这些发明传到中世纪末期的欧洲，对欧洲的文艺复兴起到了决定性的作用。极言之，如果没有中国的发明，就没有欧洲的文艺复兴，因此也就谈不上现代的欧洲。从世界史的角度看，应该对中国以往科学技术的先进性和独创性给予高度的评价，而且也不能不说这种民族的优秀品质在将来也是极其宝贵的东西。[①]

如果没有中国的这些伟大发明，也许就没有欧洲的文艺复兴。

当然，毫无疑问，文艺复兴是在西方文化传统内部孕育和发展起来的，是西方文化历史发展过程中矛盾运动的合乎逻辑的结果。在文艺复兴之前，欧洲经历了大约上千年的"黑暗时代"，即世界史的"中世纪"时期。在中世纪，西欧各国的社会特征是复杂的等级制度，占统治地位的意识形态是基督教神学。基督教通过层层教会机构，严密地控制着社会思想，社会的全部上层建筑，政治、法律、道德、哲学、文学等以致整个社会生活，全都浸透了神学精神，"政治和法律都掌握在僧侣手中，也和其他一切科学一样，成了神学的分枝，一切按照神学中通行的原则来处理。教会教条同时就是政治信条，圣经词句在各法庭中都有法律的效力。……神学在知识活动的整个领域中的这种无上权威，是教会在当时封建制度里万流归宗的地位之必然结果。"[②]欧洲中世纪神学的统治地位，是与当时欧洲文化在世界文化的总体格局中相对落后的状况相适应的，同时也是造成这种落后局面的原因之一。

但是，13—14世纪的元朝帝国为欧洲文化提供了新的刺激因素。从14世纪末开始，欧洲的社会经济状况发生了巨大的变化。随着生产力的发展，近代资本主义生产关系萌芽和发展起来。在纺织、冶金、采矿、造船等重要工业部门生产技术不断革新，社会劳动分工不断扩大，手工业和农

---

① [日]薮内清：《中国·科学·文明》，中国社会科学出版社，1988年版，第5页。

② [德]马克思、[德]恩格斯：《马克思恩格斯全集》第7卷，人民出版社，1959年版，第400页。

业进一步分离，商品生产的增长和国内外市场的形成，都加速了封建生产方式的衰落和解体，给资本主义生产方式的产生和发展创造了条件。社会生产方式这一历史性的变革，需要也必然地引发了思想文化领域的历史性变革，于是出现了具有划时代意义的、改变了西方文化历史发展进程并奠定了整个现代文明基础的“文艺复兴”。

文艺复兴是一次人类从来没有经历过的伟大的、进步的变革，这种变革不是在个别领域、个别层面上，而是一种全方位的、涉及文化的各个层面、渗透到社会生活各个领域的变革。正是经过这次历史性变革，西方的历史以及整个世界史走出了中世纪，进入了以理性和科学为旗帜的近代文明。文艺复兴时期在思想文化领域表现出一个明显的特点：先进思想家们在从事新的文化研究和创作中，广泛地利用古代希腊罗马的思想资料。在中世纪的时候，古代的这些文化成果遭到了严重的摧残，12—13世纪以后，古代典籍陆续从阿拉伯国家重新传入欧洲。在反对中世纪神学世界观的斗争中，先进思想家们对非基督教的古代世俗文化发生了兴趣，怀着极大的热情搜集、整理古代文化书籍，发掘古代文化遗产，研究古代语言、历史、文艺、科学和哲学，仿照古典作品进行创作。古典文化的研究蔚成风气。这也就是“文艺复兴”一词的最初含义。而在古典文化复兴的过程中，造纸术和印刷术的传入，提供了强有力的武器和推动力量，刺激并推动了欧洲自由讨论风气的形成和文化知识的广泛普及。由于书籍带来的文化知识的广泛传播，使欧洲人的精神进入了一个新的境界，学术中心由修道院转到各地的大学，而在大学中聚集了各种新的思想，进行着科学的研究与探索，孕育了崭新的近代文明。英国历史学家韦尔斯说，对人类社会各种事物的自由探讨和坦白陈述的精神，即思想自由和良心自由的精神，在这一时期逐渐形成，并发扬光大。这种精神在书籍印成以前虽已开始萌生，“但把它们从朦胧状态中解放出来的却是印刷术。”[①]法国学者克洛德·德尔马(Claude Delmas)在《欧洲文明》一书中论述文艺复兴时期的历史变革时也讲到印刷术的巨大影响。他指出：

---

① [英]赫·乔·韦尔斯：《世界史纲——生物和人类的简明史》，人民出版社，1982年版，第816页。

> 1450年左右，出现了一种特殊的书本。它们表面看来与以往的手抄本没有很大区别，但却是用活字和印刷机"印"出来的。这种新颖的书使得那个时代无论教俗的读书人的习惯和学习、工作条件都发生了深刻的变化。这一变化越出了起初的范围，影响普及全世界。书籍的产生是一系列巨变之一。不久以前，火药和轻变火器的发明引起了震动；几十年后，则发生了托勒玫[①]所认识的世界(亦即圣托马斯·阿奎那所认识的世界)的扩大以及最终导致欧洲人从1492年起占有了新大陆大片土地的远洋航行。一种新的透视法逐渐形成，它使得西方人至少享有了五个世纪的空间之便利。而书籍在此之前已经开始发挥它特有的作用。印刷术绝非是一项单纯的技术成就，它标志着西方文明从此掌握了一种威力无比的工具，可以将其代表人物的零散的思想加以集中，使研究者个人的思索能够迅速地传递给其他研究者，以便充分发挥这些思想的效力，达到前所未有的严密性，从而具有极其强大的影响力和传播力。这一影响是从十五世纪中期起开始显示出来的，它一直持续到另一个动荡时期，那时，在经济和社会的变动中发生了政治革命，无产阶级意识到了自身的存在，人们开始使用大众社会这一字眼。政治革命最终导致了文艺领域的革命，出现了浪漫主义。于是，报纸应运而生，与书籍并存。[②]

造纸术和印刷术加速了欧洲近代文明的到来，而火药和火器的传入，则为打破旧有的统治秩序提供了强有力的物质力量，改变了欧洲的政治格局，宣告了欧洲中世纪的结束。至于指南针和航海罗盘，它的直接影响在于开辟了欧洲大航海的时代，而"美洲和环绕非洲的航路的发现，给新兴的资产阶级开辟了新的活动场所。东印度和中国的市场，美洲的殖民化，对殖民地的贸易，交换资料和一般商品的增加，给予了商业、航海业和工业空前未有的刺激，因而也就促进了崩溃着的封建社会内部所产生的革命因素的迅速发展。"[③]

---

① 今译"托勒密"。

② [法]克洛德·德尔马：《欧洲文明》，上海人民出版社，1988年版，第67—68页。

③ [德]马克思、[德]恩格斯：《马克思恩格斯全集》第4卷，人民出版社，1958年版，第467页。

总而言之，作为西方文化发展史上具有划时代意义的文艺复兴运动，从一开始就受到“四大发明”以及与此相关的其他中国文化因素的刺激和推动，并以此为物质前提。“四大发明”的传入，激励和开发了西方文化系统内部的活跃因素，从而使西方文化的历史大变革成为可能。恩格斯曾经指出：“大量的发明以及东方发明的输入，它们不仅使希腊文学的输入和传播、海上探险以及资产阶级宗教改革真正成为可能，并且使它们的活动范围大大扩展，进展大为迅速。”①李约瑟也指出：“诸如火药的发明，纸、印刷术和磁罗盘的发明，还有许多其他方面……在中国完成的发明和技术发现，改变了西方文明的发展进程，并因而也确实改变了整个世界的发展进程。”②

中国的“四大发明”不仅为文艺复兴提供了物质基础，而且成为促进资本主义产生和现代人类精神解放、科学文化昌明的最强大的力量。因此，“四大发明”的伟大历史意义和文化意义受到人们普遍的承认和高度评价。17 世纪初，英国哲学家弗兰西斯・培根（Fransic Bacon，1561—1626）就曾充分肯定了印刷术、火药和指南针等发明的重大意义，虽然他和当时的人们一样，还不知道这些伟大的技术成果来源于中国。他说：

> 我们还该注意到发明的力量、效能和后果。这几点是再明显不过地表现在古人所不知、较近才发现、而起源却还暧昧不彰的三种发明上，那就是印刷、火药和磁石。这三种发明已经在世界范围内把事物的全部面貌和情况都改变了：第一种是在学术方面，第二种是在战事方面，第三种是在航海方面；并由此又引起难以数计的变化来；竟至任何帝国、任何教派、任何星辰对人类事务的力量和影响都仿佛无过于这些机械性的发现了。③

培根还写道，在发现新大陆，发明印刷术、火药、罗盘以后，继续在旧知识和旧发现基础上前进是可耻的；世界已经发生变化，生活的许多领域

---

① ［德］马克思、［德］恩格斯：《马克思恩格斯全集》第 20 卷，人民出版社，1971 年版，第 530 页。

② 《李约瑟文集》，辽宁科学技术出版社，1986 年版，第 36—37 页。

③ ［英］培根：《新工具》，商务印书馆，1984 年版，第 103 页。

中已完成了巨大的变革:印刷术已变成科学,火药已变成军事艺术,人借助罗盘可以横渡海洋。虽然这些发明是偶然的,它们却在人类发展史上起了重大的作用。如果说偶然的发明在人类发展中起了如此巨大的作用,那么不难推测:如果在发明的基础上建立起科学,社会的进步将会多么巨大。要为系统的发现指明道路,必须建立新科学。新发现形成新知识,而新知识乃是人类用来驾驭自然的工具。

在培根以后的几百年中,整个世界都发生了巨大的变化。"四大发明"不仅被公认为是中华民族对人类文明做出的重大贡献,而且它们的文化价值和历史影响也越来越充分地显示出来。美国学者德克·卜德指出:

> 如果没有纸和印刷术,我们将仍旧生活在中世纪;没有火药,世界可能少受些苦难,但在另一方面,欧洲中世纪穿戴盔甲的骑士们会仍旧占据着护城河围绕的城堡,居于至高无上的统治地位;我们的社会将仍旧停留在封建农奴状态。巴拿马运河和大石坝的修建也是不可能的。最后,如果没有指南针,地理大发现的年代将永远不会到来,而正是这些发明丰富了欧洲的物质生活和精神生活。没有这些发明,迄今为止整个世界仍然是不可知的,甚至包括我们的国家在内。①

二　中华文化对文艺复兴运动的激发

1　中国地图制作法传入欧洲

除了上述"四大发明"之外,中国地图的制作方法传入欧洲,也有很大影响。

---

① [美]德克·卜德:《中国物品传入西方考证》,《中外关系史译丛》第1辑,上海译文出版社,1984年版,第232页。

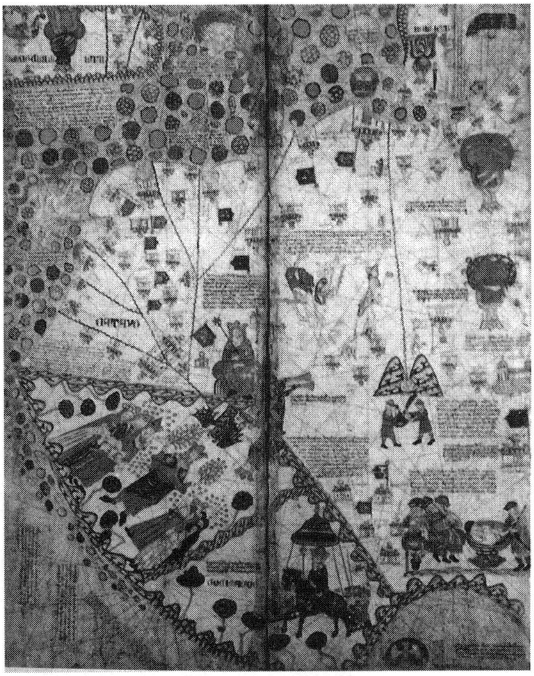

亚伯拉罕·克雷斯克 1375 年绘制的"卡塔卢尼亚语地图"的羊皮面图。在其左部靠近中间的地方，国王是"大汗"，其左部是"汗八里城"。

加泰隆是西班牙东北部的一个地区，早在 12 世纪，这里就兴起了制造地图的行业，13 世纪中期形成了加泰隆制图学派。加泰隆制图学派 1375 年绘制出的新图，由 6 块模板组成，模板的一面蒙着昂贵的羊皮纸，在纸上绘图，每张图分为两页。两页对折合成一张图屏。6 张合成一部组装的图册。6 幅图里有两张是画出天文学知识的占星术，记载了日、月、行星运动的历法、潮汐的知识，以及十二星宿等。另外的 4 幅是地图，由北向南，从中亚到达东南方向的 Catayo (Cathay 中国)。"这部地图集是制图史上的一个奇迹，它在西方制图发展史上占有至关重要的地位。""最终完成的这部地图集是独一无二的，不仅因为它真实地反映了当时的地理状况，还因为它综合反映了 14 世纪晚期欧洲人所持有的一种世界观。这部地图集里的地图是当时那个时代最精确的。"①

加泰隆地图吸收了一些马可·波罗亚洲之行的游记叙述和中国地图的绘制方法，如：使用了马可使用过的一些中国国内地方的地名，如游记中的峨格、马峨格(gog magog)、蛮子(magi)、汗八里(chanbate)、喀什米尔(kachmir)、罗布泊等。契丹国的 3 个海湾，杭州、泉州、广州。《马可·波罗游记》里没有广州的记述，加泰隆地图可能采自阿拉伯人的报道。加

① ［英］杰里米·哈伍德：《改变世界的 100 幅地图》，生活·读书·新知三联书店，2010 年版，第 48 页。

泰隆地图是在圆形的球面上来画图的。史学界认为1502年以前,很少有绘图者用半圆球状平面图来绘制地图。所以,这种制图方法可能是从中国传来的,因为在元代宫廷的天文学家制造过球状的地球仪“西域仪象”。有学者认为,元代绘制的地图副本曾被马可·波罗所占有,并带回到欧洲,元代朱思本的制图方法成为其后绘制东西交通图的依据。另外,值得一提的是,在加泰隆的地图上还有表现马可·波罗一行的图画。

毛罗修士绘制的世界地图

“毛罗地图”是威尼斯修士弗拉·毛罗(Fra Mauro)于1449年绘制的世界地图。毛罗是慕拉诺岛修道院的制图家,管理着一个高效的制图作坊,活跃在15世纪的制图界,被誉为“无与伦比的地理学家”。他在当时最杰出的航海图绘制者之一比扬斯的协助下,花费了3年时间,绘制完成了“毛罗地图”。这幅地图尺幅巨大,直径有1.9米,细节用天青石色和金色树叶加以强调,“兼顾了恢弘壮丽的美感、高度精确的绘制,以及有价值的信息”[1]。毛罗地图的远东部分,是根据《马可·波罗游记》的介绍绘制

---

① [英]杰里米·哈伍德:《改变世界的100幅地图》,生活·读书·新知三联书店,2010年版,第56页。

的。毛罗地图上中国的城市标出了城墙和塔楼的建筑;对汗八里的注释,说那里的住房要比欧洲的城市多得多;在图上各地的注文中,说明了中国各地生产的物品:金、银、瓷器、糖等;画出了汗八里到泉州的交通线。中国的两条大河也首次被绘制出来,并具有一定的准确性。这也是西方地图中第一次标示出日本的地图。毛罗因为这幅地图被称为"地理大发现时代的先驱者"。而有的学者则说,毛罗的"整幅地图成功地表达了《马可·波罗游记》的可信服性"。裕尔指出,毛罗的地图还受到尼科罗·康蒂(Nicolò de Conti)的启发。康蒂是威尼斯人,同马可·波罗等人并称为中世纪西方"四大旅行家"。裕尔说,康蒂在完成远东之行回到威尼斯后,毛罗曾与之相见,并接受了毛罗修士的反复询问。[①]

中国的地图制作方法是在元代传入欧洲的。航海图绘制源于我国晋代地图学家裴秀用经纬线表示地理方位的"分率制图法"。裴秀作《禹贡地域图》,开创了中国古代地图绘制学。李约瑟称他为"中国科学制图学之父",是与欧洲古希腊托勒密齐名的世界古代地图学史上东西辉映的两颗灿烂明星。裴秀的"分率制图法"后来传到波斯和阿拉伯世界。在此之前,欧洲的制图学由定量制图退回到宗教寰宇观支配下的"寰宇图"制图法,整个世界被绘成一个圆盘,坐标完全废弃,习称"轮形地图"。在8到11世纪,阿拉伯地图绘制也有此种倾向,趋于几何图形化。中国的制图学传入后,促使阿拉伯制图学重新走向网格化,并对欧洲实用航海图的广泛产生与应用起了促进作用。14世纪初意大利人受阿拉伯人这种绘制航海图方法的启发,开始结合罗盘的方位线用分率制图法绘制航海图。无论是商船还是军舰远航都需要备有线路图、航海图和指南针,这三项成果被称为中世纪航海业的"三项技术革命"。

13世纪下半叶,欧洲的航海家得到中国航海家绘制的印度洋航海图。这种航海图为远洋航行提供了进一步的便利。据记载,法国国王路易九世在1270年乘意大利热那亚船从法国南部港口艾格莫特启程,跨地中海赴北非的突尼斯。船沿意大利西海岸南行6天后,乘客们仍没有看到撒丁海岸。国王有些担心,这时船上的官员向他出示地图,指出船现在

---

① [英]H.裕尔:《东域纪程录丛》,云南人民出版社,2002年版,第141页。

所处的位置,并说明他们正在靠近意大利南部的卡利亚里港。这是欧洲第一次提到在海上航行时使用海图。因为图上标有各地针位和观星数据,因而又被称为"针图"。①

1300年前后,实用航海图如雨后春笋般地在欧洲问世。现存最早的这类航海图大致在1280年左右就已出现,至今尚存且有年份可考的是1311年维斯康特所绘的航海图,图上有交叉的罗盘方位线、矩形网格和带刻度的边缘。不过出现在欧洲的网格航海图并不是对一向使用网格绘制、具有针路的中国航海图的简单模仿。意大利和西班牙的航海家不仅认识到罗盘在航海上的作用,而且将已经中断了1000多年的希腊人的定量制图学再度引入航海图的绘制中。正是由于罗盘的实际使用,促使欧洲的航海家重新注意到托勒密的坐标系统。这种使用罗盘方位线的航海地图,使得航海家能够精确地探索海岸的走向,绘制精密的地图。15世纪的欧洲航海图已经重新确立了托勒密的制图原则,到了杰拉尔德·麦卡托(Geradus Mercator,1512—1594)在使用圆柱正形投影法绘制世界大地图时,便奠定了现代地图科学的基础。麦卡托于1569年发表长202厘米、宽124厘米的世界地图。他在以投影法绘制的地图上,经纬线于任何位置皆垂直相交,使世界地图可以绘制在一个长方形上。由于可显示任两点间的正确方位,航海用途的海图、航路图大都以此方式绘制。而这些成就,正是由于受到中国航海家们传给欧洲的罗盘和航海图的启发而实现的。

2 中华文化对文艺复兴的影响

在元朝帝国所建立的这个混欧亚于一体的时代里,由于陆路交通和海上交通都十分畅达,人员来往十分频繁,中国通过印度和东南亚与欧洲的间接贸易,以及与欧洲威尼斯等地的直接贸易,马可·波罗等旅行家们的记述等,都使这个时期的中国文化在欧洲得到了一定的传播。"从马

① 潘吉星:《中国古代四大发明——源流、外传及世界影响》,中国科学技术大学出版社,2002年版,第498—499页。

可·波罗探险之日起,东方就在一定程度上向西方渗透,而且这种渗透给西方带来了积极的结果。”①

朱谦之指出:“中国哲学曾经通过17、18世纪的经济条件和欧洲接触,同样地在13世纪至16世纪,中国的重要发明即以阿拉伯为媒介,给欧洲文艺复兴物质的基础创造了条件。”②正是在这个中西交通畅通发达的时代里,中国文化的许多因素进入欧洲,在那里起到了不同程度而影响,甚至有一些至关重要的影响,参与了欧洲文化发展变迁的历史过程,或者对于这样的发展变迁起到了激励、刺激或启发作用。文艺复兴时期的许多重要事项,宗教改革运动、大航海和新航路的发现、哥伦布发现美洲大陆等,都间接地与这一时期中国文化的传播和影响有关。美国学者威泽弗德指出:

> 新技术、知识与商业财富催生出文艺复兴,在这一时期,欧洲重新发掘出他们以前拥有的、优秀文化中的某些部分,但更重要的是,他们吸收了来自东方的印刷、火药、指南针和算盘的技术。正如十三世纪英国科学家罗吉尔·培根所观察到的那样,蒙古人所取得的成功不仅仅源自其军事上的优越;更确切地讲,“他们通过科学手段取得了成功”。尽管蒙古人“热衷于战争”,但他们如此快的进步,是因为他们“将闲暇时间致力于哲学原理的研究”。③
>
> 在纸张和印刷术、火药和火器的普遍影响下,在航海指南针和其他海上装置的广泛使用下,欧洲人经历了文艺复兴,确切地说是新生,但它不是古希腊和古罗马世界的复兴,它是蒙古帝国的复兴,是欧洲人重新认识、变革蒙古帝国的遗产,使之适应自己的需要和文化的过程。④

---

① [美]J. J. 克拉克:《东方启蒙:东西方思想的遭遇》,上海人民出版社,2011年版,第25页。

② 朱谦之:《中国哲学对欧洲的影响》,上海人民出版社,2006年版,第26页。

③ [美]杰克·威泽弗德:《成吉思汗与今日世界之形成》,重庆出版社,2009年版,第12—13页。

④ 同上书,第289页。

除了“四大发明”之外，还有许多中国文化因素传播到欧洲。这些发明和发现对于欧洲人的生活改变都有一定的影响。“看起来，欧洲人生活的每个方面——科技、战争、衣着、商业、饮食、艺术、文学和音乐——都由于蒙古人的影响，而在文艺复兴时期发生了改变。除新的战争方式、新机器和新食物发生改变外，甚至在日常生活最世俗的方面也得到改变，例如，欧洲人转而改穿蒙古织物，穿短裤和短上衣，而不是束腰外衣和长袍，用草原式的琴弓去演奏他们的乐器，而不用手指去弹拨，并使用新风格进行绘画。欧洲人甚至捡拾起蒙古人的惊叹词‘呼累’(hurray)，当成一种虚张声势和互相鼓励的热情喊叫。”欧洲人“急切地吸收新知识，穿上新衣服，聆听新音乐，品尝新食物，几乎每个方面都享受着快速提高的生活水平。”①“蒙古人给欧洲人带来华丽的货物和奢侈的珍品。”“意大利作家但丁、薄伽丘和英国作家乔叟用‘鞑靼绸’‘鞑靼布’和‘鞑靼缎’等词汇，作为世界上最精美衣料的术语。当英格兰国王爱德华三世命令制造同其嘉德勋位最相配的150根吊袜带时，他指明要把它们染成‘鞑靼蓝’。很明显，这些术语不是指蒙古人制造的纺织品或染料，而是指经蒙古人买卖或来自蒙古统治区的纺织品或染料。”②

许多西方学者注意到这一时期从中国传入欧洲的马蹄铁、马具(胸带和套包子)和商船，说这是东方世界给予天主教欧洲的三份厚礼，以致打开了商业革命的道路。在东西贸易中，交通的畅达是最重要的前提条件。法国历史学家布罗代尔(Fernand Braudel，1902—1985)就曾指出，纵横交错的道路网和林立的城市构成地中海的统一性和共同的人文特征。陆路交通主要是依靠马匹和马车运送货物。从中国内陆一直延伸到欧洲的、横跨欧亚大陆的丝绸之路，以及欧洲自己的商路，跨山越岭，道路崎岖，如不钉上马蹄铁，马匹无法长途跋涉。欧洲原来驾驭牲畜的套具只有“牛轭”一种，使用“牛轭”的马匹只能拖动500磅重的货物，相当于拖动一辆仅坐两个人的小车。有了从中国传来的胸带和套包子这些高效马具，马就可以用上胸和双肩的力量，马的拉力一下提高了4倍，从而解决了马匹

① [美]杰克·威泽弗德：《成吉思汗与今日世界之形成》，重庆出版社，2009年版，第13、286页。

② 同上书，第286页。

陆路长途运输和马拉犁这些难题。

在造船技术方面，中国的一些传统技术也逐渐被欧洲人所采用。在1350年以前，地中海船只只有单桅船，后来受到中国的多桅船的启发，到1500年以后开始出现了三桅或四桅船。李约瑟曾特别提出，在1375年的加泰隆地图中已经画有三艘中国的多桅沙船。在《光明之城》一书中，有关于中国造船和航海技术的记载，其中写道，作者在泉州看到："中国的商船也是人们能够想象出来的最大的船只，有的有6层桅杆，4层甲板，12张大帆，可以装载1000多人。这些船不仅拥有精确得近乎奇迹般的航线图，而且，它们还拥有几何学家以及那些懂得星象的人，还有那些熟练运用天然磁石的人，通过它，他们可以找到通往陆上世界尽头的路，对于他们的天赋，愿上帝受到赞美。"[①]《光明之城》的手稿写于13世纪晚期，作者说他是在泉州看到这样景象的，虽然这部手稿当时没有发表，但来到中国和泉州的绝不仅仅是作者一人，还会有许多人看到和注意到这样的情况，他们也会把这些知识传回到欧洲。

朱谦之指出："在绘画和美术工艺上面，文艺复兴亦确曾受了中国的影响。如16世纪时，意大利……佛罗伦萨等地便有人仿制中国的青瓷器，这即是一例。"[②]安田朴曾经指出，通过蒙古的征服和中国文化的西传，在文艺复兴时代，中国的绘画艺术对欧洲产生了一定的影响。例如意大利画家马尔蒂尼（Simone Martini）于1328年作壁画《基多里西奥·达·福格利安诺》，在构图方面显然受到了中国横幅画卷的影响。这幅壁画的景物布置很有中国画风，旌旗营帐在山边仅露一角，栅栏成波状排列，营垒取空中鸟瞰的界画形式等，都具有中国绘画特色。另一意大利画家洛伦采提（Ambrogio Lorenzetti）画有一幅表现城乡风光的大型壁画，画幅左边画城市内亭台楼阁、百业繁荣、歌舞升平之景，图中央以一道城墙隔开，画幅右边展现田野风光、农耕收获、山川林木等，在布局和画意方面颇似中国名画《清明上河图》。马尔蒂尼和洛伦采提很可能从传入欧洲的中国工艺美术品中表现的一些传统画风受到某种启迪。安田朴曾经指

① [意]雅各·德安科纳：《光明之城》，上海人民出版社，1999年版，第152页。

② 朱谦之：《中国哲学对欧洲的影响》，上海人民出版社，2006年版，第51页。

出，中国艺术曾经对洛伦采提等人的锡耶纳艺术派别的形成有过一定的影响。他指出："元代艺术和甚至是宋代艺术通过旅行家与方济各会士们对14世纪的欧洲艺术、尤其是对锡耶纳绘画的复兴远距离地施加了影响。""在造型艺术领域，似乎是一种具有选择性的相似性、一种'先定和谐'使得文艺复兴时代的意大利毫无困难地吸收了向它揭示的这种中国艺术。"[①]另外，达·芬奇的名画《蒙娜丽莎》，其背景之山水，乃酷似中国山水画中常见的泉石景物。马披（Gunewad Mappe）的《圣安东尼的诱惑》中山石的敷毫，亦大有华风。威泽弗德这样概括这一时期中国美术对于文艺复兴艺术的影响，他说：

> 意大利文艺复兴时期的艺术和蒙古帝国之间的关系是不可否认的。欧洲艺术家从蒙古引进的中国、波斯艺术中借鉴题材和手法。艺术家们把蒙古人置于各种基督教绘画中，突出他们与众不同的服装、头饰和大弓。中国的素描画经过蒙古的商业活动而流行，以这种风格描绘的马，开始出现在欧洲艺术品中。这些画面表明，欧洲人在描绘多石峭壁和树木时受到亚洲风格的巨大影响。欧洲艺术，在整个中世纪都是平面化和线性化的，如今它成为一种混合物，既非严格意义上的欧洲风格，也不是严格意义上的亚洲风格：这种以深刻、明亮、纺织和骏马为主要特色的艺术，最终成为闻名远扬的文艺复兴艺术。[②]

李约瑟也提到这个问题，他说：

> 中国文化对中世纪后期的欧洲艺术和文艺复兴也有显著影响，特别是在意大利，因为马可·波罗曾回到那里。亚洲人物画的特色和画面的风格，在这一时期对托斯坎（Tuscan）的绘画发生过影响。亚洲的美术品也传入了欧洲。教皇死后，也像一千年前巴尔米拉的

① [法]安田朴：《中国文化西传欧洲史》，商务印书馆，2000年版，第165、161页。

② [美]杰克·威泽弗德：《成吉思汗与今日世界之形成》，重庆出版社，2009年版，第289—290页。

贵族死后一样，穿着中国丝绸衣服殡殓。[①]

在这一时期，中国的形象进入欧洲作家们的视野，虽然他们对于这个遥远的“契丹”的了解和认识还是很肤浅的、模糊的。在英国作家乔叟(Geoffrey Chaucer，约 1343—1400)的《坎特伯雷故事集》中就多次出现过“契丹”和蒙古大汗的形象。《坎特伯雷故事集》描写一群香客聚集在伦敦一家小旅店里，准备去坎特伯雷城朝圣。店主人建议香客们在往返途中各讲两个故事，看谁讲的最好。故事集包括了 23 个故事，其中有的故事讲到蒙古的大汗，这个故事说：“在鞑靼国内萨雷地方曾有一个国王，带兵攻打俄罗斯，因而许多勇士都战死了。这个国王名叫成吉思汗，在他那个时期，他的声誉和才能，超过了任何一国的帝王。凡是帝王所应有的一切品质他都齐备。他出生于哪一教就始终诚信着，立誓尊奉；他又勇敢、贤明、富有、守信、遇事仁爱、公正、生性稳健、像大地的中心一般；他人年轻、活泼、坚强、善良，如任何一个武士。一表人才，是幸运的受宠者，永远保持着他高贵地位，举世无匹。”[②]在乔叟的故事中，成吉思汗还出现在宴会上，其场面与鄂多立克、曼德维尔等人的描述十分相似。他写道：“成吉思汗穿戴起皇冠盛服，高坐宫廷，华筵礼庆，世上再没有这样华贵的了……不料，在上过三道菜之后，国王正高坐席上倾听歌手的弹奏，忽而由门庭进来一个武士，骑着一匹铜马，手中拿的是一面宽大的玻璃镜。大指上戴了一只金戒指，身旁挂着明剑。他一径骑到高席前面。这时全庭无声。”[③]

意大利作家薄伽丘(Giovanni Boccaccio，1313—1375)的《十日谈》中也有关于契丹的故事。《十日谈》叙述 1348 年黑死病流行时，10 名青年男女在乡村一所别墅避难，他们每人每天讲一个故事，10 天讲了 100 个故事，其中许多故事取材于历史事件、中世纪传说和东方故事。第十天的故事都是宣传人类美德的故事，其中第三个故事发生在契丹。故事说：

---

① [英]李约瑟：《中国科学技术史》第 1 卷《导论》，科学出版社、上海古籍出版社，1990 年版，第 172 页。

② [英]乔叟：《坎特伯雷故事集》下卷，上海人民出版社，1979 年版，第 544 页。

③ 同上。

“如果那些到过契丹的热那亚或其他地方人回来后的叙述可信的话，那么有一件事该是千真万确的，这就是，契丹有一位门第高贵、富裕无比的人，名叫纳坦。他有一所房子，就在一条交通要道旁边，凡是前往东方的西方人，或者前来西方的东方人，都要走这条大道。他为人慷慨大度，很想干一番事业，以便出名。于是他请来好多工匠，在很短的时间内建起了一座十分富丽的大厦，其豪华真是前所未见，里面的陈设也极讲究，足可款待天下各色宾客。而且他的家里仆役众多，不管什么人到达那里，都会受到热烈隆重的款待”。①

3 中华文化改变了欧洲人的世界观

这一时代中国文化对于欧洲文艺复兴运动的影响，不仅仅在于物质方面，也不仅在于技术和艺术方面，还更应注意到对于欧洲人思想观念的影响。虽然，我们现在还没有资料显示，在这一时期中国的哲学思想是否在欧洲有过传播，比如在17世纪以后来华的传教士们所做的那些工作。但是，我们知道，这一时代，由于这种全面开放的态势，大规模的人员和物资交流，地理空间的开拓，都使欧洲人在思想观念上发生了深刻的变化，而这正是引发文艺复兴运动的思想基础。在元朝帝国时代，形成了一个全球文化的新趋势，这个新的全球性文化经过几个世纪的发展，已经成为现代世界文化发展的基础。而在当时，欧洲人就从这个全球文化体系中学到了很多东西。许倬云指出：

> 蒙古远征西方，它分散的地区很远，影响其他地区远比中国还深远。直到后来，俄国的建立和印度莫卧儿王朝的建立皆是受蒙古留下来的影响所致。如果跳出中国的圈子来看这个问题，便能发现它的波澜更壮阔，而对解释世界一些地方的现象也更有趣。中国在当时世界上的地位，便可以由此清楚地了解到它的特殊环境——它一

---

① [意]薄伽丘：《十日谈》，译林出版社，1993年版，第702—703页。

方面是保存中国的单元，一方面又是整个东方世界的一环。[①]

威泽弗德说道：

> 蒙古帝国的观念促使欧洲觉醒，产生出有价值的新思想。从马可·波罗的旅行笔记，到乌鲁伯格详细的恒星表，这些新知识表明，欧洲人早先接受的许多古典知识都是完全错误的，与此同时，它们又开辟出智力开发的新途径。蒙古帝国靠的不仅仅是技术，在很大程度上它是基于新观念和新方法，以此来组织安排公共生活，这些观念在欧洲激发出新思维和新实践。蒙古帝国的一般原则——纸币，国家高于教会，宗教信仰自由，外交豁免权和国际法等，都是具有重要意义的新观念。[②]

这些新观念都不同程度地被接受并发生影响，并直接地改变了欧洲人的许多观念，成为引发文艺复兴运动的思想基础。艾兹赫德说，在这个时代，欧洲"没有什么能给予中国的，但从中国拿来的不仅是消费品，而且还有其他东西，像技术、工艺、组织结构、思想和视野。这种接受性，或者说获得性，反映了欧洲不仅取得了进步，而且在进步的方式上也取得了进步。……从中国获得的东西被称为 14 世纪欧洲革新的重要因素。"[③]

欧洲人世界观的变化，首先是地理观念的变化，是"世界眼光"的扩大。在这里需要再提一下马可·波罗的作用。马可·波罗的同时代人、帕达大学教授皮埃特罗·达巴诺(Pietrod Abano)在 1310 年出版的一本书中说，威尼斯的马可·波罗是他以前认识的游历最广的旅行家和最勤勉的探索者。马可·波罗的游记大大开阔了当时欧洲人的地理视野，在他们面前展示了一片宽阔而富饶的土地和国家，引起他们对于东方的浓厚兴趣。雷蒙·道森指出：

---

① 许倬云：《中国文化与世界文化》，广西师范大学出版社，2006 年版，第 16 页。

② [美]杰克·威泽弗德：《成吉思汗与今日世界之形成》，重庆出版社，2009 年版，第 288 页。

③ [英]艾兹赫德：《世界历史中的中国》，上海人民出版社，2009 年版，第 157 页。

> 在14世纪,欧洲某些思想最活跃的人开始按这位威尼斯旅行家提供的知识塑造其世界观。早在地理大发现之前,欧洲从前以欧洲和地中海为界的视域展宽了,包括了世界上大片新的地区。[①]

中世纪晚期欧洲地理学的发展,在很多方面得益于马可·波罗。例如在1320年马里诺·萨努托(Marino Sanuto)的世界地图中,新的地理资料多取自《马可·波罗游记》。再如前面提到过的,1375年的加泰隆地图,更是以它为主要参考书而绘制的,成为中世纪最有科学价值的地图。这个地图打破了宗教谬说和"天圆地方"说,"摆脱了中世纪地图学的幻象,构成了欧洲思想文化史上的一个重要里程碑。"[②]14世纪末,人文主义者默多克·班迪诺(Domenico di Bandino)说马可·波罗是"对东方海岸最勤奋的调查研究者",说《马可·波罗游记》是"涉及东方行省的位置、风俗和环境的赏心悦目的书"。以后的地图也大都以《马可·波罗游记》为依据而制作。如1410年的博尔贾地图,1442、1448年的约翰·勒伊斯地图,1459年的毛罗地图,1538年的默凯特地图等,大都取材于《马可·波罗游记》。约翰·勒伊斯宣称,他的地图中包括了很多东亚内地的地形图,"他没有按照马里纳斯和托勒密的理论,而是在吸收一些较新的报告内容的基础上完成了地图的绘制,尤其是借鉴了《马可·波罗游记》中的一些内容。"[③]1492年马丁·毕海姆(Martin Behaim)的《地球仪》也是以《马可·波罗游记》为基础,他宣称《地球仪》表示整个世界,即托勒密所描述的那部分地区和促使马可·波罗记录下来的其他世界。

苏联历史学家马吉多维奇在《世界探险史》中指出:"14—15世纪里,马可·波罗的书成了当时人们绘制亚洲地理图的指导性文献之一。""马可·波罗的书在地理大发现的历史上发挥了极大的作用。不仅15—16世纪葡萄牙和西班牙首次探险活动的领导者和组织者使用了在波罗强烈影响下绘制的地图,而且,马可·波罗的书还成了许多著名天文学家和航

---

① [英]雷蒙·道森:《中国变色龙——对于欧洲中国文明观的分析》,中华书局,2006年版,第23页。

② 同上书,第23页。

③ 引自[美]劳伦斯·贝尔格林:《大旅行家马可·波罗传》,海南出版社,2010年版,第294页。

海家——包括哥伦布——手边的必读之物。"[①]赫德逊指出:"确实可以说,马可·波罗一家在哥伦布之前就已经为中世纪的欧洲发现了一个新大陆。这一发现对欧洲人的思想习惯有着深远的影响。地理观念上的革命恰好与最早用于实际而又科学的地图的出现相吻合,即意大利和西班牙加泰隆的地图;这些新知识就被吸收到根据航海图而得出的一个知识体系之中。所有已知的东西都得到明确的规定,各地之间的相互联系都一目了然而且准确无误,那是由走向征服未知世界的道路的性质所决定的。新时代的思想已越出了欧洲和地中海地区。"[②]

赫德逊还指出了马可·波罗这个时代欧洲人地理观点的进步,不仅仅是马可·波罗,还有其他旅行家们,还有往来于大陆两端的商人们,还有征服欧亚大陆的蒙古铁骑,他们一起改变了欧洲人的地理观念,向他们展现出一个超出了他们历史视界的世界。他写道:

> 欧洲的旅行家们在蒙古帝国时代对中国的描述仍有深远的心理作用,改变了拉丁基督教对 Weltpolitik(世界政治)观的平衡点。在这方面,十四世纪标志着进步,不仅超过了中世纪初期,而且超过了古典时代。通常总是把哥伦布的美洲航行当作"地中海"时代和"大洋"(Oceanic)时代的分界点。但是从认为所有其他海洋都不如地中海的那种看法到"大洋"观点的心里过渡,却是在哥伦布以前两个世纪就已经开始,是在鞑靼人统治下的和平条件下发现了叙利亚以远的亚洲地区广大的面积、人口和财富以及发现了印度洋和太平洋海上交通范围和数量的结果。……在十二世纪,欧洲人对地中海地区以外的亚洲和非洲极少有什么知识,大多数地图都把耶路撒冷置于三大洲的中心,地中海则从半路横穿自东而西的大陆块。但是在蒙古的征服以后,亚洲得到了全面的开辟,对它的形状和状况的了解有了高度的准确性;结果是拉丁人以地中海为中心的思想态度有了决定性的突破,他们产生一种被禁锢在世界一角的新感觉,是处于人类

① [苏]约·彼·马吉多维奇:《世界探险史》,世界知识出版社,1988年版,第90页。
② [英]赫德逊:《欧洲与中国》,中华书局,1995年版,第137页。

> 事务的边缘而不是它的中心。旅行已经揭示了在亚洲东部有一个帝国，其人口、财富、奢侈和城市的伟大均不仅是等于而且超过了欧洲的规模。抓住了拉丁欧洲的想象并改变他的思想观点的，更多的是去中国的旅行。[①]

到16世纪下半叶，《马可·波罗游记》被普遍认为是真实可信的了，并且得到了广泛的传播，而这一时期《游记》的传播，主要是基于它的地理学性质，对于人们探索新世界的活动和地理学知识的扩展起到了重要的作用。18世纪末的历史学家威廉·罗伯特逊（William Robertson）在《古人有关印度知识的历史研究》中曾对启蒙思想的态度加以总结，他认为《马可·波罗游记》是迄今为止对东方所作的最全面的观察，是欧洲人所给的最全面的描述。

关于这一时期中国文化传入欧洲对于文艺复兴运动的影响，朱谦之总结说：

> 文艺复兴是一个伟大的变革的时代。在这个大时代产生之前，13世纪以来，欧洲即有许多教士、商人、外交使者、游客等不绝东来，使欧人对于中国渐渐有亲切和明了的认识。……如地理上的大发现，美的与物质的生活之愿望，自由研究之精神，不知唤起了欧洲中世纪的多少迷梦。而且欧洲的文艺复兴，借助于阿拉伯人，输入中国的重大发明，造成了极端有力的技术条件。所以平心而论，中国对于文艺复兴还是贡献不少，这种贡献在欧洲一旦生了根，就也“为18世纪的唯物主义作了准备”。[②]

所以，我们相信：

> 在西方文艺复兴的背后，屹立着东方。[③]

---

① [英]赫德逊：《欧洲与中国》，中华书局，1995年版，第134—135页。

② 朱谦之：《中国哲学对欧洲的影响》，上海人民出版社，2006年版，第54页。

③ [英]约翰·霍布森：《西方文明的东方起源》，山东画报出版社，2009年版，第120页。

第二部分
东方的海岸线

海的那一边，
新航路上的欧洲冒险家和探险家倚门而望：
早期的印象和中国的纪事

第五章
寻访东方与大航海时代

一　大航海时代来临

1　寻访东方:开辟新航路的意志灵魂

元朝帝国时期,欧洲一直与东方有着贸易往来。当时,东西方贸易商路主要有三条:一条是陆路,由中亚沿里海和黑海到达小亚细亚,在中亚与陆上丝绸之路联接起来。另外两条是海路(或海陆并用),一条是先从海道抵红海,然后再由陆路至埃及的亚历山大港;另一条是由海道入波斯湾,然后经两河流域到地中海东岸叙利亚一带。这两条海路都接续海上丝绸之路。当时,地中海特别是西地中海的贸易主要由意大利商人把持,而地中海东岸一带的贸易则由阿拉伯商人所垄断。

无论是路上的丝绸之路,还是海上丝绸之路,都是东西方交通的大通道,往来的商队相望于道。特别是《马可·波罗游记》问世以后,中国乃至整个东方的财富,好像神话一样,使欧洲的贵族、商人和冒险家们醉心向往。这被说成是"远方契丹的诱惑"。

但是,到了14世纪后期以后,中西之间传统的贸易路线却受到了严

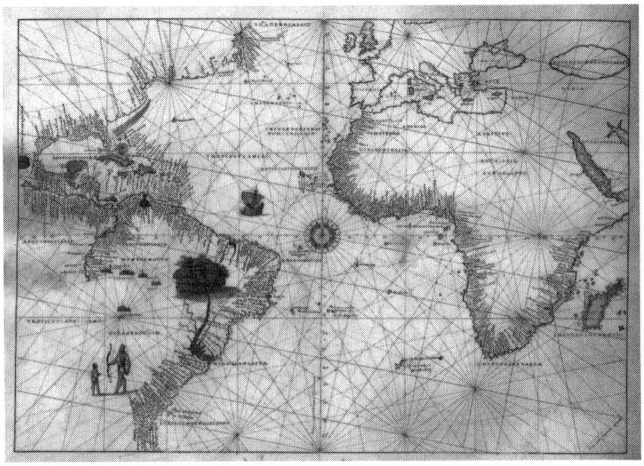

1553年绘制的世界航海图,威尼斯美术馆藏。

重的阻碍。首先是14世纪中叶,帖木儿在中亚地区建立的帝国,隔绝了中西交通。继而是发生在1453年的奥斯曼帝国攻陷君士坦丁堡,吞并了东罗马帝国的大部分领土,控制了红海、波斯湾和黑海通往地中海的交通线,向过境各国商人勒索大量捐税,垄断了欧洲同东方的贸易,还进行海盗劫掠活动,使运抵欧洲的商品数量大减而价格暴涨,一般商品价格上涨8—10倍。

此外,欧洲和东方在陆路的商贸往来,长期受制于埃及卡拉米商人和阿拉伯骆驼队商。陆上运输的迟缓、运费的昂贵和缺少安全的保证,已越来越不能适应欧洲市场的需要了。

然而,虽然传统的交通贸易路线受到阻隔,但是欧洲人并没有丢掉一切。幻想和希望依旧存在。欧洲上层社会把东方奢侈品看成生活所必需。欧洲人所知道的关于"契丹"(他们那时对中国的称呼)和印度群岛的事,使他们记忆深刻;他们已经取得的成就,刺激了他们的野心。如果他们不再能安全地走旧的陆路,他们一定要找出到印度群岛和到契丹去的新的水路。欧洲各国贵族、商人急切地希望寻找到一条摆脱阿拉伯人、绕过地中海东部的新航道。他们认为,一旦找到不经地中海的新航道,东方货物所缴纳的通行税就只需过去的八十分之一。

寻访东方仍然是挡不住的诱惑。从15世纪中叶开始,西欧诸国掀起了开辟全球性海上新航路的探险热潮。

于是，欧洲人开始寻找通往东方的新途径，有了一系列寻找新航路的海上探险活动。正如有的英国学者说的那样，探寻契丹确是冒险界这首长诗的主旨；是数百年航行业的意志灵魂。所以，“十五世纪时整个欧洲的商人和船员们都在推测去东方的新路。”①

2　发现通往东方的新航路

在这个时代的海上探险活动中，葡萄牙人充当了先锋。葡萄牙位于欧洲的西南角，在 14 世纪和 15 世纪上半叶，葡萄牙的船队已经沿着非洲曲折的海岸走了相当远。15 世纪初，葡萄牙人已达非洲西北海岸，1415 年，为了对北非摩尔人作战和商业的需要，葡萄牙人占领了非洲西北的重要海港休达（位于直布罗陀海峡南岸）。从此，葡萄牙几乎每年都从圣芬生湾沿非洲海岸向南探航，休达则成了葡萄牙寻找航道和最早进行侵略的据点。

达伽马从里斯本启程探寻通往亚洲的航线

当时他们形成了这样一个概念：也许再往前一些，海岸会向东转，到印度和契丹的路就会通了。1428 年，亨利（Henry）王子的兄弟佩德罗亲

① ［英］赫·乔·韦尔斯：《世界史纲——生物和人类的简明史》，人民出版社，1982 年版，第 839 页。

王(Princ Pedro)在访问威尼斯之后带回到葡萄牙一本《马可·波罗游记》和一张世界地图,上面描绘了世界上所有地区,给亨利王子很大启发。亨利王子建立了人类历史上第一所国立航海学校。他的麾下聚集了不同民族、不同种族的专家、学者。他们制成了排水量在100吨左右、便于逆风迂回行驶的坚固帆船,掌握了使用指南针、天文仪器和海图的技术,拥有完整的航海资料和一批富有经验的航海家,还能绘制出世界的概略地图。亨利王子自己从未直接参加远航探险,也未写过航海方面的著作。但他是最早一位有计划地进行海上探险的组织者,并把毕生精力和全部财产用于这一事业,由此他得到了"航海家"的称号。

达·伽马的卡拉维尔帆船,16世纪绘画。

亨利王子相信,非洲是可以绕过的大陆,在某个地方必定存在着一条尚未被发现的通向印度的海上通道。于是,葡萄牙人沿着非洲西海岸,一路向南。1418年,亨利派出一支探险队,沿着西非海岸航行,到达马德拉群岛的波尔土一散土岛,1419年占领了马德拉群岛,1432年占领阿速尔群岛,1434年,葡萄牙船只驶过博哈多尔角,很快到达今西撒哈拉的一个小小的海湾,认为这个海湾就是欧洲人长期以来要找的"金河",把这个不毛的沙漠之区取名为"里奥德欧罗"(葡语意为"金河")。此后,葡萄牙人还先后到达了佛得角和几内亚,占领了"象牙海岸""胡椒海岸""奴隶海岸"和"黄金海岸",并在加纳建立军事据点。

1487年,葡萄牙航海家巴托罗缪·迪亚士(Bartholmeu Dias,约1450—1500)进行了更远的南航。当他的船队靠近非洲大陆南端时,强大的风暴把船只吹离海岸，滔天巨浪几乎把他们吞没。十几天后，迪亚士掉转船头，先向东，再向北航行，终于在南非的莫塞尔湾靠岸，看到了太阳从他们的右边升起。这时候，他们已经进入了印度洋，绕道非洲南端通往印度的航道实际上已经打通了。回航途中，通过非洲南端的尖角时，狂风猛烈，天气恶劣，他把它叫做“暴风角”。当他回来汇报他的发现时，葡萄牙国王说，应该把它叫做“好望角”，因为现在他们有了到达印度的良好希望了。

1497年，葡萄牙政府组建和装备了一支舰队，去探索由葡萄牙起绕过非洲前往印度的海上航道。葡萄牙贵族瓦斯科·达·伽马（Vasco da Gama，1460—1524）率领一支由4只帆船组成的舰队，从里斯本出发，沿迪亚士走过的航道航行。11月，达·伽马一行绕过好望角，进入印度洋。次年3月，到达非洲东岸莫桑比克。船队继续北航至肯尼亚的马林迪（Mallindi）。马林迪酋长为达·伽马提供了一名优秀的导航员，他就是出生于阿拉伯半岛的航海家艾哈迈德·伊本·马吉德（Ahmad ibn Mājid，1421—1500）。马吉德有着丰富的航海经验，更重要的是他还熟悉阿拉伯人和印度人之间的贸易情况。4月24日，达·伽马的船队从马林迪启航。他们沿着阿拉伯海员和中国海员早就熟悉的航线，乘着季风渡过浩瀚的印度洋。1498年5月28日，达·伽马率领的葡萄牙舰队在印度西南部大港卡利卡特城附近的一个停泊场抛下了锚。

欧洲人梦寐以求的印度找到了！通往东方的新航道找到了！

1502年2月，达·伽马再次奉命前往印度，并建立葡萄牙在印度洋上的霸权地位。达·伽马于1503年回国，但他在印度海域留下了5艘船只，从而使亚洲海面上出现了第一支欧洲的长驻海军力量。

从此以后，葡萄牙的船只就经常取道好望角驶向东方，回去的时候满载着香料、丝绸和珠宝等贵重货物。他们还占据了锡兰、苏门答腊、爪哇和香料群岛。1517年他们到了中国广州，1542年他们进入日本。

葡萄牙人发现通往印度航路的重大意义，不仅改变了人们的地理概念，开始认识前所未知的世界，而且也改变了东方和西方之间的关系。新航路的开辟，使世界贸易的中心和文化传播的中心从地中海转到了更加辽阔的大西洋和其他海洋的沿岸。而对于葡萄牙人来说，可以说他们是在一眨眼的功夫,便从阿拉伯人手中夺去了印度洋的“海上霸权”。

3 哥伦布寻找东方,却发现了新大陆

当葡萄牙人向东寻找一条绕过非洲到印度去的新的全程水路时,西班牙人则开始了向西航行。当时的欧洲人已经普遍接受了地球是圆的观念,并且相信海洋绕过欧洲和非洲向印度和中国伸展,但是并没有人想到还有美洲大陆横在中间。那么,渡过大西洋向西直驶,也许可以更容易更迅速地到达东方,正是这种想法鼓励着哥伦布创造了世界探险史上最精彩的一章。哥伦布没有到达东方,却发现了美洲新大陆。

哥伦布发现美洲

哥伦布远航的计划,和这个时代的探险主旨一样,就是要到东方来。哥伦布在出发前曾仔细读过《马可・波罗游记》,他的日记中曾屡次提到。哥伦布读过的《马可・波罗游记》至今保存在里斯本,边栏上有哥伦布作的许多摘要。

据说,哥伦布为了寻找通往东方最短的航线,曾于1474年请教过佛

罗伦萨著名的天文学家和地理学家保罗·托斯堪尼里(Paolo dal Pozzo Toscanelli)。早在15世纪中叶,在佛罗伦萨曾召开过一次宗教大会。来自不同教派的宗教界人士济济一堂,谈论着世界各地的消息。这位托斯堪尼里可能同刚刚从东方回来的意大利旅行家康蒂见过面。他得到一幅地图,上面有一条神秘的北方航路,传说沿着这条航路可以直抵大汗的国土,即马可·波罗所说的契丹与蛮子国、汗八里和杭州城。他在这次会议上介绍了这幅地图,并给葡萄牙国王的一位顾问寄去了一张海图和一封信。在信中他认为从里斯本一直向西航行,就能到达繁荣富庶的杭州城。葡萄牙国王没有把这近乎"谵妄"的书信和海图当回事。当哥伦布向托斯堪尼里请教时,他把自己这封信的抄件寄给了哥伦布。托斯堪尼里为马可·波罗的亲身游历所吸引,他在这封信中,满怀激情地描述了亚洲,尤其是中国的财富的商业潜力。托斯堪尼里在信中还指出,横渡大洋到达"香料之国"确实存在着一条最短的道路,这条道路要比葡萄牙人沿非洲海岸航行所要寻找的道路近得多。托斯堪尼里坚定地相信,从里斯本向西到达日本应航行的海域并不十分辽阔,距离也不十分遥远。当时哥伦布把自己的计划告诉了托斯堪尼里。托斯堪尼里在给哥伦布的第二封信中说,我认为你的从东向西的航行计划是符合我的地图要点的,而且是地球仪上清晰可见的伟大而崇高的计划。我高兴地看到,人们已经很好地了解我了。

在15世纪里,人们不知道如何划分地球表面上陆地和水域。托斯堪尼里把亚洲从西到东的面积几乎扩大了两倍。他计算,沿陆路从里斯本到达中国东岸的距离大约是地球的2/3。因为他认为,中国的沿岸城市杭州位于里斯本经线以东230°处。以此推算,他把南欧与中国相分的水域缩为1/3,因此他认为杭州位于里斯本经线以西130°处。他确定这个水域的宽度为地球圆周的1/3,就是说,按他的计算,不超过1.2万公里(折合现今的里程)。按托斯堪尼里的看法,面向欧洲的日本海岸离中国东海岸约2000公里。这样一来,从里斯本到达日本似乎只需航行不到1万公里。哥伦布根据15世纪一些流传较广的天文和地理书籍,对这种计算方法作了一些"修正",他得出的结论是,前往东亚最合适的航线是经过加那利群岛,似乎从加那利群岛出发向西航行4500—5000公里的路程就可以到达日本。按照18世纪法国一位著名地理学家的看法，哥伦布是以一个极大的错误导致了一次极其伟大的发现。

1492年8月3日，哥伦布在西班牙国王的支持下，率领3艘船和88名船员出发了。他随身还携带了一封西班牙国王给契丹大汗的信。到10月12日，哥伦布经过漫漫的航行，终于登上了美洲巴哈马群岛中的一个岛屿。但是，他绝没有想到这里离印度和中国还十分遥远。他相信他发现了就在亚洲海岸边东印度群岛中的一个岛。他把当地的土人称为"印第安人"(即"印度人"，Indians)。他们从此就一直被称为印第安人。

哥伦布回到西班牙后，向国王汇报他找到了印度群岛。此后他又三次回到美洲，携带商人和传教士、冒险家和殖民者，并且一直还在寻找日本王国、中华帝国、香料群岛和印度。他探测了加勒比海、委内瑞拉和中美洲沿岸，但哥伦布死的时候还不知道他已发现一块新大陆这一事实。他至死还相信他环绕世界航行到了亚洲。

4 麦哲伦环球航行

到16世纪初，人们终于认识到，从欧洲向西航行去东方的大洋上，横亘着新大陆这个屏障。为了在这个屏障上找到一个缺口，航海家们进行着不懈的努力。已经在西印度群岛站稳脚跟的西班牙，希望把这里作为前往东方的立足点。此外，根据1494年的托德西利亚斯条约，西班牙和葡萄牙对新世界的主权以佛得角群岛以西370里格(约1200海里)处的南北向直线为分界线，这条线还应延伸到地球的另一边。但当时没有人知道，在已发现的新大陆与亚洲之间还有什么，地球那一边的分界线将如何划出。为了弄清这些问题，还必须进行新的探索。

西班牙国王多次派出探险队，试图绕过新大陆去东方，但新大陆如巨墙一般挡住了前进的道路。终于，一个葡萄牙贵族来到西班牙，并以西班牙的名义，完成了绕过新大陆到达东方的伟业。

1519年至1521年，麦哲伦(Fernando de Magallanes，1480—1521)的船队进行了人类历史上第一次环球航行。

当时，欧洲许多冒险家正在探索美洲和亚洲之间的航线。1513年，西班牙人巴尔波亚越过巴拿马地峡发现“南海”（即太平洋）。1514 年，葡萄牙人列什波亚宣称在南纬 40 度找到通往“南海”的“海峡”。

费尔南多·麦哲伦是葡萄牙的航海家。1505 年，麦哲伦参加了亚尔美德的远征队，先后在印度、马六甲、印度尼西亚等地进行殖民活动，具有丰富的航海经验。他曾四次绕过好望角，他会准确使用航海仪器，他对东方海洋的了解和对航海知识的掌握，在整个葡萄牙除了达·伽马之外，是无人可比的。他从摩鹿加群岛（今马鲁古群岛）以东是一片汪洋大海而推测出，继续往东走将是哥伦布所到过的地区，在美洲和亚洲之间必然有航道可通。

1515 年和 1516 年，麦哲伦拟定了一个从欧洲西行绕过南美，再向西渡过“南海”，驶往摩鹿加群岛的计划。他确信在大西洋和新发现的南方的海洋之间有一条海峡，他能够找到它并通过它实现环球航行。麦哲伦把这个计划提交给葡萄牙国王。然而，这个计划被葡萄牙国王拒绝了。1517 年，麦哲伦到了西班牙，把西航前往摩鹿加群岛的计划呈交给西班牙国王，获得了西班牙国王查理一世的支持。

与他一同投奔西班牙的，还有他的朋友、学者鲁伊·法莱罗。此人虽未上过船，但被认为是天文学和制图学方面的权威。他发明了自己的经度计算法，制作了可能是当时最好的海图和航海仪器，并为麦哲伦后来的事业提供了巨大帮助。

1519 年 9 月 20 日，麦哲伦率领一支由 5 艘旧船和 265 名船员组成的船队，从西班牙塞维利亚城的圣卢卡尔港出发。船队越过大西洋，沿巴西海岸南下。10 月 21 日，船队在南纬 52 度找到一个海峡。这时只剩下 3 艘船的麦哲伦船队，用了 28 天时间通过了这个海峡，进入了浩瀚无边的“南海”。后来人们把这个海峡叫做“麦哲伦海峡”。麦哲伦船队在“南海”上航行了 3 个多月，一路上风平浪静，麦哲伦便把“南海”改名为“太平洋”。

1520 年 3 月 6 日，船队到达马里亚纳群岛。这是欧洲人从未到过也从未提及过的一个群岛。3 月 16 日，船队抵达菲律宾的萨马岛。在这里，当年麦哲伦在马六甲买的一个奴隶、这次随他远航的仆人，听到了自己的母语。麦哲伦意识到，他已到达了 12 年前他随同达·伽马的船队绕过非洲到达的马来语地区。他终于找到了向西航行通向东方的航路，而这是哥伦布和其他许多探险家所未能找到的。他实际上已经完成了环球航行。

4月27日，麦哲伦在同马克坦岛的土著发生冲突时被杀。麦哲伦死后，船员们分乘剩下的两条船，于11月8日抵达印度尼西亚东北部的马鲁古群岛，即摩鹿加群岛，也就是欧洲人梦寐以求的“香料群岛”。在这里又留下了一条必须修理的帆船，只有“维多利亚号”一条船横渡印度洋，绕过好望角，于1522年9月6日回到西班牙的圣卢卡尔港。

新航路是欧洲人的发现，是他们艰苦探寻的结果。但是，远在欧洲人出现于印度洋之前许多世纪，中国人、印度人、阿拉伯人和马来人，在开拓印度洋和太平洋上的航路和航海技术方面已经取得了很大成就。这条航路把从中国东海、南海到中南半岛太平洋西部地区、印度次大陆、波斯湾、阿拉伯半岛，直到非洲东岸联系起来。在葡萄牙人发现好望角之前几个世纪，不同的东方人已经到过了那里。大约在1420年，一艘印度船经过了好望角，并且继续航行进入大西洋。后来为达·伽马进入印度导航的阿拉伯航海家伊本·马吉德曾经向西航行到好望角，然后沿着非洲西海岸，经过直布罗陀海峡进入了地中海。而且海岸线在船员手册中被详细地勾画出来。而中国的郑和船队在15世纪初到了东非海岸。还有证据表明，爪哇人也到过好望角。所以，在达·伽马开始远航之前，印度以及亚洲其他地区已经在亚非主导的全球经济中扮演重要的角色长达数世纪之久。

所以，“环球航路”的发现，应该说是西欧人在亚洲人多少世纪以来征服海洋的基础上，所做出的新的伟大贡献。

二　大航海与中国

1　葡萄牙与中国的最初接触

新航路开辟之后，最先抵达中国的欧洲人是葡萄牙人。葡萄牙人是西人东进的先锋队。

葡萄牙人沿非洲海岸绕好望角而抵达印度,终于开辟了欧洲与亚洲之间的新交通线。葡萄牙人即利用此新航路,开展与东方的贸易。香料和东方各种物产,大宗流入欧洲。葡萄牙首都里斯本一时成为欧洲重要商港之一。葡萄牙人利用其坚甲利兵,打败印度洋上阿拉伯人的商业势力,独霸东方海上。

16 世纪葡萄牙大帆船,
就是这种船往来于中国和葡萄牙之间。

16 世纪时,马六甲是南洋一繁盛的国际贸易中心。其时中国与马六甲的贸易联系也很频繁,常有中国商船来往其间。1511 年,在达·伽马抵达印度之后十多年,葡萄牙出兵占领马六甲,开始了殖民统治。而葡萄牙人在攻占马六甲这个远东门户的同时,也打开了通往中国南海、进入中国的大门。

葡萄牙人攻占马六甲时,有 5 艘中国商船停泊港中。葡领印度总督达布奎克(Jorge d'Alboquerque)即葡军占领马六甲的指挥者,留中国商船多住数日,并与中国船长交往,以了解有关中国的情况,预备日后与中国通商。达布奎克将在马六甲所见中国商人之种种情形写成报告,并拟就一份葡萄牙与中国通商的计划书,一并呈给葡萄牙国王。葡萄牙国王乃决意派遣使者,前来中国要求通商。

葡萄牙商人最早来中国者,始于 1513 年。当时限于中国惯例,不许外国人入境,故未能登陆,仅在屯门岛上交换商品。这些商人的行动属于私人性质,不是官方派遣的。1517 年,葡领马六甲总督选派国王的药剂师皮列士为官方使节,由安德拉德(Fernão Peres de Andrade)率领 8 艘武装舰船护送,于 1517 年 8 月 15 日抵达广州屯门港。此为葡政府正式通使中国之始。此时距达·伽马发现新航路只有 20 年。皮列士交涉不成,被投入狱中。皮列士著《东方志》,为当时欧洲人介绍中国的重要文献。

从马六甲驶来的葡萄牙商船

1518年,阿德拉德之弟西蒙·安德拉德(Simao de Andarde)又率舰队驶往屯门。西蒙·安德拉德擅自占据屯门岛,建筑棚寨,掠买人口,剽劫行旅,沿海乡村,横遭其祸,引起群情之愤。1521年9月,广东海道副使汪鋐奉命抗击,发生屯门之战,将占据屯门岛的葡萄牙人全部驱逐出境。不久,又发生新会的西草湾之战,葡人仍以失败告终。在1521—1522年,所有葡萄牙船只都被强行逐出广东海岸,同时明朝廷颁发一道圣旨禁止一切与"番鬼"的贸易。

葡萄牙人自然不愿意轻易放弃与中国贸易这样大有可图的机会,所以他们转而到福建和浙江沿海,进行走私贸易。宁波附近的双屿港、厦门湾南端的浯屿岛和月港等地,成为他们的临时性驻地。英国历史学家博克舍(C. R. Boxer)描述葡萄牙人的这一段历史说:

> 对于葡萄牙人来说,与中国的贸易是非常宝贵的,不经过一场斗争就让他们放弃这一新兴的、前途无量的市场是绝对办不到的。故而在随后的三十年内,佛郎机继续游弋于中国沿海,他们有时在地方

官员的默许下进行贸易，有时则完全不把地方官放在眼里。由于最初是在广东相当严厉的那道明王朝禁止其贸易的诏令，葡萄牙人便将自己的注意力转移向较北面的沿海省份——福建与浙江，他们在那儿隐蔽的、无名的诸岛屿及港湾内越冬。在那些暂时的居留地中，最繁盛的要数宁波附近的双屿港，以及位于厦门湾南端的浯港和月港。①

以后，葡萄牙人又乘中国开放海禁之机，在广东海岸的上川岛和浪白落等地进行走私和贸易活动。《万历广东通志》卷六九记载：

夷船停舶，皆择海滨地之湾环者为澳。先年率无定居，若新宁则广海、望峒，香山则浪白、濠镜澳、十字门，若东莞则虎头门、屯门、鸡栖。嘉靖三十二年，舶夷趋濠镜者托言舟触风涛缝裂，水湿贡物，愿暂借地晾晒，海道副使汪柏徇贿许之，时仅蓬垒数十间。后工商牟奸利者，始渐运砖瓦木石为屋，若聚落然。自是，诸澳俱废，濠镜独为舶薮矣。

《明熹宗实录》卷一一记载：

天启元年六月，广东巡按王尊德以拆香山澳夷新筑青洲岛具状上闻：按澳夷所据地名濠镜，在广东香山县之南、虎跳门外海滑一隅也。先是，暹罗、东西洋、佛郎机诸国入贡者附省会而进，与土著贸迁，设市舶提举司税其货。至嘉靖十四年，指挥黄琼纳贿，请于上官许夷人侨寓蚝镜澳，岁输二万金，从此雕楹飞甍，栉比相望”。

上川岛自唐宋以来就是中外海上贸易往来的必经之路。到此时，一时间商贾云集，成为葡萄牙与中国贸易的大集市。据葡萄牙的有关文献，

---

① ［英］博克瑟：《佛郎机之东来》，《中外关系史论丛》第4辑，上海译文出版社，1988年版，第292页。

在1552年记录，中国的上川岛成为葡萄牙与中国贸易的交汇点。利玛窦也曾指出："在澳门城兴建之前，上川岛是中国人与葡萄牙人的贸易地点。"[①]1552年沙勿略去世之前不久，在给满剌加的弗朗西斯科·佩雷斯神甫的信中说：

> 多亏我主的慈悲、怜悯，迪奥戈·佩雷拉（Diogo Pereira）的大船及所有乘客安全无恙地来到了上川港。在此我们遇到了许多其他商人的船只。上川港距广州30里格。许多商人从广州赶来此地与葡萄牙人交易。葡萄牙人不断与他们打交道，看看是否有人愿意带我去广州城。……大船离开上川港前往满剌加时，但愿我主上帝保佑将带去我们如何在广州受到接待的消息，因为从广州不断有船至此港。[②]

1517年葡萄牙人首次在广州登陆

到1553年，葡萄牙人获得了在澳门停留的权利，从此以澳门为据点，展开了对中国的大规模贸易活动。不过，有的学者指出："尽管找不到任

① [意]利玛窦、[意]金尼阁：《利玛窦中国札记》，中华书局，1983年版，第128页。

② 引自万明：《明代中外关系史论稿》，中国社会科学出版社，2011年版，第727页。

何记载，我们仍可以有把握地说，葡萄牙人从中国进口的商品中，只有不大一部分是运回到他们的祖国去消费的，因为他们完全可以在印度市场上把这些商品卖掉，有利可图……葡萄牙人只要经营中国与南亚的贸易，便可赚取厚利。南亚的物产在中国的售价要比在当地市场上的售价高出好几倍，反过来也一样。”①

关于葡萄牙人东来之影响，历史学家邓之诚指出：“葡人即抵印度，复东进而据锡兰、摩鹿加、爪哇、麻六甲诸岛。东方航权，遂操诸其手。中西势力之消长，此其关键焉。”②费正清则说：“葡萄牙是个只有 150 万人口的小国，但它的冒险家却奏响了中国与欧洲关系的总乐调。”③

2　澳门：中西文化的“交接处”

葡萄牙人在中国首先开辟了通商贸易关系，主要得益于他们取得了在澳门的居住特权，澳门成为他们远东贸易的一个主要据点。在 16—20 世纪之间，澳门成为欧洲与中国之间的第一个、也是最长久的一个“交接处”。法国学者佩雷菲特（Alain Peyrefitte，1925—1999）指出：“在这座中葡共管的城市里，远东和西欧的两种文化融在一起，它成为所有欧洲商货公司和传教士的‘大本营’。在将近两个半世纪里，澳门一直作为衔接两个世界的缓冲地。”④还有的学者指出，直到鸦片战争前夕，澳门是当时中国境内唯一的东西文化交流的中心，它在东西方交通中的地位，“大致相当于丝绸之路上的敦煌”。⑤

从 1513 年葡萄牙人最初到中国沿海，一直到 1553 年的这 40 年间，葡萄牙人在广东、浙江、福建等地进行贸易，大都是在官府巡船顾及不到的沿海偏僻港汊或岛屿上，与中国贩海私商在暗中进行的，属于中国政府

---

① 张天泽：《中葡早期通商史》，香港中华书局，1988 年版，第 66－67 页。

② 邓之诚：《中华二千年史》，中华书局，1982 年版，第 91 页。

③ [美]费正清、赖肖尔、克雷格：《东亚文明：传统与变革》，天津人民出版社，1992 年版，第 244 页。

④ [法]佩雷菲特：《停滞的帝国——两个世界的撞击》，生活·读书·新知三联书店，1993 年版，第 52 页。

⑤ 费成康：《重评澳门在东西方文化交流中的地位》，《学术月刊》1993 年第 8 期。

澳门港口

明令禁止的走私贸易。随着海禁的逐渐松弛,越来越多的中国私商驾船出海贸易,来华通商的外国人也逐渐增多。其中,葡萄牙人因为路途遥远,而且必须等待季风到来时才能离开中国,所以,他们曾经先后被允许在沿海附近的上川岛、浪白澳和壕镜澳(即澳门)等处搭寮越冬栖息,或与中国商民交易。1553年(嘉靖三十二年),葡萄牙少校莱昂尼·德·苏珊(Leonel de Sousa)买通广东海道副使汪柏,得到通商允许,并诡称商船遭遇风暴,借口晾晒货物,得到准许入居澳门。1557年(嘉靖三十六年)以后,葡萄牙人在澳门私自扩展土地,建筑炮台,设立官署,把澳门看作他们的殖民地,但澳门实际上是明朝广东地方政府香山县属下一个特殊区域,明朝官员在澳门全面行使主权。明至清前期,澳门的特殊历史作用由此应运而生,在中国与欧洲之间建立了一个交点,形成了一条渠道,架起了一座桥梁。从"浪白澳"到"蚝镜澳"的地点转移,乃是中葡贸易重要阶段的标志。

在此之前即15世纪末16世纪初,澳门已经由一个小渔村发展成为四方商船寄碇的奥口和走私"通番"的据点。葡萄牙人之所以从上川岛转移到浪白澳,又从浪白澳聚集到澳门,原因在于澳门即适合泊船、越冬,又便于走私、贩私和接济。自葡萄牙人占据了澳门以后,来澳门居住的葡萄牙人不断增加,以致“筑室千区”“夷众万人”。1561 年,澳门的居民只有 500 人,到 1580 年,则增至 2 万人。汤显祖曾到澳门游历,他在其名著《牡丹亭》中描写到葡国商人“不住田园不树桑,珴珂衣锦下云樯”,葡国少女“花面蛮姬十五强,蔷薇露水拂朝妆”。1565 年(嘉靖四十四年)到澳门游历的叶权说:“今数千夷团聚一澳,雄然巨镇。”被称为“澳门缔造者”的西班牙神父冈萨雷斯(Gregorio González)大约写于 1565 年的信中说:“此处在 12 年的时间内,在称为 Macau 的一陆地顶端形成了一个巨大的村落。有 3 座教堂,一所济贫医院及一所仁慈堂。现在已成为拥有 5000 基督徒的村落。”曾在澳门市政厅任书记官的雷戈(Diogo Caldeira Rego)写于 1623 年的《澳门的建立与强大记事》中说:“在这短短的几年里,本市在教会以外的方面发展也不小;无论从建筑物的规模或豪华来看还是从居民人数来看,它到今天都算是东方最主要的城市之一。”①1635 年,曾经在果阿担任过档案馆馆长的安东尼奥·博卡罗(António Bocarro)撰写的《东印度州各要塞、城市和居民点图册》中说:澳门“是东方最繁华的城市之一,与各地往来贸易兴隆,有大量各种财物和珍贵物品。”②一份 1622 年的葡萄牙文文献记载了澳门最初几十年的发展情况,这份文献写道:

> 为了双方和好,各自得益,我从此处(澳门)的长者、故人及其他人那里仔细询问到过去和现在的事情。我得到的情况如下:首先,大约 104 年前,葡萄牙人开始与华人贸易。这在 1518 年左右,当时的正德皇帝是万历皇帝的曾祖父。起初的 47 年,部分时间在上川,部分时间在其他港口,一直缴纳常规的船税。此后,在浪白滘交易。1555 年,被获准前往参加广州的交易会贸易和纳税,时至今日,已经 67 年。1557 年,中国国王的执法官(Magistrados)迁往澳门港(Porto de Machao)。65 年来,给了他们地方(葡萄牙人)居住。从此,(葡萄牙人)每年两次前往广州缴纳船税和为印度与日本的贸易参加交易会并向(中国)国王缴纳本城每年的 500 两地租银。从那时起至今,

---

① 澳门《文化杂志》编:《十六和十七世纪伊比利亚文学视野里的中国景观》,大象出版社,2003 年版,第 197 页。

② 同上书,第 218 页。

> 我们一直缴租。104年来，葡萄牙人与华人交易，从未对王国做过坏事，也从未让人怀疑过他们的忠诚。众所周知，葡萄牙人居留澳门之后，也多次表示对（中国）国王及其官员的忠诚和效忠，因而中国官员不仅对他们赞赏有加，还给予他们优惠和自由，向他们提供日常生活必需品、住房以及本城贸易的各类货物。[①]

葡萄牙殖民者在澳门立足以后，即把澳门当成同印度和日本贸易的中转站，并由此建立起庞大的东方贸易网络。从明末到清嘉庆年间，澳门是东亚的一个重要的国际贸易中心，是葡萄牙人从事亚洲至欧洲，以及至南美洲的国际间贸易的中转站和通往世界各地的海运中心。澳门学者杨允中指出："澳门是东西贸易牵引车，15世纪中至16世纪中澳门是远东国际商贸的一个中心，中日贸易、中欧贸易、中国南洋贸易的进出口物资汇聚这里，某种意义上扮演了当时中国对外开放的一个门户，并受到国际上的认同与重视。"[②]樊树志说："以澳门为中心的转口贸易，把中国卷入全球贸易的网络之中。澳门成为沟通东西方经济的重要国际商埠。"[③]

澳门商人能够享有任何外商所不能享有的各种特权和豁免权。例如：一艘两百吨级的葡船经过第一次丈量后，缴付白银一千八百两作为泊税，以后每次抵港只需交此数的三分之一。而其他任何外国商船无论是第一次，还是以后每次都需缴纳白银五千四百两。对葡商在广州购买的所有商品，其征税额也要比其他外商所缴的低三分之一。由于这些特权，从1557年至1640年间，葡萄牙人几乎垄断了中国对日本的出口贸易。他们把从广州买到的便宜丝货运到日本卖高价，然后把日本的银条运到澳门购买运往印度的生丝，从中攫取高额利润。他们在澳门还经营一种从澳门到菲律宾、日本的多边贸易，把中国生丝运到马尼拉换取西班牙银元，然后把银元带到中国购买更多的生丝，再运到日本售卖以获得更大的

---

① 引自吴志良：《澳门在中国近、现代化过程中的角色》，张西平、耿昇、武斌编：《明清之际中外文化交流史研究新进展》，外语教学与研究出版社，2003年版，第67—68页。

② 杨允中：《近代世界文明演进中的反差与澳门特殊地位的形成》，澳门大学澳门研究中心：《澳门研究》第18期，澳门基金会2003年版，第48页。

③ 樊树志：《晚明大变局》，中华书局，2015年版，第97页。

利润。应日本市场的需求，每年对日输出的中国生丝，其中五六成是葡商从澳门输出的。1578—1638年的60年内，每年从澳门运往日本长崎的中国生丝，由1500担至3000担。至于从日本流入澳门的白银，据记载，仅1636年即达235万两。1580—1590年的10年间，从澳门运往印度果阿的生丝，每年约为3000多担。从1574年至18世纪末的200多年间，从澳门经马尼拉至墨西哥的商品中，中国丝织品和棉织品居于首位，在墨西哥的进口总值中，中国丝绸等占了六成多。澳门很快发展成为远东一个国际贸易中心，起到了连接中国与世界的重要作用，号称“东方第一商埠”。17世纪上半叶曾在澳门居住过的传教士曾德昭这样记述当时澳门的贸易情况：

1607年绘制的澳门地图，是西方最早印制的有关澳门的地图。

> （澳门）方圆足有15英里，客商云集，因此它的人口则比许多其他城市多。中国大部分最好的商品都由此处运往各地，因为它是中国最开放和自由的交易地点。且不说6个邻国的土著和异邦人运走的各种货物，仅葡萄牙人运往印度、日本和马尼拉的货物，每年约有5300箱各类丝绸，每箱装100匹真丝，如天鹅绒花缎（Velvet damask）和缎子、轻料如半花缎（halfe-damasks）、彩色单层线缎，还有250块金子，及每块重12盎司的2200块金锭；有7皮切（Pichi）麝香，重量超过35亚洛瓦（Arrova），每亚洛瓦重25磅，每6盎司合1磅。此外还有小珍珠、糖、瓷盘、中国木、大黄，及几种奇特的镀金器皿，还有其他不太重要的东西，即使长篇开列也不能尽举其名。[①]

① ［葡］曾德昭：《大中国志》，上海古籍出版社，1998年版，第10—11页。

当时澳门开辟了几条国际贸易航线，主要有：

(1) 广州—澳门—果阿—里斯本航线。这是澳门开辟的多条国际贸易航线中最重要的一条。
(2) 广州—澳门—日本长崎航线。
(3) 广州—澳门—马尼拉—阿卡普尔科航线。这是维持马尼拉大帆船贸易的主要航线之一。
(4) 广州—澳门—东南亚航线，目的地有马六甲、望加锡、越南的东京等。

这些航线都是跨越万顷波涛的远程贸易航线。这些航线，使澳门成为当时的全球海洋贸易体系的一个重要枢纽。以澳门—果阿—里斯本航线为例，每年从事贸易的大帆船队载有200到600和800吨货物的船只，由里斯本启航，满载着毛织品、红布、水晶、玻璃制品、英国时钟、佛兰德工业品、葡国酒，前来东方，沿途在各个港口进行贸易交换活动。到达印度果阿后，再驶向马六甲，大部分货物在那里交换香料、檀香木、暹罗的皮制品，随后由马六甲航向澳门。由于当时的欧洲尚拿不出与中国相匹敌的货物，所以葡萄牙人自欧洲经印度和东南亚，沿途交换各地的土特产品，那是按照中国的需求购置的，以换取中国的丝绸等商品。到达澳门以后，葡萄牙商人到广州购买中国货物，在澳门装船。主要货物有生丝、各种颜色的细丝、绸缎、金、黄铜、麝香、水银、朱砂、糖、茯苓、黄铜手镯、金项链、樟脑、陶瓷、涂金床、墨砚盒、手工制被单、帷帐等。每年冬季，葡萄牙大帆船从澳门起航，乘东北季风驶向果阿，途经马六甲、暹罗西海岸、缅甸、锡兰等地。到达果阿后，由两条航线返回里斯本：一是向西航行，经印度的官留屿(今马尔代夫群岛的马累岛)、木骨都束(今索马里的摩加迪沙)，穿越莫桑比克海峡，绕过好望角，沿非洲海岸到达里斯本；二是沿着阿拉伯半岛，西航至东非海岸的葛得儿风(今索马里瓜得富伊角)、哈甫儿雨(一称哈甫尼，今索马里哈丰角)，南下经不剌哇(今索马里布腊瓦)、麻林(今肯尼亚东海岸马迪林)、慢八萨(今肯尼亚蒙巴萨)，然后与第一条航线汇合，绕过好望角，或到葡萄牙。这条穿越亚非欧三大洲的远洋航线全程11890海里。

透过这几大航线及其相互延伸，以澳门为中心向海外辐射，形成了国际贸易大循环。在这几大航线的运行中，内地经澳门运出了大量丝绸，海外经澳门运入内地大量白银，因而是一条名副其实的“丝银之路”。

1629 年，荷兰驻台湾总督再给其国王的一份关于中国贸易的报告中说到澳门，指出：

在澳门的葡萄牙人同中国贸易已有 130 年历史了。他们……每年两次到广州（那边每年举行两次盛大的市集）去买货。他们的确从这种通商中获得比马尼拉的商人或我们更多的利润；因为他们在中国住了很久，积累了丰富的知识和经验，这使他们所得到的货品质量比别人好，品种比别人多；他们有机会按照他们的特殊需要定制货品，规定出丝绸的宽度、长度、花样、重量，以适合日本、东印度和葡萄牙市场的需要。[①]

上引雷戈《澳门的建立与强大记事》指出：

和平环境及其商业活动一直有利于本市以外的人们，所有以前在日本航线担任过船长的人都承认，他们来的时候是穷人，只有一艘大黑船或者几只木船（有时还不是他们自己的）参加航行，但走的时候已成为商人，拥有成千上万克鲁扎多，因为从运送的许多很贵重的货物抽取百分之十的船租费。整个印度省，尤其是马六甲、科钦和果阿的海关，他们都承认走中国航线总能发财，现在他们更了解这一点。[②]

葡萄牙人以澳门为据点的国际贸易，实际上是以中国内地为依托的，内地的商品是澳门国际贸易的支点，主要是丝和丝绸等产品，可以说澳门是作为内地商品输出世界的辐射地兴起和发展起来的。明万历六年（1578），明朝规定在广州定期举行贸易集市，葡萄牙人于是一年两次可到

---

① 引自《郑成功收复台湾史料选编》，福建人民出版社，1962 年版，第 115 页。

② 澳门《文化杂志》编：《十六和十七世纪伊比利亚文学视野里的中国景观》，大象出版社，2003 年版，第 197—198 页。

广州进行直接交易。由于贸易关系，吸引了大量内地商民和工匠到澳门来，可谓“趋之若鹜”。万历年间，澳门还出现了由官方指定专营进出口货物的“三十六行”，它们主要是外商提供出口商品，并购入进口货物，既是卖主，又是买主，直接参与交换，起到海外贸易的一种中介作用。

澳门妈祖庙，顺治十二年（1656）荷兰使团进京，在澳门登陆时随团画师所画。

1760年（乾隆二十五年），清朝下令外国商人必须到澳门居留，澳门成为欧洲各国来华外商的居留地。在此以后，由于清朝政府的政策，澳门成为欧洲各国在华贸易机构设置地，1761年（乾隆二十六年），首先是法国和荷兰的公司在澳门设立了办事处，接着是丹麦和瑞典，然后是英国。这样，就打破了葡萄牙人独占澳门特殊权益的局面，澳门成为欧洲各国进入中国的门户。张星烺指出：

> 澳门虽自初即为葡国所承租，但为西洋各国来广州贸易者之根据地。所有原来商船，皆先至澳门请领港人及粮食备办人。由中国放洋回国者，亦皆先至澳门买船。每年在广州营商者，事毕皆回住澳门，次年复回广州……澳门不独为鸦片之战以前西国商人汇萃之地，而各国传教士亦皆聚集于此。故前期欧化输入之唯一门户也。[①]

---

① 张星烺：《欧化东渐史》，商务印书馆，2000年版，第9页。

总之,正如法国学者若瑟·佛莱什(José Frèches)指出的,澳门"在一个欧亚两大陆之间关系尚不算太好的时代,变成欧洲人进入中国的桥头堡。"[①]澳门学者杨允中指出:"几百年来,澳门在中外经济文化交流上扮演了一个无可取代的重要角色。说它是东西方文化交流最成功的城市之一是不过分的。""澳门几百年来所扮演的角色亦是重要而独特的,具多种功能的,跨越时空界限的。它既是中国人观察世界的窗口,又是中国人走向世界、外国人进入中国的一个重要门户。"[②]

3 马尼拉大帆船

自哥伦布发现新大陆和达·伽马开辟通往亚洲的新航路之后,西班牙殖民势力迅速向海外扩张。它在亚洲据有菲律宾,在美洲攫取了从墨西哥到南美洲的广大地区,建立了地跨南北美洲并远至亚洲的海外帝国。16 世纪初,西班牙拥有 100 艘商船,几乎垄断了美洲、欧洲、北非洲和远东的贸易。

16 世纪太平洋上的西班牙大帆船

---

① [法]若瑟·佛莱什:《从法国汉学到国际汉学》,戴仁编:《法国中国学的历史与现状》,上海辞书出版社,2010 年版,第 5 页。

② 杨允中:《近代世界文明演进中的反差与澳门特殊地位的形成》,澳门大学澳门研究中心:《澳门研究》第 18 期,澳门基金会 2003 年版,第 47—48 页。

1573年,即西班牙人占领菲律宾的第三年,西班牙驻菲律宾殖民当局向西班牙国王提议由墨西哥派商船来菲律宾贸易,可以攫取巨利,并增加王室的关税收入。1573年,有2艘马尼拉大帆船驶往墨西哥,在其船货中,有712件中国生丝,22.3万件优质的镀金瓷器和其他瓷器。1574年,又有6艘大帆船从墨西哥到达马尼拉,翌年又有12—15艘,从此开始了长达两个半世纪的马尼拉大帆船贸易。由于大帆船贸易的开通,西班牙人在太平洋上开辟了一条新航线。这条航线的一端在墨西哥太平洋岸的阿卡普尔科,一端在亚洲的马尼拉。行驶在这条航线上的西班牙船只,一般是一百多吨到三四百吨不等的三桅帆船。绝大多数船只是西班牙人雇佣中国的工匠在马尼拉利用当地木材建造的,故称"马尼拉大帆船"。这些帆船载重都在300吨左右,是当时世界上最先进的船只。

美国学者杰里·本特利指出:"马尼拉大帆船是太平洋海域早期全球经济的产物。"[①]法国年鉴派历史学家布罗代尔的名著《15至18世纪的物质文明、经济和资本主义》,把马尼拉大帆船作为近代意义的跨洲际远程贸易,纳入全球经济的视野来考察。他说,16世纪,各种因素协力促成的运动,是从中国前往美洲,"马尼拉大帆船代表着一条特殊的流通路线,"这是一种资本巨大的远程贸易,形成了跨越太平洋的"丝—银"对流。他还说:"美洲白银1572年开始一次新的引流,马尼拉大帆船横跨太平洋,把墨西哥的阿卡普尔科港同菲律宾首都连接起来,运来的白银用于收集中国的丝绸和瓷器,印度的高级棉布,以及宝石、珍珠等物。"[②]这条大帆船贸易线是维持西班牙对美洲和菲律宾群岛殖民统治的运输线与供给线,同时它也沟通了亚洲与美洲之间、沟通了中国与美洲之间的贸易联系和文化联系。英国学者霍布森也说,马尼拉是"全球贸易体系中一个极其重要的货物集散地。"[③]中华民族的伟大文化创造,通过西班牙大帆船贸易的太平洋航线,源源不断地洒播到大洋彼岸的南北美洲大陆。

---

① [美]杰里·本特利、赫伯特·齐格勒:《新全球史——文明的传承与交流》,北京大学出版社,2007年版,第661页。

② [法]布罗代尔:《15至18世纪的物质文明、经济和资本主义》第2卷,生活·读书·新知三联书店,1993年版,第172、197页。

③ [英]约翰·霍布森:《西方文明的东方起源》,山东画报出版社,2009年版,第59页。

往来于墨西哥和菲律宾之间的大帆船，通常在6月份由马尼拉出发，经过五六个月的航行，到达阿卡普尔科。从阿卡普尔科返航马尼拉，按照1633年的法律规定，最迟不能超过翌年的12月，以不到3个月的航行即可到达马尼拉。一位在马尼拉的西班牙领航员曾描述从菲律宾的航行说："从菲律宾群岛到新西班牙的航行，不是由一般的贸易风来执行，而是有各种不同的风向，这是一段没有任何激情的航程，它总是向北航行，走过的岛屿就像在右边，在菲律宾和新西班牙之间随时都可以找到中介口岸。"[①]另有学者记述说："从阿卡普尔科回到马尼拉的航行更是容易的，愉快的。只需要大约90天，大帆船在2月或3月离开阿卡普尔科，西向航行，渡太平洋，在关岛停下来，加水和食品，经贝纳迪纳海峡而达马尼拉，——这就是大家都知道的'中国路''中国航道''中国—阿卡普尔科黄金水道'。"[②]"新西班牙通过菲律宾，与中国进行了有利的贸易。每年有一个楼船带着几个小船，满载着银子与传教士，从阿卡普尔科起航，跨越太平洋至马尼拉；返航时则满载中国的丝绸和棉纱，这是美洲人士最热望购买的，给贩运商人带来了巨大的利益。"[③]

西班牙殖民者经营这种大帆船贸易所攫取的利润非常之大，有资料说这种大帆船贸易为西班牙人提供了100%—300%的巨大利润。据马尼拉总督在1609年报道，西班牙人对中国贸易很感兴趣，因为他们回程可获利10倍。在1620年以1艘200吨的大帆船载运生丝从菲律宾到墨西哥，每年可赢利200万比索。正由于利润巨大，墨西哥和秘鲁等地的商人纷纷涌去马尼拉贩运中国货物。从马尼拉向西属美洲运送中国货物成为马尼拉商人的"主要谋生之道"。

中国—菲律宾—墨西哥航线的大帆船贸易，除了连接中国与美洲之外，还通过美洲延伸到西班牙。运到墨西哥的中国商品，在当地的销售以外，有一部分又经过墨西哥开往西班牙的航路，运往西班牙。西班牙每年

---

① 引自李金明：《明代海外贸易史》，中国社会科学出版社，1990年版，第190—191、191页。

② [菲律宾]格里高利·F.赛义德：《菲律宾共和国》，引自连云山：《谁先到达美洲——纪念东晋法显大师到达美洲1580年》，中国社会科学出版社，1992年版，第114页。

③ [美]冠帕屈克：《拉丁美洲简明史》，引自连云山：《谁先到达美洲——纪念东晋法显大师到达美洲1580年》，中国社会科学出版社，1992年版，第114页。

派两支船队从西班牙塞尔维亚港出发驶往墨西哥,每支船队有20—50艘商船,并派2—6艘战舰护航。它们把在墨西哥装载的中国商品运回西班牙。这样,"中国—菲律宾—墨西哥"航线就延伸成为"中国—菲律宾—墨西哥—西班牙"的多边贸易航线。这是跨越两大洋的贸易线路。是当时世界贸易中线路最长的一条航线。中国拥有空前发达的商品经济,能为世界市场提供充裕的商品;而西班牙握有大量的贵金属,可作为世界市场当中的交换手段。因此中国—菲律宾—墨西哥—西班牙多边贸易航线又成为推动世界市场迅速发展的中轴线。直到17世纪末,厦门—马尼拉—阿卡普尔科这条轴线仍然是西班牙在太平洋的贸易中心。

大帆船运到墨西哥的中国商品,经由墨西哥—西班牙航线运抵塞尔维亚,再由这里分散到西班牙内地销售,从而进入欧洲市场。而这些进口的中国商品大部分被运往梅迪纳·德坎波的国际市场,再次分销到欧洲各地。梅迪纳·德坎波在14世纪就发展成为一个国际闻名的大集市,吸引着来自欧洲各国的商人,并形成了从梅迪纳·德坎波经毕尔巴鄂直达荷兰的国际商道。中国商品进入梅迪纳·德坎波市场,使这个地方进一步活跃起来。西班牙学者莫利纳(Cayetano Alcázar Molina)在《18世纪的总督辖区》中写道,中国人以他们的丝绸和名贵商品使马尼拉发展成为可以和欧洲任何集市相媲美的著名集市并和新、旧两个世界都建立起来商业联系,以致"在作为卡斯蒂利亚心脏的梅迪纳·德坎波的遥远集市上摆满着各类欧洲和东方的商品。如今来自东印度、阿拉伯、波斯、日本和阿卡普尔科的梦幻般的商品已达到充斥市场的程度。"①

18世纪中期以后,西班牙商船直接抵达菲律宾进行贸易活动,而不再经过墨西哥,由此形成了"中国—菲律宾—西班牙"大三角贸易。

西班牙王室对大帆船贸易起初采取鼓励政策,但后来当贸易不断扩大以致影响其本身利益时,从16世纪末17世纪初起,又采取了一系列限制政策。如限定每年用两艘大帆船运货,每艘不得超过300吨,从马尼拉运往墨西哥的货物总值不得超过25万比索,回程不得超过50万比索。

① [西班牙]莫利纳:《18世纪的总督辖区》,引自张铠:《中国与西班牙关系史》,大象出版社,2003年版,第94页。

但在实际上，这些限制并未能严格执行。每年运输的船只并不经常都是两艘，如 1602 年从马尼拉出航的船有 3 艘，1603 年有 4 艘，1604 年和 1620 年都有 3 艘。商船的吨位也愈来愈大，最大的达千吨或超过千吨。

1813 年 10 月 25 日，西班牙国王下令终止菲墨贸易，1815 年，最后一艘马尼拉大帆船“麦哲伦号”从阿卡普尔科返回马尼拉。持续了两个半世纪的大帆船贸易即告中止。在这期间，大帆船贸易是中国与美洲贸易和文化联系的主要渠道，也是中国通往欧洲的一条重要的通道。

第六章
16世纪欧洲人的中国纪事

一　关于中国的早期印象

1　欧洲人最初的中国报道

欧洲人为了寻找东方、寻找中国，乘着大帆船，克服重重艰难险阻，踏万顷波涛，开辟出一条条海上航线，实现了人类历史上的伟大壮举。最后，他们找到了东方、找到了中国，看到了他们心中的充满神秘色彩的“契丹”。他们踏上中国的土地，走马观花，留下了最初的印象，也给他们的同胞发回去这些最初印象的报告。

在16世纪初欧洲人来中国之前，欧洲人实际上对中国的了解很少。正如我们前面已经介绍过的，在古罗马时代，因为丝绸的关系，罗马人乃至欧洲人对这个产丝的国家有一点模糊的印象和传闻，实际的地理位置都不很清楚。到了元朝帝国时期，马可·波罗以及一些到过中国的旅行家和教士、商人写作了有关中国的游记，记述了这个遥远帝国的一些事情，使欧洲人对中国有了一些初步的了解和认识。那时候，他们了解到有关东方盛产香料、宝石和黄金的情况。我们在前面已经说过，大航海时代

葡萄牙人所绘的中国人形象

的来临，新大陆的发现，都与这些关于中国和东方的传闻有关。但是，马可·波罗的记录仍是不完整的，甚至还带有许多传奇色彩，欧洲人对于中国的实际状况的认识还是不甚了了。18 世纪法国作家鲁斯洛·德·絮吉(Rousselot de Surgy)就当时人们对于中国的知识问题说道：

> 我们关于中国的最初知识，来自著名的威尼斯人马可·波罗。他谈到了这个国家的悠久历史，优秀的法律和政府，肥沃的土地，富足的生活，繁荣的商贸，众多的居民，等等。他描绘了中国人的礼节，他们对艺术和科学的喜爱以及发展艺术和科学的热情。所有这些记述都被视为虚妄的奇谈。人们认为，这种无稽之谈与其说是事实的真实的记述，不如说是善意的想象结果。人们觉得，如果相信数千里之外有一个强大的国家，它胜过治理得最好的欧洲国家，那简直就是荒谬。什么！在许许多多的野蛮国家那边，在世界的尽头，会有如那位威尼斯人所说的那样一个古老、聪明和文明的民族？纯粹是痴人说梦，除了头脑简单的人和傻瓜，谁也不会相信。[①]

---

① 引自许明龙：《欧洲十八世纪中国热》，外语教学与研究出版社，2007 年版，第 1—2 页。

中西文化真正的实质性接触，两大文明的正式相识，以及欧洲人对于中国有比较具体的和真实的了解，还是在16世纪初欧洲人大批来到中国开始的。

最早来东方的欧洲人是葡萄牙人，他们也是最早撰写向欧洲介绍中国的文献的。

> 由于葡萄牙人的远航开拓，转瞬之间东方世界便展现给欧洲以崭新的规模，成为具有强大吸引力的一极。这不仅有物质原因，而且也有精神因素。与海洋、陆地和亚洲人的接触共存扩展了葡萄牙人的地理视野，极大地改变了它们的生活方式和世界观。我们那些旅行家收集的第一手资料更新了传统的知识，对亚洲的看法发生了革命性的变化。
>
> 与中国土地的接触为获得地理和人种方面的资讯提供了方便，同时亦必然导致渲染过去未知情况的文稿泛滥。这样，商人和冒险家，士兵和王国官员，以及各教派传教士，都尽其所能帮助人们更好地了解中国这个世界。[①]

在达·伽马首航印度，以及在达·伽马前后曾去过马林迪或马六甲的葡萄牙人，他们在返回里斯本时，不仅带回去许多“秦人之地”的物产和情报，而且还向亲友、朝廷大臣甚至国王转述有关“秦人之地”的故事。此外，在1502年，有一位不知名的葡萄牙人根据船员们的见闻，绘制了一幅亚洲地图，地图的马六甲附近标着“Terra dos Chins”（“秦人之地”），并且还注明了该地的物产，如大黄、珍珠、麝香和瓷器等。“秦人之地”就是他们说的中国。这大概是当时葡萄牙人关于中国的最初的知识。

1508年4月，葡萄牙国王曼纽埃尔一世（Dom Manuel Ⅰ）指示去马六甲的葡萄牙人，要他们了解：

---

① 澳门《文化杂志》编：《十六和十七世纪伊比利亚文学视野里的中国景观》，大象出版社，2003年版，“序言”，第1、3页。

对于旅居麻剌甲之中国商人，详加调查，如中国商人从何处来？行程如何？携若何之商品来麻剌甲或其他之地求贸易？又其来麻剌甲也，始于何时？以及船只之数目若干？式样若何？中国商人在麻剌甲商馆之有无？资产之有无？武装之有无？勇壮之态度若何？衣服式样若何？宗教若何？其国版图之面积若何？凡此种种，俱一一在调查之列。①

葡萄牙国王曼纽埃尔一世是积极推动与中国联系和贸易的国王。他的这个“问题清单”，表现出他急切认识中国的迫切愿望，也表明当时他对中国所知不多。

1513年，开始有葡萄牙商人或航海家到达广州沿海的屯门岛。他们返回葡萄牙后，其中一名叫科尔沙利（Andrea Corsali）的人在1515年1月6日的一封信中写道：“这里（广州）是我在世界上所到过的最富裕的地方。”坚固雄伟的城墙、宽阔的街道、珠江上往来如梭的无数帆船，繁华的商业市场以及经营瓷器、丝绸的商店，使他目不暇接。科尔沙利还写信给他在佛罗伦萨的朋友说：去年“我们葡萄牙的航海家到了中国。他们是发明了（伟大的瓷器和）丝绸的人民。我们的船舶不准靠岸。但是，我们在广州度过了几天美好的时光。他们还出售了货物，使我们获得了巨大的利益。”②

另一位航海家、为葡萄牙人服务的意大利人埃姆波利（Giovanni de Empoli）在1515年11月写的一封信说：“我们发现了中国，并在那里逗留了一段时间。这是世界上拥有最富裕的财产的国家，很多美丽、伟大的情景，使我们大吃一惊！所以，我假如不死的话，真希望再次到广州时，能带领我的同伴们到北京去见中国的皇帝！”③

1554年12月，在马六甲发表了一篇没有署名的文章，题目是《中国的风俗和法律》，全称为《一位在中国被囚禁6年之久的正人君子在马六甲神学院向贝尔西奥神父讲述中国的风俗和法律》。这篇文章曾以西班

① 周景镰：《中葡外交史》，商务印书馆，1991年版，第8页。
② 引自朱培初：《明清陶瓷和世界文化的交流》，轻工业出版社，1984年版，第35页。
③ 同上。

牙文、意大利文和法文,分别在1555—1561年间刊行,在16世纪的欧洲很有影响。标题中的这位贝尔西奥神父是葡萄牙耶稣会士,曾经多次到过广州,但他没有提过向他报告的人的名字。有人研究提出,这位讲述人可能是与伯来拉一起来中国并且后来被监禁,几年后逃到了上川岛的曼内奥·德·夏维斯(Manuel de Chaves),他曾在上川岛见到过在东方开辟传教事业的沙勿略。《中国的风俗和法律》在马六甲发表后,不久就传到欧洲,1555年和1556年分别出版了一个西班牙文本。1556—1561年间还出版了意大利文和法文的译本。

1551—1554年,葡萄牙人卡斯坦涅达(Pernão Lopes de Castanheda)出版了8卷本的《葡萄牙发现和征服印度史》。卡斯塔涅达于1528年抵达印度,在那里住了将近10年的时间,1538年回到葡萄牙,便开始专事写作。在这部巨著中,有大量涉及中国的内容,包括介绍佛教仪式、中国的神祇、庙宇等,也介绍了中国的风俗制度,音译介绍了中国的官职。卡斯坦涅达认为中国人在机械工艺和文学艺术上均有卓越才能,掌握了许多科学知识,并设立学校传授先人的训导。他未到过中国,主要是凭借一些传闻资料,他还声称自己收到过皮列士的一本书。《葡萄牙发现和征服印度史》在1551年出版后,又于1577年再次出版了一个葡萄牙文本,以后还出版过意大利文本。

葡萄牙历史学家巴洛斯(Joăo de Barros,1496—1570)自1539年至1563年完成3卷本《亚洲史》,是第一部描写亚洲及欧亚关系的史学巨著,书中对中国多有论述。巴洛斯受到葡萄牙王室的信任,长期从事海外贸易的管理工作,同时他还是一位作家和历史学家,写过小说和语法书等。他并未到过中国,他的资料来源,一方面是利用葡人寄回国内的资料,另一方面是利用了中国的有关文献。在欧洲学者中,巴洛斯是最早对中国文献进行翻译和利用的。文献的翻译者是巴洛斯买来的中国奴仆。这位中国奴仆姓名、籍贯已不可考,但可以肯定他具有较高的文化修养,除懂中文外,还知晓葡萄牙文和计算。16世纪时,葡萄牙殖民者时常在中国沿海地区劫掠人口,其中包括一些富家青年男女。巴洛斯的这位中国仆人大概就是他从人口贩子手中买来的。据研究者认为,这位中国人到葡萄牙约在1540年或稍后。

巴洛斯的《亚洲史》对中国的地理、行政、宗教、科学进行了不少充实而又有权威的介绍。巴洛斯第一个提到了中国的15行省(即南北直隶和13布政使司),将这15行省划分为沿海和内陆两组,并介绍了各省省情和赋税情况。他是最早认为中国的印刷术早于欧洲的欧洲人之一。巴洛斯是第一个提到中国万里长城的欧洲人。自秦始皇修建长城以来,欧洲人一直不知道东方的这一奇迹。马可·波罗虽在中国居住多年,但在其游记中也没有提到长城。巴洛斯则在《亚洲史》中向欧洲人介绍了中国万里长城,而且还指出长城位于北纬43°至45°之间,虽不太精确,但已接近实际的位置40°了。巴洛斯对长城大为惊叹,并指出此城是为防御鞑靼人入侵而建造的。他说:"万里长城见于中国地图上,(该图)绘有山河城镇,还附有中国文字的注释。我特将此图带回国内,请一名华人为我译之及翻译其他我得到的中文书籍。"①巴洛斯还画出一张中国海岸及广阔领土的地图。并声明这张地图取材于中国舆地书籍,由他的中国仆人译出。他说:"我现在画出了一种航海家所不知道的海岸和中国庞大领土的内部地图,插入我所著的地理书中,这都是从中国舆地书中录下的,中国的全部情况,均以游记体裁加以详载,此书由中国带回。因此,我专门请了一名华人担任翻译。"②

巴洛斯还提到中国人对自己文化的优越感,他说:"正如希腊人认为其他民族都是蛮族一样,中国人说他们有两只眼睛可认识世上万事,至于我们欧洲人,在对我们进行传授之后,我们就有了一只眼睛,而认为其他人都是瞎子。"③巴洛斯在这里借用这个"两只眼睛和一只眼睛"的比喻,要表达对中国文化的羡慕。后来这个比喻在欧洲很是流行。

2 皮列士的《东方志》

卡斯坦涅达和巴洛斯写作了洋洋巨著,讲到中国也绘声绘色。但他

① 引自吴孟雪:《明清欧人对中国文献的研究和翻译》,《文史知识》1993年第6期。

② 同上文。

③ [葡]费尔南·门德斯·平托等:《葡萄牙人在华见闻录》,海南出版社、三环出版社,1998年版,第132页。

们都没有到过中国,他们的消息都是来自道听途说和一些文献资料,并没有对中国文化的亲身感受。第一位以使者身份来华的葡萄牙人多默·皮列士(Tome Pires)是新航路开辟之后首批到达北京的欧洲人之一。他在中国居住多年,最后客死中国。因此,他的作品有了许多亲身的体验和感受,就直观多了、具体多了。

皮列士的父亲是国王的药剂师,他本人是一位王子的药剂师。1511年,他从里斯本登船赴印度,期间去过马六甲、爪哇等地。当时的葡领马六甲总督达布奎克是他的朋友。前文曾简略提到,1517年,当葡萄牙国王要求向中国派遣使臣时,达布奎克根据当地葡萄牙人的建议以及他对皮列士的了解,就决定派皮列士担当使臣,由安德拉德率领8艘武装舰船护送,于1517年8月15日抵达广州屯门港。此为葡政府正式通使中国之始。葡萄牙历史学家巴洛斯是这样描写葡萄牙人与中国的第一次接触的:"因为唐·曼纽埃尔一世国王命令费尔南·安德拉德了解孟加拉海湾和中国海岸的情况,所以首先要去广州城,它是中国的一个省会。"①

阿拉伯人称葡萄牙人为"佛郎机"(al-Frandj),意思是欧洲人,中国便以佛郎机称葡萄牙。安德拉德的舰队抵达屯门港时,要求进入广州,声称佛郎机国"进贡"。但广州地方当局以查无佛郎机进贡"旧例"为由拒绝。几经交涉,方获得允许,葡萄牙舰队驶入珠江,当行至广州澳口时,"船樯揭以旗帜,并鸣礼炮以示敬"。广州地方长官陈金接见了阿德拉德等人,经请示朝廷后,只准许皮列士及随从进广州怀远驿安置,仍不准通商,只许给葡人贡物相应的代价,让其回国。

阿德拉德率舰队于1517年10月返归马六甲,皮列士则留住广州,伺机进京入觐皇帝。后来,皮列士买通显要官员江彬,获得进京的允许,于1520年(明正德十五年)偕翻译火者亚三由广州起程。这时正碰上明武宗因"宸濠之乱"而到南京,所以他们也赶去南京,由江彬将火者亚三以使臣的名义引见于武宗,火者亚三乃得"侍帝左右"。武宗回北京时,他们也随同前往,但不久武宗逝世,新君世宗杀了火者亚三,并于1521年将皮列

① [葡]费尔南·门德斯·平托等:《葡萄牙人在华见闻录》,海南出版社、三环出版社,1998年版,第5页。

士等人押回广州，投入监狱。有的材料说，皮列士于 1524 年 5 月病死狱中。但也有的研究者认为，1523 年底或 1524 年初，他从广州被流放，到了大运河边上的一个小镇，直到 1540 年前不久在那里去世。“在经历了可怖的灾难、忧虑、屈辱和苦痛后，他死在一个遥远的中国城里，不为人知，被遗忘而且绝望。”①

关于皮列士这次出访的失败，历史学家布拉戛(J. M. Braga)指出：“此系近四百年来中欧关系中屡次出现的一系列误会的第一次误会，表明两种自尊自傲的文明之间的观点分殊；由于语言不通，见地歧异与风习相互冲突，西洋人在与中国官吏相对时已感受到了困难。”②

在此期间，皮列士撰写了《东方志》一书。这是地理大发现后欧洲人第一本详尽描述东方(包括中国)的著作。有葡萄牙学者指出：“多默·皮列士首先是一个热心的观察者，一个敏锐探索的学者，并且是一个忠实、准确和不知疲倦的撰述人”。皮列士的《东方志》

> 足以为他那些开拓世界、对人类知识和进步作出巨大贡献的葡人当中，赢得一个重要地位。总之，多默·皮列士是 16 世纪的欧洲人，《东方志》是作为他亲身观察的结果，撰写出的一部最早的庞大、真实可靠的记载东方的书。与他的许多同胞以及许多其他国家的人一起，他有幸为他的祖国和人类服务，并付出了高昂的代价。③

与他同时代的许多游记类作品不同，《东方志》的基本特点就是真实的记录，而不是如其他作品那样添加了许多想象和传闻。这也是它的价值所在。皮列士“具有非凡的观察力，永不满足的好奇心和杰出的调查能力。他在短短的几年里收集到的大量关于许多东方民族和文化的资料，

---

① [葡]多默·皮列士：《东方志——从红海到中国》，江苏教育出版社，2005 年版，第 32 页。

② [葡]布拉戛：《西方先行者及其发现澳门》，引自陈乐民：《十六世纪葡萄牙通华系年》，辽宁教育出版社，2000 年版，第 57 页。

③ [葡]多默·皮列士：《东方志——从红海到中国》，江苏教育出版社，2005 年版，第 45—46 页。

而当时欧洲人对这些资料一无所知。”[①]他在“序言”里说：“我在这里则了解一切，体验并且眼见到他们。”

《东方志》中有专门一章介绍中国，论及中国的皇帝、中国与各藩属国的关系、出航海外及外国船来华的相关事宜、中国与马六甲的商贸关系、中国物产与外销商品等，内容比较丰富。皮列士说：“中国的土地和人民，被描述得伟大、富庶、美丽和壮观，……中国国王是一个异教徒，拥有大片国土和很多百姓。”[②]皮列士是最先注意到中国的首都北京就是马可·波罗游记中提到的“汗八里”的欧洲人。他说：“中国有很多城池和堡垒，都是古建筑。国王居住的城叫做汗八里（Cambara）。”“在中国的这座城市，其国王有时在那里，如……汗八里，他叫做北京（Peqim）。这些城市在内地，远离广州（Qāto）。它有很多居民和拥有无数马匹的贵人。”[③]

在《东方志》中，时称北京为“汗八里”，时称北京为“Peqim”。于是，北京第一次以它应有的读音出现在欧洲人的笔下。并且由于确认北京就是汗八里，欧洲人才对“中国”和“契丹”有了正确的地理概念。

皮列士的书中涉及中国地名还有广州（Quamton）、海南（Ayam）、漳州（chamcheo）、陕西（xamcy）、西安（Xānbu）、福州（Oquem）等。流行于西文中广州的对应词“Canton”就起源于皮列士。皮列士还详细介绍了中国的出口商品，他写道：

> 从中国输出的主要商品是大量白色的生丝、有色散丝，数量很多，各色缎子、各色带格卷缎、线缎及另一种叫做“纱”（xaas）的细绸料，尚有其他各种色彩的品种；大量各种形状的小珠，大多不圆；他们也有一些大而圆的珠子——据我看这是中国的一种和丝绸一样重要的商品，尽管他们把丝绸作为主要商品——粉状和囊状的麝香，很丰富，而且肯定不错，……大量药房用的樟脑、abarute、明矾、硝石、硫磺、铜、铁、大黄……铜和甫舍莱拉的器皿、铸铁锅、碗、盆、大量这类

---

① 澳门《文化杂志》编：《十六和十七世纪伊比利亚文学视野里的中国景观》，大象出版社，2003年版，第1页。

② ［葡］多默·皮列士：《东方志——从红海到中国》，江苏教育出版社，2005年版，第96页。

③ 同上书，第97页。

> 东西、箱子、扇子、许多上百不同品种的针，其中一些很精细并且样子好看……还有他们样式的花缎及无数的瓷器。……你可以花钱买到你想要的任何这类商品。[①]

与皮列士同行的还有两个人写了有关的记述。一位是克里斯托旺·维埃拉(Cristòvão Vieira)，他是皮列士使团的成员。有材料说，他实际上是一位皈依基督教的印度人。他于 1524 年写了一封长信寄往欧洲，这封长信共有 57 段，后半部分详细地描述了中国，主要是介绍广州的地理概貌、行政司法、生产结构、商贸潜力、军事力量，以及人们日常生活，都是记载他耳闻目睹、亲身经历的事。当时他作为囚犯被关押在广州的监狱中。维埃拉的信大约是在 1538—1539 年间到达葡萄牙的，因为巴洛斯的《亚洲史》中引述了这封信中的内容。“由于维埃拉的努力，中国的形象在经过一个几乎是外人完全陌生的时期之后，开始具有更加准确和更加精密的轮廓。”[②]

另一位是商人瓦斯科·加尔沃(Vasco Calvo)，他也于 1524 年写了一封信，对中国的政治、经济社会做出了比较客观的介绍。“尽管他们对中国情况了解有限，但他们仍然记载了不少关于中华帝国的十分有趣的和人所未闻的情况。”[③]

3 伯来拉的《中国报道》

盖略特·伯来拉(Galeote Pereira)出身于葡萄牙贵族家庭。1534 年他从葡萄牙来到印度，1539 年到马六甲。在 1539 年至 1547 年间，他可能不止一次乘船到中国沿海进行走私贸易。1548 年年末或 1549 年年初，有两艘葡萄牙商船到福建海岸进行走私贸易活动，商船上有 30 名左右的葡萄牙人，其中包括伯来拉在内。1549 年 3 月，这两艘船在福建南

---

① [葡]多默·皮列士:《东方志——从红海到中国》，江苏教育出版社，2005 年版，第 100 页。

② 澳门《文化杂志》编:《十六和十七世纪伊比利亚文学视野里的中国景观》，大象出版社，2003 年版，第 20 页。

③ 同上。

端的诏安县走马溪被中国海防军俘获，被押解到福州。他们在福州居留了一年多，一些葡萄牙人当时被处决，剩下的则被流放到广西。据有的研究者认为，他们从福建到广西的行程，可能是从福建经宁都到江西的赣州府，从那里溯章水越梅岭进入广东省而达曲江，从这里沿北江而下，达北江和西江汇合的三水，再经肇庆和梧州溯桂江而抵桂林。抵达广西不久，这些葡萄牙俘囚被分成小队，散入这个省的不同城镇，从此享有较多的行动自由。其中几个人通过中国商人的媒介，可以接触到在上川岛贸易的本国人。在葡萄牙商人的资助下，伯来拉和另一些人安全地偷渡出来。

伯来拉可能是在他逃走后不久写下他的中国南部俘囚生活的回忆的。1561年年末，其手抄本作为耶稣会传教报告的附录寄往欧洲。伯来拉对中国南部的记录在当时已广为流传，并且略有删节地被译为意大利语，1565年在威尼斯出版。1577年在伦敦出版了英译本。

伯来拉不是1549年葡俘中唯一写出自身经历的人。还有加斯帕·罗柏斯（Gaspar Lopes）、阿方索·拉米罗（Affonso Ramiro）和阿马罗·伯来拉（Amari Pereira）等人的叙述。但是，据英国学者C. R. 博克舍认为，盖略特·伯来拉的《中国报道》“肯定是最长和最好的一个。”①

伯来拉的《中国报道》首先介绍中国分为13个省，每个省管辖若干城市，大省“可和强国匹敌”。中国国土辽阔，人口众多，特别是沿海一带人烟稠密，“没有一尺土地没有开垦”。在靠海的地方，“你每走一里都会看见一些城、镇或客栈，丰足地供应各种物品，致使他们平安地在城镇生活。”②伯来拉对他所到过的城市进行了详细的描述，说中国的“城市极壮丽，特别靠近城门，大得出奇。城门用铁包着。门屋和楼塔建在高处，其较低部分用砖和石筑成，和城墙相称。城墙上面的建筑物用木头构造，一层又一层，有许多层。他们的城池坚固，是因为有高大的城墙和壕堑”。城市里的街道“都相当平坦，又大都直，使人看了惊羡”。“道路到处都用四方的石头整铺成，缺乏石头的地方则用砖。”街道上的“牌楼是木结构，雕刻成各式各样，上盖的是细泥烧的瓦”。伯来拉赞赏地说，这些情景“使

---

① ［法］C. R. 博克舍编注：《十六世纪中国南部行纪》，“导言”，中华书局，1990年版，第31页。

② ［葡］伯来拉：《中国报道》，［法］C. R. 博克舍编注：《十六世纪中国南部行纪》，中华书局，1990年版，第3—4页。

我们认为,全世界都没有比中国更好的建筑工匠了”[①]。他特别详细地描绘了福州城,因为他曾在福州一年多的时间,对这座城市有较多的了解。他写道:

> 福州城很大,有内外都用方石筑成的高大城墙,……街道是铺平的。有大批的商贩,各人在他店门挂一块大牌子,写明他出售何种商品。手艺人也写明他的行业。市场不小,售卖的物品极其丰富。城市建在水上,许多条河流经过它,河岸是倾斜的,很宽阔,作为城市的街道使用。河流上有各种木桥和石桥,和街道一般高,不妨碍船只来往。……这些河流和船只使该城变得十分高贵,好像它是另一个威尼斯。……我们在这座城看见一些事物,令我们都惊叹;……[②]

伯来拉在他的记述中介绍了中国人的宗教、节日活动和日常习俗,说中国人是讲文明的民族,“论礼节他们超过了其他所有的民族”。中国人的彬彬有礼,“远超所有其他的异邦人和摩尔人,没有理由羡慕我们。”[③]他还介绍了中国选拔官吏的考试制度,以及中国的行政管理制度,并且认为中国是“世界上治理得最好的一个国家”[④]。

伯来拉报告中最有价值的在于他记载的中国司法和监狱管理制度。伯来拉是一个俘囚,有一段时间是在中国的监狱里度过的,所以他对中国的监狱管理制度比较熟悉。他叙述了中国监狱关押囚犯的情况,叙述了对通奸犯和盗贼的处理方法、对死刑的判决过程、关押死囚的监牢以及死刑的执行,还提到了种种酷刑。他的一些同伴就是被折磨死的。但是,尽管如此,他还是对中国的司法制度给予了高度赞扬。他介绍说,每个省城里都有布政使、按察使、知府和太守四级官员。这些官员“都可以把罪犯投入监狱或再把犯人释放,罪大恶极的除外,官员不能对这类情况作什

---

① [葡]伯来拉:《中国报道》,[法]C. R. 博克舍编注:《十六世纪中国南部行纪》,中华书局,1990年版,第4—5页。

② 同上书,第17—18页。

③ 同上书,第9页。

④ 同上书,第2页。

么，只有开会加以详细讨论。如果该处死刑，他们都不能作出决定，"而是把案件提交给更大的官员。官员们审判案子很慎重，往往是让很多人公开听审。"因此他们不可能有伪证，像我们那里常发生的那样，我们那里若落到狡猾的公证人手里，时常有危及人们的财物、生命和面子的事。这里作法很好，总有很多人到法官那里去听证和作证，诉讼不能做假，像我们那儿常作假一样。"中国的官员接待人很有耐心，对他们这些外国人也是如此，能仔细倾听他们的陈述。伯来拉感慨地说："我不知道有比他们尊重我们这个事实，更足以证明他们的司法值得称赞的了，我们不过是俘囚和外国人。因为在基督教国土的任何城镇，无论哪儿像我们这样的陌生人受到控告，我可不知道真正无辜者的案件将有什么结果。"伯来拉得出结论说："中国人在司法方面的措施……是多么超越基督徒，比他们更讲公道和事实。"①

在当时西方人写的有关中国情况的文字中，伯来拉对中国司法制度的介绍是最详尽的。正如伯来拉《中国报道》的英译本出版者所说："你可以从后来的作者得到有关中国的更详细的描写，但在谈他们的诉讼，严法、监狱、死刑等等，仍是这部书更好。"②

4　冒险家平托的《游记》

费尔南·门德斯·平托(Fernao Mendes Pinto，1509—1583)是16世纪葡萄牙著名的旅行家和冒险家。他出身贫困，从小在贵族家当差，后来怀着发财的愿望，和当时的其他冒险家一样，于1537年去印度，此后一直到1558年一直以各种身份在东方各国游历，直到1558年才返回葡萄牙。他在这21年中，走遍东方国家，动荡坎坷，经历了无数的奇险之事，充满传奇色彩。正如他自己说的，"曾13次被俘，16次被卖"。他做过海盗、商人，还参加了耶稣会，陪同沙勿略神父一起到日本传教，出资建造了日本的第一座天主教堂，后来又退出耶稣会。

① [葡]伯来拉：《中国报道》，[法]C. R. 博克舍编注：《十六世纪中国南部行纪》，中华书局，1990年版，第7、11—13页。

② [法]C. R. 博克舍编注：《十六世纪中国南部行纪》，"导言"，中华书局，1990年版，第33页。

16 世纪末欧洲人眼中的中国人

大概从他回国后的第二年，即 1559 年开始，他着手《游记》的写作，叙述他旅行东方的奇闻轶事。到 1580 年完稿，全书长达 226 章，叙述了他在红海、埃塞俄比亚、霍尔木兹、马六甲、苏门答腊、暹罗、缅甸、中国等地的游历和这些地方的风物名胜。澳门学者艾思娅（Maria Leonor Buescu）指出："平托的《游记》与那些专著、报告、见闻属于同一时代，堪称超语言交往的一部名副其实的'多语'词典。全书一个个章节代表了其复杂的行程。他在果阿、马六甲、广州、北京、日本和苏门答腊之间穿梭往来，随着一章章的铺展，其举动、姿态、行为逐渐变得具有意义，使人能够领会起初无法理解的其中含义。"①

平托的《游记》完稿后，为人们竞相传抄阅读，但正式出版则是在他去世 31 年之后的 1614 年。据说在出版前，宗教法庭对该书进行了检查删改，耶稣会也删去了与他们有关的内容。

---

① ［葡］费尔南・门德斯・平托等：《葡萄牙人在华见闻录》，海南出版社、三环出版社，1998 年版，第 10 页。

《游记》中有一部分是平托在中国游历的记述。在中国他到过广州、泉州、镇海、宁波、南京、北京等地。根据他自己的描述,在1542年5月14日,在葡萄牙人安东尼奥·德·法利亚(António de Faria)的带领下,有一支近150人的队伍乘坐两条快船,从镇海出发,要去一个叫加雷铺的海岛,平托也在这支队伍之中。他们听一位中国向导说,这个岛上有中国17个国王的陵墓,里面金银成堆,而除了僧人,无人防守。他们沿着海岸北上,进入一条大河,溯河而上,路上惊险迭起,船上屡有减员,但一路上始终没有引起人们注意。83天后,他们悄悄地到达该岛。当天晚上他们上岛,就近将一座庙宇洗劫一空。原以为这次行动神不知鬼不觉,第二天可以深入岛内,盗劫陵墓,但实际上却被人发现了。他们匆忙逃遁,起锚行船,但遇到风暴,仅有14人幸免一死。他们伪称是遭到海难的暹罗商人,一路行乞,想步行到南京,再从南京搭船去镇海或广东,但却在途中被当地总兵以不务正业流民罪被捕,并被押解到南京,又从南京被押到北京,最后被判流放Quansi(可能是甘肃)。最后,他们只有9人幸存,得以返回。

平托的"《游记》一书精彩地描述了16世纪的中国,尤其应当指出的是,他在描述中对中国人怀着一种异常同情的态度和人文学家的开放精神。"[①]他在《游记》中记录了他们在中国的这些经历和所见所闻的一些事情。他在书中讲到中国的地域广大,物产丰富,还特别提到中国的瓷器、丝绸和长城。他提到北京,说全世界所有的大城市"都无法与大北京最细微的东西相比,更难与北京各方面的宏大规模与气势相提并论,诸如雄伟壮观的建筑、用之不竭的财富,极其充沛的各种必需品,难以计数的人口、交易、船只,司法情况,国家的治理,宫廷的平稳……。"[②]他说:

> 中华帝国的各个城市宏大壮观,人们可以据此推断整个帝国该是多么辽阔宏伟。

---

① 澳门《文化杂志》编:《十六和十七世纪伊比利亚文学视野里的中国景观》,大象出版社,2003年版,第181页。

② [葡]费尔南·门德斯·平托等:《葡萄牙人在华见闻录》,海南出版社、三环出版社,1998年版,第210—211页。

我在一些地方看到了数量极大、种类极多的食物，是我们欧洲望尘莫及的。然而说实话，不要单说每一个地方的东西，就是把所有这些地方的东西都加起来，也不能与中国一地的东西相提并论。大自然赋予中国的其他东西亦都是如此，无论是健康清新的空气，还是社会文明、物质财富以及景物的宏伟壮观，都无可比拟。为了使这一切更加光辉灿烂，这里的人们极其守法，政府的治理又极其公平卓越，令其他所有的国家羡慕不已。①

门德斯·平托是欧洲最早描绘东南亚与亚洲北方及亚洲东北方贸易往来的著作家之一。他使人们对这些沿海地区的海上贸易的开拓有了一个全面的了解。他到过舟山双屿港。他在游记中写道："双屿港由对峙两岛构成"。这里，"又有风景优美的小溪，溪水味甘，源出高山。"在双屿附近居住的外国人，除葡萄牙人外，还有日本等十多个国家商人，多时达3000 人左右。他们来双屿港互市贸易。入夜灯火通明，一派繁荣，甚至港道拥堵，船只无处停泊。凡是运到那里的货物都可以获得三四倍的利钱。欧洲人的白银源源流入中国，换取中国的丝绸、瓷器、棉布等商品。平托称，双屿港是 16 世纪东亚最繁华的国际贸易中心。这个双屿港的地理位置，根据近年来专家的考证，认为双屿港就在舟山市普陀区六横岛西岸与佛渡岛东岸之间的水道，处于国际航线与中国内地的连接点。这与明嘉靖二十七年(1548)浙江巡抚朱纨在《双屿填港工完事疏》中所云："访其形势，东西两山对峙，南北俱有水口相通，亦有小山如门障蔽，中间空阔约二十余里……"相吻合。

美国汉学家史景迁指出：平托的《游记》"是一部富于梦幻，使人销魂夺魄，且风行一时的简明读物。"②《游记》出版后，被称为"另一部《马可·波罗游记》"，很快被译成西班牙语、法语、荷兰语、德语及其他语言，成为一本真正的"畅销书"，比其他的书卖得更好，甚至超过了《堂吉诃德》的销

① [葡]费尔南·门德斯·平托等：《葡萄牙人在华见闻录》，海南出版社、三环出版社，1998 年版，第 197—198 页。

② [美]史景迁：《中国纵横——一个汉学家的学术探索之旅》，上海远东出版社，2005 年版，第21 页。

量。书中反映的异国情调和海外冒险的传奇经历令读者们耳目一新。葡萄牙学者科提松指出:平托"是葡萄牙历史上最伟大的冒险家,给我们留下了一部有关他惊人历险的奇妙撰述。"他的"冒险和旅行,无疑地构成航海史上最奇妙的篇章之一,而他留给后人的文笔优美的著作,确实是这类迷人文学中的瑰宝。"[①]

1654年,英国著名作家坦普尔(William Temple)的未婚妻奥斯本(Dorothy Osborne)给他的信里提到了平托的游记。她写道:

> 你有没有看过一个葡萄牙人关于中国的故事?我想他的名字叫平托。如果你还没有看过,你可以把那本书带走。那是我认为我所看过的一本饶有兴味的书,而且也写得漂亮。你必须承认他是个游历家,而且他也没有误用游历家的特权。他的花言巧语是有趣而无害,如果花言巧语能够做到这样的话,而且就他所涉范围而言,他的花言巧语也不是太多的。……如果我这辈子能够看到那个国家,并能跑到那里,我在这些方面要好好地玩弄一番呢。[②]

但是,人们更多是把它堪称一部融真实与想象于一体的小说,也有人则斥之为《天方夜谭》式的故事。有人甚至将作者的名字"Fernão Mendes Pinto"改成"Fernão Mentes? Minto",即"费尔南,你在说谎吗?我在说谎。"来讽刺平托的夸夸其谈。但是,平托在书的"前言"中强调:"所有这些奇闻逸事,无论是悲是喜,是动荡还是安宁,都不是为了取悦这些人,也不是处于无边臆想,而是事实的忠实传述,愿读者自明。"

美国学者丽贝卡·卡茨(Rebecca Catz)指出:"在世界文学艺术的巨著中,《游记》是最被人们误解的作品之一。"[③]但在现在的学术界,则更肯定它是一部独一无二的作品,具有很高的文学、历史和思想价值。人们认

---

① [葡]多默·皮列士:《东方志——从红海到中国》,江苏教育出版社,2005年版,《多默·皮列士传注》,第5、30—31页。

② 引自范存忠:《中国文化在启蒙时期的英国》,上海外语教育出版社,1991年版,第12页。

③ [葡]费尔南·门德斯·平托等:《葡萄牙人在华见闻录》,海南出版社、三环出版社,1998年版,第137—138页。

为,《游记》一书虽然有夸张的部分,所描写的仍不失为真实。很多人把书中模糊不清的地方归罪于宗教法庭和耶稣会的删改。丽贝卡·卡茨认为,在一个宗教法庭肆意扼杀人们思想的年代,《游记》大胆辛辣地讽刺了葡萄牙的宗教和政治机构,谴责了作为葡萄牙帝国生命线的十字军思想。史景迁写道:

> 摆脱了卡茨所说的那种必须把平托的作品当作史书来读的一般想法的束缚以后,我们就可以轻松地把平托的作品当作小说来读。这本小说是以流浪汉传奇式的冒险故事为题材,同时小说里面还带有讽刺成分。卡茨女士认为,平托的中心目标是对葡萄牙人建立海外帝国的行为及其背后所体现的十字军精神提出深刻而长久的批评。因此,他的批评直接指向卷入这项事业当中的军人和神职人员。他对亚洲人信仰和行为的描述是用来突出葡萄牙人的荒谬与虚伪……我反复地注意到平托确实是孟德斯鸠和伏尔泰的先驱,是笛福和哥德斯密的前辈。然而,与此同时,我们还可以把平托视为正在形成的西班牙式传奇冒险小说传统的叙述者。[①]

二　有关中国的初步研究

1　欧洲第一部专述中国的著作

葡萄牙人克路士(Gaspard de Cruz)是一名多明我会的修士。1548年,他作为12名多明我会教士团的一员,在副主教伯慕德斯(Diogo Bermudes)修士的率领下前往亚洲,乘船赴印度果阿。一般认为,伯慕德

① [美]史景迁:《中国纵横——一个汉学家的学术探索之旅》,上海远东出版社,2005年版,第22页。

斯修士及其同伴的到来，标志着多明我会在亚洲传教的正式开端。克路士先是在印度传教，后来到了马六甲，他曾在马六甲为教会修建了一所修道院。1556年冬季，他曾到中国广州逗留了几个星期。后来他可能去了忽鲁谟斯，在那里从事传教活动。克路士于1569年返回葡萄牙里斯本时，正逢瘟疫流行。他不顾旅途的疲劳，马上自愿到受疫害的百姓中进行工作。疫情在里斯本开始减轻，他马上又赴情况仍然严重的色图包。他在这里“等到鼠疫过去，但就在灾疫结束时，他得了同一种病死了，如他生世所预言的，他会染上并死于这种瘟疫，他死后再无人会得病了，因此他是色图包最后一个死于害疫病而死的人。”①

1570年2月他的《中国志》在葡萄牙出版时，他本人已染病而亡。人们既处于瘟疫的恐怖侵袭之下，《中国志》又是用葡萄牙文写成，在欧洲懂这种文字的人不多，因而该书没有在当时的欧洲受到应有的重视。门多萨充分认识到该书的价值，在自己的著述中不仅利用了该书的资料，而且在对待中国文化的评价上也颇受克路士的启发和影响。所以，也可以说，门多萨的《中华大帝国史》对于克路士的《中国志》的传播起到了重要作用。

克路士的《中国志》被认为是欧洲出版的第一部专述中国的著作，在此之前比较著名的马可·波罗的游记以及同代人卡斯坦赫达、巴洛斯等人的著作，并不是专谈中国的书，只是部分涉及中国。克路士的《中国志》有十分之九的内容是专记中国的，他在书的“序言”和“致读者”中也明确说明他著书的目的就是要“详述中国的事物”，“既谈它的土地，也谈它的人民，由此进而详述该国家及其省份。然后我将谈建筑和船只，接着，土地的耕作和人们的职业，男人和女人的服饰，他们的一些风俗习惯，再详谈治理国家的人和政府。最后，我要谈祭礼和宗教信仰，及我在该国发现的有利于传播基督教的倾向，和不利于传播的障碍。”②所以，英国学者博克舍说：“马可·波罗遗漏的，这里都有很好的描述，同时我们的这位修士对中国生活和风俗所做的许多考察，启迪了那些而后常常被认为是最早

① [法]C. R. 博克舍编注：《十六世纪中国南部行纪》，“导言”，中华书局，1990年版，第35页。

② [葡]克路士：《中国志》，[法]C. R. 博克舍编注：《十六世纪中国南部行纪》，中华书局，1990年版，第40—41页。

把中国揭示给欧洲的耶稣会作家。……这位葡萄牙修士，比那位更负盛名的意大利旅行家马可·波罗，对所见的中国描写得更好更清楚。”在博克舍看来，“欧洲出版第一部记中国的书，这份荣誉应授予这位谦逊的多明我修士。”[①]雷蒙·道森指出：“他留下的记述不仅作为欧洲第一部专门讲述中国的著作而独具特征，而且是有史以来有关中国最值得注意的著作之一。克路士在事无巨细地描写生活方式、风俗习惯和自然环境方面具有非凡的天赋。”[②]

克路士在写作这本书时，曾借用了伯来拉的《中国报道》中的材料和记述，并几次得到中国人的帮助。他还尽可能努力得到中国政府文件和私人信函的译文，以增加他著述的份量。特别是他根据自己在中国游历的经验，对所见所闻作了充分的描述。欧洲学术界把克路士的著作称为是《马可·波罗游记》之后又一部有价值的历史文献。16 世纪的一些重要地理历史著作，如艾斯加兰蒂（Bemardino de Escalante）的《航行记》、门多萨的《中华大帝国史》和哲罗尼姆·罗曼（Jeronimo Roman）的《世界各国志》，都曾大量引征克路士的著作。博克舍在评价克路士的著作时指出：“克路士在广州停留的几周比马可·波罗在中国度过的那许多年得到更充分的利用。……我相信，有机会到中国旅行和阅读加斯帕·达·克路士《中国志》的人，都会同意说这部葡文著作不亚于 1625 年前欧洲出版的这类书——也不亚于很晚出的许多这类书。”[③]

克路士说，根据他自己的观察与知识，可以判定，中国就是希罗多德所说的斯基泰的一部分或绝大部分，它的国土从中亚开始，一直到旭日升起的东部大海。在《中国志》中首先介绍了中国的邻国、疆域和行政区划。他沿袭伯来拉的说法，说中国有 13 个省，每个省有一座省城。因为他曾到过广州，所以特别列一章详细地描述了广州这个美丽而诱人的城市。他说，广州是一座雄伟的城池，它四周有坚固的城墙，城门宏伟高大，构筑

① [法]C. R. 博克舍编注：《十六世纪中国南部行纪》，“导言”，中华书局，1990 年版，第 37—38 页。

② [英]雷蒙·道森：《中国变色龙——对于欧洲中国文明观的分析》，中华书局，2006 年版，第 36—37 页。

③ [法]C. R. 博克舍编注：《十六世纪中国南部行纪》，“导言”，中华书局，1990 年版，第 38 页。

良好。墙围四周约有12350步,和葡萄牙首都里斯本的城墙相仿,但主要的街道都比里斯本最繁华的街道还要宽阔。"街道都铺得很好,靠近房屋的路面要高些,路中间要低些,便于排水。大街上有横过路面的牌楼,高大又建筑精美,街道因此显得美观,城池变得气派起来。沿街房屋有一间接一间的铺面,铺里和牌楼下售卖多种商品。"出售的商品丰富多彩,有用彩色丝线刺绣包面的绣花鞋、用木精制的舒适华丽的床架、华丽的锦缎和线缎、精美绝伦的瓷器、黄铜器皿和铸铁器皿等。"至于小的涂金盒、大盘、篮、写字台和桌子,数不胜数,再好不过。金匠、银匠、铜匠、铁匠和其他各行各业,既多又完备,各种的东西也十分丰富,应有尽有。"①广州的轿子很多,高贵美观,四面密封,每面有一扇小窗,上面用象牙或用骨、木制成漂亮的窗格,坐在里头的人可以观看外面街道上的情景,而自己却不会被外面的人看见。克路士对广州城的雄伟、繁华、富庶充满赞赏之情,但他同时还指出,中国还有很多比广州更雄伟、规模更大的城市,这些城市都有坚固的城墙、高大的城楼、平坦的街道和华美的建筑。

克路士详细地介绍了中国丰饶的物产。他说,中国的土地都得到充分耕种,"那土地的出产富庶,食物及维持生活的各种必需品都极其充足。"中国的主要粮食是大米和麦子,产量极丰。鱼、肉、禽类也十分丰富。菜园里有很多蔬菜,如大头菜、萝卜、白菜、蒜、葱等等,也有很多水果,如桃、李子、甜橙、各种坚果、无花果、苹果和荔枝等等。他还说,中国人是十分勤劳的,"人人都劳动谋生"。"这个国家中懒人受憎恶,人人讨厌,不劳动者不得食。"同时,中国人也十分节俭。"这个国家不丢弃任何不管怎样破旧的东西。狗骨头和其它动物的骨头,他们用来制作玩具,代替象牙在上面雕刻,镶嵌在桌子、卧榻及别的漂亮家具里。他们不丢掉任何品种的破布,凡是用羊毛织成的粗细破布,他们就制成细纸。他们用树皮、根茎和破丝绸造纸,在丝绸纸上写字,余下的则用来卷在丝绸幅中。"②

克路士在《中国志》中详细介绍了中国的行政管理制度、皇帝和皇室的情况、官员的任免和监察,以及中国的司法制度。他还详细介绍了中国

---

① [葡]克路士:《中国志》,[法]C. R. 博克舍编注:《十六世纪中国南部行纪》,中华书局,1990年版,第67页。

② 同上书,第83、85页。

的服饰、饮食、节日、娱乐、丧葬、待客等日常生活风俗。他说“中国人是很讲礼节的百姓”。中国人的彬彬有礼给他留下深刻的印象。克路士对广州的社会生活十分着迷，特地在广州买了三只笼中养的夜莺，“它们在十二月唱歌，好像那是四月”，给他的旅途生活带来愉悦。克路士说中国是一个聪明智慧的民族，“他们的各行业都心灵手巧，因为他们天赋聪明能干。”他提到中国的长城，同时发现中国的农耕和航行等多方面优于欧洲。

特别值得提及的是，克路士是第一个有记录的（而且是长时期唯一的）鉴赏中国音乐的欧洲人。

2 传教士拉达的中国纪事

马丁·德·拉达（Mardin de Rada，1533—1578）是最早来东方的欧洲传教士之一。拉达出身于西班牙的一个贵族家庭。早在11岁的时候，他由他的兄长陪同，被送往巴黎求学。据他的传记说，他在那里特别优于数学、地理、天文和语言。他在巴黎大学大约居留了五六年，回国后进入萨拉曼卡大学学习神学，并加入了圣奥古斯丁会。16世纪50年代末或60年代初，拉达自愿赴墨西哥传教。1565年，他又随列格兹比（Miguel Lopez de Legazpi）的探险队来到菲律宾。拉达在菲律宾的传教工作进行的很出色，在1572年被选为马尼拉的大主教。当时西班牙人早已从葡萄牙人那里得知，跟中国做生意可获大利，所以久欲与中国交通。拉达在1569年致墨西哥总督的一封信中曾简单地提到中国，鼓吹征服它。他担任主教后，认为在自己任期内的一个首要任务就是尽可能去教化中国。他在1572年7月1日给墨西哥总督的信说，他自愿去中国，证实一下他听一个叫“甘科”（“Canco”）的中国人说到的有关它的富足及弱点的消息，他曾在菲律宾的家里招待这个中国人住了几个月。他又说，除非得到国王或墨西哥总督的批准，长官不愿让他去。他最后说，如果有两个修士去，那会是件好事，“因为除了给福音和吾主服务敞开大门，也可以因此得到真实的情况，他们将把我王的伟大告之中国人，让他们知道臣服我王陛下是他们的义务，因为他出财力把传教士派去教导他们。哪怕这两个人仅仅充当译员与中国人建立贸易关系，那行程也将具有不小的意义；而我如是被差遣之一，我会认为那是特殊的荣誉，极愿如此。”[1]

1575年，拉达的主教任期满后不久，他被挑选为赴中国使团的团长。与他同行的还有奥古斯丁会修士哲罗尼莫·马林(Jeronimo Marin)与两名军人。菲律宾的西班牙殖民政府总督拉维扎列斯(Guido de Lavezares)于1575年6月12日给拉达等人作了详细的指示，让他们把赠送给中国官员的礼物和信件带到泉州和福州。他指示使者要向中国官员充分保证西班牙人的友谊，要请求允许传教士自由地宣讲福音。他们要请求划定福建的一个港口供西班牙人作贸易之用，一如葡萄牙人之在澳门。他们还要尽力了解中国人的性格、习俗和贸易，及“所能得到和获悉的该中国的一切其他情况和秘密”。如果地方官员坚持要把西班牙人的要求上报北京，那么使者要请求留在该邦以待皇帝决定下达。拉维扎列斯特别告诉拉达等人说，无论他们还是他们的随从，都不得嘲笑偶像、庙宇或中国人的宗教仪式，“因为据说这是使他们十分恼怒的事。他们不得对他们看到的事物表示惊异或爱好，不得对此加以指摘和嘲笑。”不许西班牙人和中国妇女交谈，“因为据说男人很妒忌，这样做是危险的事；由此可导致巨大的损失和麻烦，提供反对我们计划的理由或口实。”为避免争吵、打斗的危险，不要晚上在街上行走。另外，不马上付现金就不要向中国人讨取任何东西，“这样可以让他们发现，允许西人去跟他们做生意，可使他们获利。”在拉维扎列斯的指示中，对发展贸易给予特别的重视。他写道：

> 你们要努力了解该国人民的品质，知道他们的风俗习惯，及他们做什么生意买卖；并要知道他们是否言而有信，说话诚实否，从这可运什么商品到那里，从那里又能运什么来，以致对双方贸易都有利，尚有能够发现和打听到的有关该国的其他事物和秘密。若你们被允许留在那里，你们要写一份有关一切的详尽的报告，交陪同你们的两名西班牙人米古额·德·洛阿卡和伯多禄·萨尔密安托交送我们，

① 引自[法]C. R. 博克舍编注：《十六世纪中国南部行纪》，“导言”，中华书局，1990年版，第44页。

而若不许你们在那里居留,那你们返回时把报告交给我们。[①]

1575年6月,拉达一行启程到福建,往返一共用了4个月零16天(1575年6月12日至10月28日)。他们于7月5日抵达厦门,7月11日下午到达泉州,官府组织了欢迎队伍,鼓乐队充当先导,由400名武装士兵护送进城。他们在泉州住了两个星期,后又到福州逗留了38天,最后于9月14日启程回菲律宾。拉达在中国逗留期间曾与地方官员交往接触,购买百余种中国图书典籍,内容涉及政治、科技、法律、医术、神怪、竞技、剑术、算术,以及星占学、观星术、手相术等。

拉达在返回马尼拉后写了出使报告,记述他和同伴在福建停留两个月内的见闻。拉达的出使报告题为《菲律宾群岛奥斯定修道会神甫马丁·德·拉达与其同伴哲罗尼莫·马林以及与他们随行的士兵在中国观察与体验到的事物》。报告分为两部分:第一部记述他到中国的旅行,在福建的行程,及返回马尼拉,题为《出使福建记》;第二部是一个对中国的简述,题为《记大明的中国事情》,分为12章:(1)王国的版图和位置;(2)各省;(3)城镇;(4)军事事务;(5)人口和税收;(6)明朝的历史;(7)礼仪、习俗和服饰;(8)饮食;(9)建筑、农耕、矿藏等;(10)司法和行政;(11)宗教和祭祀;(12)和尚、道士、尼姑。

关于拉达中国记事的价值和意义,他的一位17世纪的传记作者、西班牙历史学家加斯帕·德·圣奥古斯丁(Gaspar de San Agustin)指出:

> 他毫无准备地踏上该帝国的土地,既不懂该民族的语言,也没有老练的译员帮助他得到有关这样的一个古老和精明民族的知识。尽管有这些困难,修士马丁对中国的描述是那样详尽,以致我们对他怎么能够在这样短的时间内获得那么多的情报感到惊奇。由此我们发现他的伟大天才,而根据所有认识他的人的说法,即使在那黄金年代,也是突出的。[②]

---

① 引自[法]C. R. 博克舍编注:《十六世纪中国南部行纪》,"导言",中华书局,1990年版,第45页。

② 同上书,第50页。

拉达在他的中国记事中首先明确指出“我们通称为中国的国家,威尼斯人马可·波罗叫做‘契丹’”[①]。在16世纪以前,欧洲人对中国的地理概念尚不清晰,误认为“中国”和“契丹”是两个国家。葡萄牙人皮列士曾确认“北京”就是“汗八里”,才估计到“中国”和“契丹”可能是同一国家的不同名称。而拉达则是“第一个明确无误地把中国考定为马可·波罗的契丹的欧洲作家”。[②] 不仅如此,拉达还指出中国历史上的不同名称,如汉唐、宋元、契丹,“今天它的本名是大明”。拉达介绍了中国地理位置、幅员和行政区划。他是最早提到长城的欧洲作家之一。他写道:“[中国]北面是一道雄伟的方石筑成的边墙,那是世界上最著名的建筑工程之一。……根据他们史书说,这道边墙是将近一千八百年前由秦始皇(King Cincio)所建”[③]。

拉达根据他在中国逗留期间的所见所闻和他所掌握的中国文献,详细地介绍了中国的城镇分布、人口、赋税制度、行政管理和司法制度、建筑风格、物产和农耕技术,还简要叙述了中国的历史,介绍了中国人的风俗和服饰,以及宗教信仰等方面的情况。他说中国是世界上人口最多的国家,中国人“是平易、谦恭和厚道的民族,……他们是大工匠,积极从事他们的工作,因此令人惊异地看到他们是多么勤奋地提供产品,而在这方面他们是最有天才的。所有街道上都有各种行业。”[④]他还录下了泉州城概貌,说“泉州城有五万多人户,不包括那些住在城郊的,城郊多而大。城市四周有石头筑的高墙围绕,还有一座十分出名的桥,六百多步长,整个齐整地铺以石板,每块二十步长,一个半瓦拉(varu)厚”[⑤]。城内的“大街很宽,都有许多牌坊,有的用石精筑,有的用木。……这些大街是作为市场

---

① [西]拉达:《记大明的中国事情》,[法]C. R. 博克舍编注:《十六世纪中国南部行纪》,中华书局,1990年版,第185页。

② 引自[法]C. R. 博克舍编注:《十六世纪中国南部行纪》,“导言”,中华书局,1990年版,第48页。

③ [西]拉达:《记大明的中国事情》,[法]C. R. 博克舍编注:《十六世纪中国南部行纪》,中华书局,1990年版,第187页。

④ 同上书,第202页。

⑤ [西]拉达:《出使福建记》,[法]C. R. 博克舍编注:《十六世纪中国南部行纪》,中华书局,1990年版,第179页。

使用，街上售卖各种肉、鱼、水果及蔬菜；有摆摊的出售书、纸、刀、剪、帽、鞋、草鞋等等。因为这些大街很宽，中间有足够的空地，摊子和屋舍之间有余地可通，尽管摊子从街的一头摆到另一头"。[①] 他们的食物很好，主要食物是大米，用大米酿的酒可以与很好的葡萄酒媲美。"我们看见的类似我们的东西……是：鱼、小麦、大麦、米、豆、玉米……还有母牛、水牛，他们说内地也有羊，我们也看见猪、山羊，及像我们有的一种鸡，另一种鸡肉是黑的，更好吃，再有阉鸡和黑尾鹇。……水果有黑白葡萄，……也有许多品种的橘子和柠檬、大佛手柑、梨、苹果、野梨、桃、李、桑、坚果、栗、枣、南瓜、黄瓜、西瓜、白菜、小白菜、大头菜、萝卜、大蒜、葱和该国特产的其他很多蔬菜和水果。他们有大量的糖，而且他们制造很多上等蜜饯。"[②]拉达还详细记述了官府为他们举办的欢迎宴会，其排场和阔气令他们惊叹不已，各种美味佳肴使他们大饱口福。

拉达对中国悠久的历史很感兴趣，他据掌握的中国文献，简述了中国历代王朝的更迭，从盘古开天地说起，依次说到伏羲、神农、有巢氏、黄帝，继而列举了秦始皇、汉高祖、刘备，以及隋、唐、宋、元诸朝。他指出，从中国悠久的历史"可看到这个国家除短期受鞑靼统治外一直完整地不被外族控制，这确实是件了不起的事。若这个历史是真实的，那他们在洪水后不久就有了皇帝，而且他们从此后始终没有被异族掺杂"。[③]

拉达的著作受到欧洲人的高度重视，门多萨在撰写《中华大帝国史》时采用了其中许多内容，并且将他的《中国记事》作为第二部分的一卷收入其中。当时的人们也给予拉达很高的评价，说他是"一个非常伟大的数学家、几何家和天文学家，以致大家说他是世界上最杰出的人物之一。"还有人说："我们这有一位西班牙数学艺术的花朵和凤凰，他就是那位修士马丁·德·拉达，他发现了西班牙人不知道的许多事物，时间将在适当的过程中揭示它。"[④]法国学者裴化行（Henri Bernard）指出：

---

① [西]拉达：《记大明的中国事情》，[法]C. R. 博克舍编注：《十六世纪中国南部行纪》，中华书局，1990年版，第208页。

② 同上书，第206页。

③ 同上书，第199—200页。

④ [法]C. R. 博克舍编注：《十六世纪中国南部行纪》，"导言"，中华书局，1990年版，第49页。

拉达的游记由他的同会教友于1585年编辑出版后,在欧洲广为流传;在向公众传播有关中国以及它的政府机构的确切概念方面,包括1615年金尼阁整理出版的利玛窦中国札记在内的所有著作,无一可与之媲美。……这几位中国的早期探索者提供的信息,虽不详尽,但扎实可靠,比此前同类著述有了无可比拟的进步。科举、行政机构、医药、植物以及其他种种事物,都是第一次根据原始文献研究的结果。①

3 哈克里特的《发现全书》

16世纪末,在英国也出现了一部介绍中国的著作,是英国地理学家哈克里特(Richard Hakluyt,1552? —1616)著的《英国航海、旅行和地理发现全书》(简称《发现全书》)。

哈克里特出生于伦敦一个皮革商家庭,1570年入牛津大学学习并获得文学硕士学位。在随后的若干年中,他结识了两位欧陆著名的地理学家,与他们保持通信并得到指点。1583年他作为英国驻法使团的随团牧师到达法国。在法国的5年间,他通过访谈、通信、跟踪有关当时英国航海家海外探险信息并收集各种航海旅行材料,为他最终的作品做了大量的准备。

1588年,哈克里特回到英国,即投入《发现全书》的编辑之中。该书第一版在英国皇家海军歼灭西班牙的"无敌舰队"的次年开始出版。《发现全书》按地域分为三大部分,即东方、东方与东北方、西方。他的编辑宗旨是记录英国的海外探险成就,因此哈克里特尽可能地避免收入非英国人的作品,入选的篇章大多为目击者的陈述和真实的商业信函。当时英国探险家的活动区域主要在美洲一带,因此"西方"部分比其他两个部分要大得多,关于中国的内容比较少。

西班牙的无敌舰队覆灭后,英国从一个海上强国逐渐地向大英帝国

---

① [法]裴化行:《倚中国之门而望:16世纪的传教士》,引自许明龙:《欧洲十八世纪中国热》,外语教学研究出版社,2007年版,第62页。

演变。英国舰队可以基本无所顾忌地在此前葡萄牙、西班牙垄断的一些东方航线上航行。哈克里特获得了关于东印度贸易的一些航海日志、价格记录和其他的信息。这些材料的获得使《发现全书》第二版的篇幅得到很大扩充，是第一版的近 3 倍，共 3 大卷，尤其得到加强的是关于包括中国在内的东方内容。在第二版的第三卷"书信体献词"中，哈克里特说他采用了这样一个编辑原则："虽然我的著作还是以'英国旅行'为标题，但在我们自己的经历不足的地方，我就精心地提供国外的最佳最主要的旅行记。"哈克里特在这篇"献词"里还说："因为我们的主要想法是为我们这个地区的自然商品——毛料找到足够大的市场，我发现为达此目的的最合适地方是日本诸岛和中国的北部地区，以及与之相连的鞑靼地区。"因此，

> 我在这里加上了有关这些国家的两种专门著作。其中一种我认为是迄今为止发现的记载那些国家最准确的。这书于 1590 年用拉丁文在中国城市澳门出版，用中国纸印刷，是出版后两年在那著名的商船"圣母号"上截获的。给我看的时候是装在一只香木匣子里，用印度花布包裹了上百层，真好像它是一件无价珍宝。①

这就说到关于这本书的成因的一段历史逸话。1592 年，英国舰队截获了一艘葡萄牙商船"圣母号"。船上不但有英国人从未见过的东方珍奇之物，而且更重要的是船上有一本关于东方国家包括中国的书，这本书于 1590 年用拉丁文在澳门出版。有人把这本书送给了哈克里特。

这个被截获的拉丁文本是由桑德(Duarte de Sande)撰写的一篇关于中国的有趣对话，标题是《关于中国及其财富、政府的一篇优秀记述》。据有关学者研究，其最初来源是利玛窦及其他到中国的耶稣会士的报告。该文对中国涉猎广泛，举凡国土面积、城市、人口、财政状况、农业生产、物产资源、瓷器制造及其他工艺、医药、语言、教育、宗教、习俗等方面无所不谈。尽管作者对中国给予诸多赞美，但对某些方面他还是有所保留甚至

---

① 引自周珏良：《数百年来的中英文化交流》，周一良主编：《中外文化交流史》，河南人民出版社，1987 年版，第 587 页。

批评的。如该文虽说中国的土地肥沃程度超过了东方所有的其他王国,但也同时指出无法与欧洲的富庶和多产相提并论;还说葡萄牙人高估了中国的商品丰富,因为他们的结论仅仅得自于广州一地,而广州也许是整个王国最大的市场。作者对中国宗教的评价亦不高,说儒教犯了偶像崇拜的"罪"等。但是,哈克里特还是感到它是"一种我认为迄今为止发现的记载那些国家最准确的书"。哈克里特找人把这本书中有关中国的叙述摘译出来,同时还翻译了另一本由科尔沃(Corvo)所著的有介绍中国内容的书,并把这两本书的内容编进他的《发现全书》。此外,该书还收入了其他几篇涉及中国的游记。例如,《一位英国人大约在1243年旅行到鞑靼,然后从那儿进入波兰和匈牙利》《里查德·约翰逊收集的笔记和观察记:从俄国到契丹国几条陆路路线》,还有柏朗嘉宾、鲁布鲁克、鄂多立克、克路士、伯来拉等人的游记或笔记。显然,这些篇章的作者即旅行者既有英国人,也有欧陆人,时间跨度是从13世纪的中世纪到16世纪的文艺复兴时代。另外还收录了英国人对开辟通往契丹国即中国的西北航道的诸多报告,其中比较重要的是伊丽莎白女王致中国皇帝的信,以及若干为了开辟抵达"契丹国"航线而撰写的"命令""记录"一类文字。

哈克里特在这部书中摘译了许多介绍中国社会生活和文物制度等方面的内容,说中国人口众多,幅员广阔,有许多金银和珍珠,其富饶"超过东方其他国家"。书中介绍了中国的丰饶物产,包括香料、丝织品、瓷器,以及小麦、稻谷、甘蔗等植物。中国有大片的森林和众多的河流,其中"有些是人工开掘,以疏交通"。中国男人种稻,女人养蚕缫丝,还有许多店铺和工匠、画家、刺绣工。刺绣工把金线织到棉布上,十分奇妙。中国人用火药制造"各种稀奇的花炮";在木板或铜板上刻上字,"每天神速地印出大量书籍来"。书中还说中国的居民"一贯遵守自己的风俗习惯",孝道对于中国社会具有特别重要的意义,但中国人"对别人的风俗习惯则不屑于注意"。官员和老百姓的服装不同,但在彼此之间"使用同一的语言"。中国人长于航海,过去曾把"印度一部分置于自己控制之下"。在很长一段时间中国曾受"鞑靼族"统治,但"近二百年来他们安居乐业"。

这本书还详细地介绍了中国的教育制度,并首次介绍了中国的儒学、道教和佛教,说中国人"注重文学高于一切",把"一生大部分都花在那上面”。孩子幼年起就“请老师教读书”，读书不成的就去“学做生意或学手艺”。书中介绍了中国的科举制，详尽地叙述了如何考秀才、举人、进士，并且提到八股文，说考秀才的人“需就出给他们的一句书或一个意思来发挥……那些文章漂亮的人……就可以考中”。中了进士的人可以在政府中做官，但要“先学国家法律和礼制”。接着还提到中国地方和中央的政权组织机构，并说官员的升迁要靠他们的成绩，“而不管出身或血统”，这就使得中国“国家太平”。这可以说是西方人对中国文学和科举制度第一次发表品评。书中还介绍了关于中国皇帝和皇室的一些事情，说中国皇帝“敬谨遵守法律和风俗习惯，不懈地学习治国之道”。他不轻易出宫，但“每日与大臣见面，处理国家大事”。另外，这本书还对中国的儒、道、释三家的思想做了比较准确的介绍。

哈克里特《英国航海、旅行、贸易和地理发现全书》是 16 世纪末英国一部非常重要的著作，涉及内容广泛，也是 17 世纪以前欧洲人“中国印象”的一个总体缩影。对早期英国人的海外开拓，对于增加英国人关于中国的认识和了解，起到了很重要的作用，在英国的学术史上影响深远。这可能是英国作家依据实际的中国材料写的第一部作品。这部著作问世后，哈克里特摘译的部分被誉为“一篇出色的关于中华帝国及其社会阶层和政府的论文”。到了大英帝国鼎盛时期的维多利亚时代，还有人称其为“我们现代英国的散文体史诗”。

三　门多萨的《中华大帝国史》

1　门多萨与《中华大帝国史》的写作

门多萨的《中华大帝国史》是 16 世纪有关中国问题的影响最大的一部著作。门多萨(Juan Gonzáles de Mendoza，1545—1618)出生在西班牙的多莱西亚·德加麦罗斯，当时正是西班牙帝国由盛而衰的转折时期。他自幼受过良好的教育，17 岁去墨西哥，历时 9 年。1564 年他加入奥斯定会,成为一名修道士。在墨西哥,他一面潜心研究神学、语法和艺术,一面在当地热心传教,因而具有在"异域"开拓事业的能力和经验。他在墨西哥期间,正逢西班牙船队远征并占领菲律宾,墨西哥成为从西班牙派往菲律宾的传教士和各级官吏的中转站,同时也是他们返回西班牙的必经之地。有关菲律宾和中国的各种信息成为当地引人注目的话题,引起门多萨对东方事物的浓厚兴趣。1573年,菲律宾主教迭戈·德·埃雷拉(Diego de Herrera)从菲律宾返回西班牙,想争取菲利浦二世给西班牙在东方的扩张活动以更大的支持。当他途经墨西哥时,看中了门多萨的才华及其对东方问题的学识,便选择门多萨与他同行,并于1574年8月12日返抵西班牙。

1574年9月14日,菲利浦二世在马德里宫廷接见了埃雷拉和门多萨一行。在听取了埃雷拉有关菲律宾和中西两国关系的详尽汇报后,菲利浦二世即表示意欲向中国派遣使团,并决定成立一个专门委员会研究具体方案。不久,有关马丁·德·拉达中国之行的报告传到西班牙,菲利浦二世读过这个报告,他责成印度事务院主席麦耐塞斯(Antonio de Padilla y Meneses)正式组织派往中国的使团。麦耐塞斯与门多萨私交颇深,而且知道他在墨西哥的经历以及他对东方问题的兴趣和广博的知识,于是推荐门多萨为出使中国的使团长,得到最高当局的认可。于是1581年门多萨与佛朗西斯科·德·奥尔特加(Francisco de Ortega)以及哲罗尼莫·马林(Lerónimo Marin)带着菲利浦二世致中国皇帝的信函和赠礼,包括图画、钟表、武器和盔甲、器用等出行。其中马林刚刚与拉达从福建返回西班牙,对中国很熟悉。有他参加使团,是完成出使任务的重要保证。他们于1581年2月离开圣卢卡尔,在6月底到达墨西哥。但是,门多萨的中国之行计划却受到墨西哥总督等人的阻挠,说到中国入境十分不易,并使国王放弃了派遣使团的打算,门多萨也于1852年由墨西哥返回西班牙。

1583年,门多萨返回罗马,拜见了教皇乔治十三世。当时,天主教极欲到东方拓展势力,但苦于对中国历史、文化的茫然无知,急需有一本关于中国社会情况的资料汇编。受教皇委托,门多萨广泛搜集资料,整理来华传教士的文件、信札、报告,以及各类翻译成西文的中国书籍。门多萨在墨西哥停留期间，与曾经和拉达一道出使福建的修士哲罗尼莫·马林有较多的来往，他们经常一起交谈，为门多萨提供了大量有关中国的材料。门多萨还接触过洛阿卡的《实录》，他是随同拉达和马林出使福建的两名军人之一，也在墨西哥与门多萨有比较密切的来往。更重要的是，他认真研读了克路士的《中国志》和拉达的中国纪事。他在写作自己的著作时充分利用了他们的材料。他坦率地承认说，"圣多明我会葡萄牙修士加斯帕·达·克路士曾到过广州城，在那里记录了这个国家的许多事物，而且很仔细，我在本史书中引用了他记的很多事。"①

另外，他还接触和部分利用了拉达的中国文献的译文，如司马光的《资治通鉴节要》(1541年版)、《新刊按鉴汉谱三国志传绘像大全》(明嘉靖版)等。不过，由于译者水平所限，《中华大帝国史》的介绍时有错谬。此外他还参考了多种描述中国的欧洲著作，如巴洛斯的《亚洲史》、卡斯坦涅达《葡萄牙发现和征服印度史》等。西班牙方济各会修道士彼得罗·德·奥法罗(Pedro de Alfaro)和其他3名同一修会的修道士1579年游历广东省后，曾写有游记。1581年至1584年方济各会修道士马丁·伊纳爵·罗耀拉(Martin Ignacio Royola)从塞维利亚出发，途经中国，做了一次环球旅行之后，也曾写有札记。此两书中有关中国的记载给门多萨留下深刻印象，他把这两部旅行札记附录在《中华大帝国史》的第二部分中。

所以，《中华大帝国史》取材非常丰富。门多萨广泛阅读和接触到16世纪有关中国的各类记载，特别是他利用了一些中国典籍的译文，使他的著作更具有真实性和可靠性，在相当程度上弥补了他没有亲自造访中国的遗憾。洛瑞罗指出："此书之所以风行一时，是因为这位教士无论在西班牙或是新大陆都大量而严格地查阅了历史文献。"②这就为这部著作的学术价值和历史价值奠定了基础。因而，《中华大帝国史》与其他同时代的同类著作相媲美，内容更丰富、更充实，也更全面。

门多萨《中华大帝国史》一书于1585年用西班牙文出版。1593年，他被任命为利帕里的主教，1607年他以教皇代理主教的身份赴美洲，被

① [西]门多萨:《中华大帝国史》，中华书局，1998年版，第37页。

② 澳门《文化杂志》编:《十六和十七世纪伊比利亚文学视野里的中国景观》，大象出版社，2003年版，第130页。

任命为恰帕主教,1608年被调任波帕扬主教之职。除了《中华大帝国史》之外,门多萨还另外撰写了几部历史和神学的著作,被同代人誉为一名优秀的史学家,一个最有口才的演说家。

2 《中华大帝国史》记述的中国事情

门多萨的《中华大帝国史》这部书的全名是:《依据中国典籍以及造访过中国的传教士和其他人士的记叙而写成的关于中华大帝国最负盛名的情事、礼仪和习俗的历史》。门多萨的这部著作是一次撰写中国通史的尝试。他在这部著作中详尽地介绍了中国的政治制度、教育制度、中国史地、物产风俗等,举凡中国社会的林林总总,书中皆有提及,所报道的内容远远超过马可·波罗的介绍,是一部欧洲最早系统介绍中国历史和地理的学术性著作,可称得上是当时欧洲人了解中国的百科全书。法国汉学家戴密微指出:门多萨的这部著作"把中国美化了一番,没有贫困,没有乞丐。'聪慧而又贤明的'人民,就像文艺复兴时期知识分子梦寐以求的遥远的国度呈现在他们面前。"[①]门多萨与西班牙政界上层人士直至国王,甚至教皇,都有直接联系,因此他较之一般的传教士和探险家观察问题有更高的审视能力。门多萨的文学才华使《中华大帝国史》具有很高的可读性,由于文体优雅和用词规范,人们常把《中华大帝国史》与西班牙古典文学中最脍炙人口的名著《祈祷与沉思录》和《堂吉诃德》相媲美。

《中华大帝国史》共分为两大部分。第一部分是对中国国情的综述。该部分共分3卷:第1卷重点介绍了中国疆域、地理概貌、气候、土壤分类、省的建制、城镇区划等概观。第2卷主要讲述中国人的宗教信仰以及对超自然力的崇尚;第3卷主要涉及中国古代帝王的世系、宫闱秘闻、贡赋、差役、军队、战争、行政管理、司法、科举,以及自然科学等概况。第二部分是由3篇旅行记构成。

第一部分是《中华大帝国史》的主体内容。在这一部分中,门多萨主要讲到:中国是个地域辽阔的文明古国,中国人自称"大明人"。全国划分

---

① 引自刘正:《图说汉学史》,广西师范大学出版社,2005年版,第142页。

15个省，“每省都要比我们所熟知的欧洲国家为大”。门多萨之前，已有欧洲著述介绍了中国的两京13省，但门多萨介绍得更为详细，不但介绍了15省，而且各省的府、州数目、纳税人数目、兵员数目都有介绍。据《中华大帝国史》，北京有47个府、150个州，除掉免除赋税的官员、军人以外，有270万纳税人，而且由于是军事重地，还有215万步兵、40万骑兵。中国境内有完好的道路网，使城镇相连。路面平整、宽阔，官道可容15人骑马并行。路旁商店林立，两侧绿树成荫，如同罗马时代的大道一样。有些城市有水道相连，好似威尼斯。北京是世界上最大的城市。中国人富有建筑才能。建筑用材举世无双，一种用“白土”做成的方块(即砖)坚硬无比，只有用锄才能将其砸碎。一座座邸宅有如庄园。门多萨对各省的宫殿般的府邸作了生动的描述：总的说来，一切都是华丽的和令人艳羡的，以高超的艺术做成，大得好像一个村庄，其中有大花园、水池，周围树木环绕。中国人的房屋都非常华美，像是罗马式样，通常在门前栽植树木，华丽整齐；树阴浓郁，使街道看起来壮观。所有这些房屋内部都像牛乳一样洁白，好像是糊上了发亮的墙纸。地面都用四方石铺成，宽广而光滑；天花板用的是上等木材，装饰和描绘得非常精巧，好像金色的锦缎，极其好看。每一家都三层庭院，花园中满饰各种名花异草，以供消遣。没有一家不修建鱼塘的，虽然很小。

中国最雄伟的建筑就是长城，长达500里格(每里格约合5572米)，是为防御鞑靼人而修建的。中国军队有步兵，也有骑兵。中国也有战舰，4天内可征集600艘。中国士兵在数量上多于欧洲，在器械上处于均势地位，“这些士兵如果在胆识和勇气上能和欧洲各国士兵一样，他们可以征服整个世界。”中国皇帝具有统治国家的全权。各级行政官吏有效地行使权力，他们是通过科举产生的。中国有完整的法律。官吏和贵族出门要坐轿，而妇女则从不在外从事社交活动。他描述了考试制度、官职的等级、任命官吏的方法，以及任职流放的规则。

门多萨指出，中国物产丰富，蔬菜种类远较西班牙为多。仅橘子就有三个品种，即甜的、酸的和甜酸适度的。糖质地很好，非常洁白，价格也低廉。蚕丝色泽艳亮，质量超过西班牙格拉纳达的产品。“天鹅绒、丝绸和布匹价格如此之低，提及此点会使那些熟知西班牙和意大利纺织品价格的人大吃一惊。"中国人普遍穿着丝绸服装。中国农田管理得很好。没有一块荒弃的土地。一块块耕田错落有致,有如花园。矿产也很丰富。"这是世界上最富饶、而物价又十分低廉的国家。"中国出产的手工艺品极为精致。1582年西班牙国王菲利浦二世喜获中国床单,织法之巧妙令他惊叹不止,很多西班牙能工巧匠都来观赏、借鉴。中国的瓷器很便宜,最精致的瓷器是贡品,薄如玻璃。中国商业发达,买卖兴盛。每条大街往往只经营一种行业。看到第一家商店就知道这一条街是卖什么商品的。中国匠人的手艺都是祖辈相传。中国货币种类繁多,金、银凭重量使用,而没有一定式样的金币或银币。

门多萨指出,中国历史悠久。他介绍了从黄帝到明朝万历年间的历代帝王的称号,在位年限、王位的更迭等,并对有些帝王作了简要的介绍。他认为,这个国家是很古老的,认为最早居住在该国的是挪亚的孙子,但已知中国史上的启蒙时代,则始自黄帝,他是他们的第一位国王,使他们的国家成为一个帝国,并且一直传到现在统治的国王。按正确的计算,迄至今天,合法和僭位的共有243位国王。

他指出,中国有独特的教育体系,各类图书十分丰富,中国人富于文明和教养。中国人在科学技术方面也有很高的成就。门多萨的《中华大帝国史》是欧人著作中首次介绍汉字的书籍。门多萨认为,中国的语言文字是一种书面比口语更容易理解的语言,因为每个不同的字表示的含义肯定不同。他还惊奇地发现,中国人说各种不同的语言,但能通过文字相互理解。这是因为一个图形或字,对中国人来说,就表示一件事物。可见门多萨已经看出中国语言文字的象形特征。门多萨还介绍了中国的纸、毛笔、印刷术,说中国人的书写格式和欧洲人相反,从上到下,从右到左,连印刷物也不例外。

《中华大帝国史》的第二部分收录了3篇游记,分别记述了1575年拉达等的福建之行;1579—1580年奥法罗等人的广州之行和1581年伊纳爵从塞维利亚到中国的环球旅行。

3 《中华大帝国史》的传播与影响

《中华大帝国史》于1585年在罗马出版西班牙文版，随后很快被译成欧洲各国文字。5年内，意大利文、法文、英文、拉丁文和德文的译本在欧洲各地印行了好几版。到了16世纪末，门多萨的《中华大帝国史》以7种不同的欧洲语言（西、意、德、拉丁、荷、法、英）重印了46次，可见此书影响之广。《中华大帝国史》英文译本1588年由帕克（R. Park）完成，他是在上文提到的哈克里特的积极鼓励下完成翻译工作的。《中华大帝国史》荷兰文译本1595年在阿尔科莫尔和阿姆斯特丹同时发行，这是在负责海外扩张事务的柯奈里斯·科拉埃兹（Cornelis Claesz）直接授命下翻译的。

赫德逊在《欧洲与中国》中指出："门多萨的著作触及了古老中国生活的实质，它的出版标志着一个时代的开始，从此关于中国及其制度的知识的一部适用的纲要就可以为欧洲的学术界所利用了。"①门多萨这部作品为当时的欧洲人打开了了解和认识中国的窗口，使欧洲人从通过充满神秘色彩的传闻来"想象"中国，跨入通过中国的现实来认识中国的时代。英国学者博克舍指出："那些日子里读书人不多，也许可以不夸张地说门多萨的书在17世纪初被大多数受过良好教育的欧洲人读过。它的影响自然是巨大的，所以不足怪地看到像弗朗西斯·培根和瓦尔特·莱宁爵士（Sir Walter Raleigh，约1552—1618）这样的人都首先从这部书，如果不是绝对的话，获得有关中国和中国人的概念。"②美国学者拉克（D. F. Lach）也指出："门多萨著作的权威性是如此之高，它可以作为18世纪以前所有有关中国著作可提供比较的起点和基础。"③

《中华大帝国史》的法文译本是由著名人文主义思想家蒙田（Michel de Montaigne，1533—1592）审读的，他在书中加了批语。美国哲学家洛夫乔伊（Arthur Oncken Lovejoy，1873—1962）认为，正是《中华大帝国史》导致了蒙田对中国政治制度的赞赏。蒙田在原来写的散文里，没有提到

① [英]赫德逊：《欧洲与中国》，中华书局，1995年版，第219—220页。

② [法]C. R. 博克舍编注：《十六世纪中国南部行纪》"导言"，中华书局，1990年版，第1页。

③ 引自张铠：《中国与西班牙关系史》，大象出版社，2003年版，第191页。

中国。在他的《论阅历》一文里,谈到法国对失职官吏进行处罚。他说,这还不够,他认为,同时对恪尽职守的官吏应论功行赏。蒙田在晚年读到门多萨的著作,才知道中国政府早已这样做了,因而感到兴奋,并在1588与1592年之间在《论阅历》中加了一段,对中国政治制度表示钦佩。他写道:

> 这个帝国的制度与习俗,跟我们未曾有过交往与借鉴,在许多方面则比我们的做法优越;它的历史也告诉我们世界是多么广阔,多姿多彩,不是古人也不是我们所能窥透的。那里的官员受皇帝委派,作为钦差大臣巡视各省,体察民情,惩罚渎职的官员,也重赏那些尽了本职工作义务以外再有良好政绩的官员。老百姓到他们面前不单是要求保护,也为了传达民情;不单是获酬,也为了受礼。①

蒙田在其著作中数次提到中国的例子,以此鼓励读者用更开放的心态和眼光来看待欧洲的事物,提醒读者反思"世界的广阔与多种多样,远远超出我们的祖先以及我们自己所知"。有的历史学家指出,蒙田用东方来支持其论点,即知识的不可靠,世界具有无穷无尽的多样性,以及道德准则的普遍性。

蒙田同时代的法国人文主义者斯卡利哲(Joseph Justus Sacliger,1540—1609)在读到门多萨的《中华大帝国史》后,于1587年写信给蒙田说:"和中国这个令人赞赏的王国比较起来,我们法国人太渺小了。我们法国人之间非但不能和睦共处,而且互相厮杀,中国人却安逸地生活,在法律上井井有条。单凭这一点,中国人就会指斥我们,就会使基督羞愧难容。"②

据记载,英国哲学家弗朗西斯·培根曾阅读过门多萨的《中华大帝国史》,他在对中国的认识上,显然受到门多萨的影响。例如,在培根《自然史》一书中写道,在整个世界都迷恋于点金术时,中国则对获取白银较获

---

① 《蒙田全集》第3卷,上海书店出版社,2017年版,第11页。

② 引自严绍璗:《日本中国学史》第1卷,江西人民出版社,1991年版,第198页。

取黄金更感兴趣。而在《中华大帝国史》中则写明，在中国金价如同在意大利一样是经常浮动的，而银价一般比较稳定。此外，培根在其著作中还提到中国火炮的使用，以及外国人未经朝廷特许不得随意入境的法律。所有这些内容，在那一时代仅仅在门多萨的著作中有过论述。

英国外交家瓦特·雷利在其《世界史》(1614)中论及中国时有两处使用了门多萨著作中独有的资料：一是在谈到印刷术时，雷利写道，德国人古腾堡有关印刷术的发明是受东方世界的启发，而且中国人早已使用这种技艺。二是当他谈到东方人应当享有的荣誉时，他把率先使用火炮和大炮列在其中，并说葡萄牙人曾证实过这点。此外，门多萨曾指出中国人有一个弱点，即自视太高，而认为其他民族都过于愚昧。雷利在论及中国人的性格时也写到他们妄自尊大，把其他民族当作野蛮人。

荷兰从事东方探险的先驱，荷兰东印度公司创建者之一林希霍腾(Jan Huyghen van Linschoten)也是《中华大帝国史》的热心读者。他在1596 年出版的名著《东印度之行》有关中国的概述就是在门多萨著作的基础上写出的。

门多萨的《中华大帝国史》第一次使中国在西方文本获得了历史化的清晰完整的形象。他对中国充满热情和想象，把中国描绘得如同天堂一般圣美，盛赞中华民族"是一个沉静和有才智的民族"。这种看法实际上是早期来华的欧洲旅行们所描述的共同的景象。"它所描绘中国的新形象仍然以财富和繁荣为特征，但这是普遍富裕上的繁荣、富有，而不是王宫的辉煌，对于这一点，创造者当然没有目睹过。但在同时，出现了强调该国公正的行政管理形象，这在紧接着的一个时期将成为耶稣会士所描绘中国形象的主要特征。"[①]另一方面，门多萨对中国描绘和赞美，也是当时欧洲知识分子希望在遥远的国家里看到的景象。因此，门多萨的这部著作成了 16 世纪末 17 世纪初欧洲人新的"中国图像"的基础，为此后两个世纪间欧洲的"中国热"提供了一个知识与价值的起点。

我国学者周宁指出，门多萨的著作"塑造了一个完美的、优越的中华

---

① [英]雷蒙·道森：《中国变色龙——对于欧洲中国文明观的分析》，中华书局，2006 年版，第 39 页。

帝国形象，它的意义不是提供了某一方面的真实的信息，而是总结性地在西方文化视野中树立了一个全面、权威或者说是价值标准化的中国形象。为此后两个世纪间欧洲的‘中国崇拜’提供了一个知识与价值的起点。”① 在此后不久的来华传教士们向欧洲介绍的“中国图像”，多带有浓厚的理性主义色彩。“图像”呈现出一个巨大的、强权的帝国；为首的总是一位颖慧非凡、修养深邃的君主，根据“理性法律”和高尚的国家伦理法进行统治；人民受一种高尚而纯粹的习惯规范所约束，生活在一种有规律的、乐于承受的制度中；艺术和科学繁盛，受到所有人的尊重；战争和争端被摈斥于社会之外，和平与和谐成为最高的追求。由于这样带有理想色彩的介绍，使当时的欧洲看到的中国是一个“更好的世界”。由于门多萨的著作，

> 可以说在欧洲形成一个对马可·波罗的契丹的新传说。欧洲知识界现在认为中国是一个值得称羡的国家，那里司法得到良好的实施，百姓都富足和工作勤奋，还有和平及自我克制，艺术和工业发展到不容置疑的高度，甚至欧洲引以为傲的印刷术，被发现在中国早已有之。……同时，由耶稣会士在下两个世纪勤勉培育，而且那样深刻影响莱布尼茨和其他欧洲“启蒙”思想家的所谓“中国传统”，也因此有了一个良好的开端。②

四　16世纪欧洲人关于中国记述的特点

以上我们介绍了16世纪来华的一些传教士、旅行家和商人等关于中国的记述，可以说，这是在马可·波罗之后，欧洲人对与中国的更为直接的和比较深入的了解和认识。虽然这些记述与以后的得以深入中国内地

---

① 周宁：《大中华帝国》，学苑出版社，2004年版，第97页。

② ［法］C. R. 博克舍编注：《十六世纪中国南部行纪》“导言”，中华书局，1990年版，第61页。

并且在那里长期生活的耶稣会士等传教士们的书简和著作相比，这些文字材料还是比较肤浅的、走马观花式的，以及还带有许多想象的、道听途说的成分，以致 17 世纪末的来华传教士李明批评 16 世纪的那些西方旅行家和商人，说在他们的记述中充满了道听途说和庸俗的无聊之谈。但毕竟在向认识真实的中国方面迈进了一大步，并且在很大程度上影响了那个时代欧洲人的中国知识，同时对 17—18 世纪欧洲人对中国的认识也具有很大的影响。我们在前文提到，门多萨的著作影响了蒙田、培根等欧洲大思想家们对中国的看法。直到 17、18 世纪，拉达、平托以及门多萨等人的论述还一再为作家、学者们所引用。

对于 16 世纪这些文献的价值，法国汉学家谢和耐给予了很高的评价，他指出："甚至在耶稣会士们的报告、书简和著作之前，16 世纪赴中国南方的第一批旅行家的游记，就提供了这种中国知识的最早因素，而其影响在 17 世纪和 18 世纪时可能是相当深刻的。"谢和耐特别指出了拉达、克路士等人的作品，说它们为门多萨的《中华大帝国史》提供了写作基础，而《中华大帝国史》"这部著作取得了巨大成功，它直到 1656 年前都被所有具有文化修养者阅读"，此后才被金尼阁和卫匡国的著作所取代。他进一步指出，"这些有关中国的最早资料，成了可供借鉴的原始史料"。他举了两个具体的例子，一个是悬空索桥，一个是风车，这两项发明在欧洲的出现显然是受到了中国方面资料的启发。至于更深层的涉及宇宙论方面，"其影响可能在 18 世纪才于欧洲令人感觉到。同样，中国人的政治和社会观念，他们的政治制度、艺术与技术，对于近代思想的形成施加了一种可能是决定性的影响。这就是 18 世纪中国和欧洲相互借鉴与关系史趋向于明确的内容。"①

16 世纪的欧洲人对与中国的这些记述，最重要的一个特点，就是其中的大部分作者都到过中国或者到过中国附近的地方。即使是没有来过东方的作者，他们依据的也是那些亲历者提供的第一手材料。对于这些旅行家们来说，他们从遥远的欧洲来到东方，首先面对的是一个完全陌生的自然环境、完全陌生的人群、完全陌生的文化。在他们之前，他们所有

---

① [法]谢和耐：《中国社会史》，中国藏学出版社，2006 年版，第 393—395 页。

关于中国的了解,大概不超过马可·波罗的论述,所以他们也抱着马可·波罗式的期待视野。于是,他们对于这块神秘土地的所有事物都充满着好奇与惊叹,都如饥似渴地吸收和呼吸着这里的空气与文化养料。所以,我们看到,在他们的笔下,所有的事物都是新鲜的,都是与他们不同的,都是值得记录和可以回去讲给自己同胞们听的。葡萄牙学者洛瑞罗(Rui Manuel Loureiro)指出:

> 面对大量各种绝对新颖的事物,葡萄牙人收集了关于中国神秘土地的第一手资料。那块土地位于东方最遥远的地方,随着时间推移、不断的探险旅行和在大量亚洲港口进行的例行调查,有用的资料不断积累,创造出巨大的期望。实际上,面对中国开始形成了一个辽阔强大的王国形象,它生产的珍贵商品激起欧洲旅行家们的好奇和贪欲。①

与此相关的第二个特点,是几乎所有的作者都首先介绍中国的地理位置、国土分布、自然资源和人口习俗等方面的基本情况。这种记述到了耶稣会士们的著作中还一再重复。作为读者,我们反复地读到关于中国的"15个省"的介绍,以及这些省份的特产、风土人情、交通地貌等。这种描述是与当时人们的需要有关。因为那个时候的人们对于中国只是有一个大概的印象,甚至连具体的地理位置还搞不太清楚,直到17世纪初期才搞清了"契丹"和"中国"原来就是一个国家的两个名称。所以,这种基本的国情介绍是十分必要的和迫切需要的。与此同时,这些作者还深入地考察了中国的政治制度、教育、宗教、文化习俗等方面的情况,有的人还详细地描述了中国的各种科技发明和文化成果,比如造纸术、印刷术、火药、瓷器和丝绸等,还最早地向欧洲人介绍了中国的茶叶。这些知识也都是当时的欧洲人所迫切需要了解的。比如对于瓷器和制瓷技术,直到18世纪的时候,传教士们还在不厌其烦地介绍制瓷的工艺技术,因为对于欧

---

① 澳门《文化杂志》编:《十六和十七世纪伊比利亚文学视野里的中国景观》,大象出版社,2003年版,序言,第1页。

洲人来说，这样的知识具有极强的实用价值。当代耶稣会史学家裴化行指出：

> 拉达的游记由他的同会教友于1585年编辑出版后，在欧洲广为流传；在向公众传播有关中国以及它的政府机构的确切概念方面，包括1615年金尼阁整理出版利玛窦中国札记在内的所有著作，无一可与之媲美。……这几位中国的早期探索者提供的信息，虽不详尽，但扎实可靠，比此前同类著述有了无可比拟的进步。科举、行政机构、医药、植物以及其他种种事物，都是第一次根据原始文献研究的结果。①

第三个特点，正如洛瑞罗指出的那样："他们对中国的描写都用一种衷心赞颂的语气。中国的现实令人赞叹，没有一个当时欧洲人去过的亚洲王国可以与之相提并论。在葡萄牙人眼里，中国是个真正的样板社会，因为其管理和政府运作无可挑剔，司法严格公正，商品丰富繁多，生产组织精密，国家机构乐善好施，市政条例完善，甚至于对犯罪者的惩罚也极为严厉。令人好奇的是，尽管多位葡萄牙观察家提醒注意中国社会不太积极的一面，如一些低级官吏的腐败、对犯人实施酷刑或行政长官权力过大等等，但实际上对中国依然是一片赞扬之声。"②洛瑞罗还指出：

> 中国在16—17世纪伊比利亚文学中的积极形象可用四个基本原因来解释。第一，旅行者的出发点总会囿限其进行的观察。葡萄牙和西班牙作者们清楚自己社会的缺陷，因此特别注意观察中国社会经得起与欧洲世界比较的方面。从这个意义上说，中国人找到的解决某些日常生活困难的办法不能不令人羡慕。第二，独特的中国文明——辽阔的疆土、庞大的城市和稠密的人口——使欧洲观察家产生一种自惭渺小的感觉，对一个来自蕞尔小国的葡萄牙人更是如

① 引自许明龙：《欧洲十八世纪中国热》，外语教学与研究出版社，2007年版，第62页。

② 澳门《文化杂志》编：《十六和十七世纪伊比利亚文学视野里的中国景观》，"序言"，大象出版社，2003年版，第4页。

此。第三,伊比利亚半岛与中国之间遥远距离无疑有助于我们欢迎来自这个亚洲强国的消息。遥远的距离排除了任何潜在的威胁,允许人们更冷静地评价收到的资讯。第四,对我们旅行家生活的具体限制影响进行客观准确的观察。……他们不得不从一个相对局限经验出发将感觉普遍化。[①]

洛瑞罗的这个概括已经比较全面了。可以说,从这个时候开始,在欧洲人对于中国的想象中,就已经有了乌托邦的色彩,他们把这个遥远的东方帝国描绘的光辉灿烂,是一片充满希望的土地,而与此相对照的欧洲,则是需要以中国为榜样来改造的社会。我们在以下的篇章中看到,从这个时候开始,中国在欧洲总的形象,就是一个"乌托邦"的理想王国。而乌托邦是欧洲人自己创设的,16世纪的旅行家们至少是直接参与了这个创设过程,甚至可以说就是从他们开始的。

当然,最重要的和最直接的,这个时候来中国的旅行家们首先看到的是中国的物质丰富和财富充盈。正如雷蒙·道森所说:"16世纪遗留下有关中国游记的那些旅行者,我认为我们可以公正地说,他们向人们表述的中国印象依然是中国财富之丰富。"[②]对于欧洲人来说,16世纪的这些旅行家们的报道和描述,对于他们的中国知识来说,还只是初步的,他们还没有走进中国这个巨大知识领域的大门,只是来到了它的大门口,"倚门而望",草草地看上几眼,就急着去写他们的著作了,就急着去给他们的同胞讲中国的故事了。另一方面,正如雷蒙·道森所说的:这些文献"有一个不可避免的缺陷,那就是未能对中国人的思想文化生活以及他们认识到的公正背后隐含的思想做任何介绍。16世纪的旅行家可以在市场上进行观察,却无法了解研究的秘密。"[③]18世纪的一位作家曾经写道:"由于人们喜爱海外奇谈和讲些稀奇古怪的事情,并用以哗众取宠。因

① 澳门《文化杂志》编:《十六和十七世纪伊比利亚文学视野里的中国景观》,"序言",大象出版社,2003年版,第7—8页。

② [英]雷蒙·道森:《中国变色龙——对于欧洲中国文明观的分析》,中华书局,2006年版,第35页。

③ 同上书,第39页。

此，当时的大部分思想平庸的人不管是海外来的还是一般庸人，其论事的方式总是自然而然地带着一种添油加醋或夸张，甚至有点撒谎的特点。所以，使得历史的真实性和中国关系的真实性变得有些可疑了。”[①]但是无论如何，这些材料已经足够欧洲人惊叹不已了。

那么，到了 16 世纪晚期，则出现了门多萨的《中华大帝国史》作为这一时期欧洲人了解、认识和描述中国的一个总结，一个集大成者。而做出这样总结的门多萨，却一步也没有踏进中国。

《中华大帝国史》左右了相当一个时期欧洲人对于中国的认识。而要真正走进中国的这个知识域的“大门”，还要等到 17 世纪利玛窦他们来了以后。

---

① 引自阎宗临：《传教士与法国早期汉学》，大象出版社，2003 年版，第 33 页。

第三部分

大贸易:西方世界的东进策略

财富的强心剂

现代世界体系的形成路径

第七章
东印度公司与财富大交换

一　接踵而来的各国东印度公司

1　西班牙与荷兰的东印度公司

葡萄牙人的海上扩张活动激起了欧洲各国的效仿。16 世纪一位叫瓦尔特·瑞雷的英国航海家在认真考察和研究了葡萄牙海外扩张活动后指出:“谁能控制海洋,谁就能控制海上交通,就能控制海上贸易,就能获得世界财富,进而控制整个世界。”①16 世纪末 17 世纪初,继葡萄牙人东来之后,又有西班牙、荷兰、英国侵入东南亚海上诸国。1571 年,西班牙占领菲律宾群岛,1595 年荷兰人抵达爪哇,1598 年在爪哇建立殖民政府。至此,南洋群岛的国家已被葡、西、荷殖民势力所瓜分。葡萄牙在西,以印度半岛沿岸各地、苏门答腊岛和印度支那半岛为主;西班牙在东,以菲律宾群岛为主;荷兰在南,以爪哇岛为主。

西、荷两国亦想与中国建立通商关系。西班牙人抵达菲律宾之初,便

① [英]瓦尔特·瑞雷:《世界历史》,引自黄庆华:《中葡关系史》上册,黄山书社,2006 年版,第 34—35 页。

16世纪荷兰商船，这些商船有比葡萄牙商船更多的大炮，曾使得葡萄牙人损失惨重。

急欲打开与中国的商贸联系。因为菲律宾土地贫瘠，人口稀少，不能满足西班牙殖民者的基本生活需要。一位抵达菲律宾的商船船长卡里翁(Juan Pablo Carrión)说：“在这些岛上不可能有任何利益可想，除了有可能打开同中国或其他岛屿的贸易联系。”[①]他们希望利用中国商船运载的生活用品，维持他们在菲律宾的殖民统治。因为早在1521年麦哲伦远航到菲律宾时，就已听说每年有6—8艘中国商船来到吕宋岛；西班牙殖民者刚到菲律宾时，也听说每年都有中国商船来到菲律宾，以生丝和金属制品换回黄金和珍珠。西班牙殖民者的头领利牙实备(Miguel López de Legazpi)在1569年说：“我们将获得同中国的贸易，从那里运来生丝、瓷器、安息香、麝香和其他物品。”[②]但是，西班牙与中国的早期通商，主要是通过中国私商将货物贩运到马尼拉这种间接方式进行的。1575年西班牙菲律宾总督曾派使者拉达等4人，抵达厦门、泉州、福州等地，欲在福建沿海找一据点与中国通商，为当地官员所拒绝。所以，西班牙的对华贸易，主要是依靠“中国—马尼拉—墨西哥”的大帆船贸易，再从墨西哥转运回西班牙，从而形成了横跨太平洋和大西洋两大洋的海上贸易线路。后来不再经过墨西哥，直接开展了“中国—马尼拉—西班牙”的“大三角”贸易。

荷兰人于17世纪初期来到东方。荷兰航海能力发达，海外贸易发展很快，被称为“四海车夫”“世界承运商”，其商业窗口是阿姆斯特丹，17世纪阿姆斯特丹是世界的中心。旅居在阿姆斯特丹的法国哲学家笛卡尔说

① 引自李金明：《明代海外贸易史》，中国社会科学出版社，1990年版，第189页。
② 同上书，第189—190页。

荷兰东印度公司的船在去广州的途中

在那里可以找到所有的东西。还有人把它描述成为“世界珍品之都，宇宙交流之城”。荷兰的市民是现代商品经济制度的创造者，他们将银行、证券交易所、信用，以及有限责任公司有机地统一成一个相互贯通的金融和商业体系，这种先进的运作模式帮助荷兰把贸易触角伸得比葡萄牙和西班牙都要更长，由此带来了爆炸式的财富增长。

1602年3月20日，荷兰将各种私营贸易公司合并为一家国营公司——“荷兰东印度公司”，结束了远洋航行的无组织状态，国会通过特许状赋予该公司从好望角到麦哲伦海峡之间的贸易垄断权，还有开战或讲和、夺取外国船只、建立殖民地、修筑城堡和铸币等权力，使这家公司成为一支独立的力量，“对亚洲的商业活动从此只有一项政策，一种意志和一个领导；东印度公司作为一种真正的权威，从此一帆风顺地不断发展。”[①] 到17世纪中叶，荷兰的全球商业霸权已经牢固地建立起来。此时，荷兰东印度公司已经拥有15000个分支机构，贸易额占到全世界总贸易额的一半。17世纪中期，悬挂着荷兰三色旗的16000多艘商船游弋在世界的五大洋之上，大量的财富使得国家武装力量大为增强，荷兰已经成了一个

① [法]布罗代尔：《15至18世纪的物质文明、经济和资本主义》第3卷，生活·读书·新知三联书店，1993年版，第231页。

让葡萄牙和西班牙都畏惧的海上强国。

当时欧洲各国对中国商品的需求量迅速增长,其中尤以生丝为最重要。1603年2月25日,荷兰东印度公司船长希姆斯柯克(Jacob van Heemskerck)在柔佛港外劫掠了"圣·凯瑟琳娜"号葡萄牙船,其装载的船货中有中国生丝1200大捆,在荷兰值225万多荷兰盾。8月,在阿姆斯特丹公开售卖这些船货,很快被抢购一空。此后,阿姆斯特丹成为最重要丝市之一。同年7月底,麻韦郎(Wijbrand van Waerwijck)所率领的船队在澳门岛附近劫掠了一艘开往日本的葡萄牙船,在其船货中有生丝2800大捆,在阿姆斯特丹售卖得款140万荷兰盾。

这两次劫掠所获得的高额利润大大刺激了荷兰东印度公司的胃口,他们迫切想打开同中国的贸易,以取得赢利高昂的生丝等中国商品。1603年,荷兰东印度公司打算派哈根(Steven van der Hagen)和艾特森(John van Aertsen)率一支由12艘船只组成的船队前往中国,并准备觐见中国皇帝,要求在中国得到自由贸易的权利。但后来因北大年的荷兰商人认为不适宜而放弃了这个计划。翌年(1604),麻韦郎从北大年出发,到达澎湖岛,在那里同福建地方官员谈判贸易,但未获结果。荷兰东印度公司在无法取得同中国直接贸易的情况下,只好设法同邻近中国的国家建立关系,在一些中国商船经常到达的地方,如北大年、万丹、锦石和马鲁古等地同华商进行贸易。北大年是荷兰人获得丝绸和瓷器等货物的主要地方之一。

后来,荷兰人又几次欲打开中国贸易,均未果。1622年,驻在巴达维亚的荷印总督彼得逊·昆(Jan Pieterszoon Coen)命令雷耶斯佐恩(Kornelis Rayerszoon)率领15艘船只和800名士兵进攻澳门,企图以武力打开中国的大门。他指示说:"为了取得对华贸易,我们有必要借上帝的帮助占据澳门,或者在最合适的地方,如广州或漳州建立一个堡垒,在那里保持一个驻地,以便在中国沿海不断地保存一支充足的船队。"①他以为如此可以迫使中国政府同意他们进行直接贸易,但没想到遭到惨败。荷兰人在进攻澳门失败后,转而占据了澎湖岛。彼得逊·昆认为,澎湖是

① 引自李金明:《明代海外贸易史》,中国社会科学出版社,1990年版,第197—198页。

一个最好的战略观察点，如果中国人不愿意同荷兰贸易，那么就在这新取得的基地进攻所有的中国船只，尽可能封锁中国沿海。荷兰殖民者对澎湖岛的侵占和在沿海一带的骚扰，对明代后期私人海外贸易造成严重干扰和破坏，我国商船“内不敢出，外不敢归”。至天启四年(1624)，福建巡抚南居益集中150艘战船、4000名士兵，攻占澎湖岛，将荷兰殖民者赶走。但荷兰殖民者被迫撤离澎湖岛后，随即又占据了台湾。他们以台湾为基地，获得生丝、瓷器、糖等中国货物，并加强了与日本的贸易联系，荷兰殖民者占据台湾38年之久，直至1662年郑成功收复台湾。

荷兰人占据台湾期间，以台湾作为贸易据点，荷兰与中国的贸易绝大部分都是由台湾中转。据有关学者研究，荷兰人占据时期，台湾的对外贸易航线和经营的商品主要有：

(1) 中国大陆至台湾航线：生丝、纱绫、缎子、棉布、麻布、衣服、砂糖、瓷器、黄金、白蜡、茯苓、茶叶、大米、小麦、面粉、酒、明矾、水银、锡、铁锅、木器等。

(2) 中国台湾至大陆航线：白银、胡椒、苏木、丁香、白檀、豆蔻、红檀、沉香、犀牛角、象牙、琥珀、珊瑚等。

(3) 日本至中国台湾航线：银锭、蜡、木材、大米等。

(4) 中国台湾至日本航线：生丝、缎子、毛织品、麻布、棉布、砂糖、锡、珊瑚、胡椒等。

(5) 巴达维亚至中国台湾航线：胡椒、红檀、沉香、豆蔻、椰子油、大米、琥珀、锡、棉纱、几内亚麻布。

(6) 中国台湾至巴达维亚航线：生丝、绢、缎子、棉布、丝绵、砂糖、冰糖、人参、麝香、安息香、茯苓、草药、茶叶、大米、小麦、面粉、瓷器、硫磺、黄金、白蜡、黄铜、明矾、日本木材、杂货等。[①]

1656年(清顺治十三年)，由德・侯叶尔(Pieter de Goyer)和凯塞尔

① 李隆生：《晚明海外贸易数量研究——兼论江南丝绸产业与白银流入的影响》，秀威资讯科技股份有限公司，2005年版，第52—54页。

(Jacob Keyzer)所率领的荷兰使团抵达北京，依照贡国例，请求互市。荷兰使团希望5年一贡，但清政府却准其“八年一次来朝，员役不过百人，令二十人到京，所携货物在馆交易，不得于广东私自货卖。”使团成员纽霍夫(John Nieuhoff)将此次中国之行记录下来，出版后因其图文并茂而大受欢迎。1662年以后，荷兰人被郑成功击败退出台湾后，与清政府的关系更为亲近。康熙元年(1662)，荷兰水师提督博特(Balthasar Bott)率兵船12艘和士兵1200人，协助清军攻打郑成功，同时向清朝请求通商。清廷允许其两年一贡。但康熙五年(1666)，清廷取消荷兰两年一贡。荷兰东印度公司又于1667年向中国派出使团，以博特率领荷兰水师有功的理由，向中国请求自由贸易。这个使团由阿姆斯特丹贵族彼得·范·侯尔恩(Pieter van Hoorn)所率领。对于这次何使来访，《清实录》记载：“荷兰国噶喽吧王油烦马绥极，差陪臣进贡方物，宴赉如例。”稍后梁廷楠《海国四说·粤道贡国说》一书中，详细记载了荷兰使臣带来呈给康熙皇帝的各种豪华和珍稀的礼物及清廷回赠给使团的赏赐。但清廷并没有满足他们的要求。

2 英国东印度公司的崛起

英国是后起的海上国家。但早在16世纪末，英国就想与中国建立联系。1565年，有人在一份给英国女王的备忘录中，指出有一条到中国的最北边的道路。1573年，威廉·布尔(William Bourne)出版了《论海上霸权》一书，证明从英国到中国可能有5条通道：取道好望角，为葡萄牙人所垄断；取到麦哲伦海峡，为西班牙人所专有；西北航道，则需要通过北美；东北航道，需通过俄罗斯；北极航道，需通过北极。1576—1578年间，弗罗比舍(Frobisher)在商人洛克(Michael Lock)的帮助下，几次航行，试图找到通往中国和印度的道路，1578年组成“俄国公司”，但没有取得成功。1583年2月，伊丽莎白女王差遣约翰·纽伯雷(John Newberry)携带她给中国皇帝的信函，乘舟东行，信函中要求与中国建立联系，互通有无，但后无消息。1596年，罗伯特·达德利(Sir Robert Dudley)携带同样的公函，带领2艘船舰东行，后来也没了消息。

1600年英国成立东印度公司，取得对东方贸易的垄断权，即欲与中国通商。它在万丹和亚齐设立了商馆，使万丹成为中英贸易的一个中转站。这里每年至少有3—6艘载重300吨的中国帆船来和荷兰人、英国人进行贸易。此后英国东印度公司每年派1到3艘船到亚洲，在南洋与中国商人进行贸易。他们不仅把中国商品运往欧洲，甚至在东方也用中国商品做交易。1620年，英船尤尼康号在澳门附近被风浪所破，由中国人救起。直到1636年以前，英国人一直没有能与中国进行直接贸易。

穿越中国南海的英国东印度公司商船

1635年，葡萄牙印度总督授予了英国东印度公司在葡萄牙远东殖民地贸易的权利，同年租用英国船"伦敦号"到中国运货。这只商船抵达澳门后，船上的英国人不顾葡萄牙人的阻挠，径直上岸与中国人交易。从此英国商船开始了与中国的直接贸易。翌年，英国康汀恩商团派约翰·威德尔(John Weddell)率领舰队前往中国，直驶广州，为地方当局所拒。但英舰炮击虎门炮台，登岸焚烧官署，强行进入广州。中国地方当局"虑启边衅"，而英人目的亦只为通商贸易，于是双方作出让步，再加上广东总兵陈谦接受英人的贿赂，乃让他们进入广州贸易后退走。但此后英船来中国的也不多。1671年，英国人在厦门设立商馆。1684年，有两艘英国商

停靠在斯德哥尔摩的瑞典东印度公司商船皇太子古斯塔夫号

船到达厦门，从厦门买了白丝、绸缎等物载回。同年在广州设立临时商馆。

1689年是中英贸易史上比较重要的一年，这年英国有两艘商船到达厦门，除了购买生丝、绸缎外，还购买了大量白糖。同年还有一艘英国商船正式进入广州黄埔港。此后，英国商船来华日益增多，从1636年算起，到1704年的60多年间，英国商船到广东的共有9船次，到厦门的有36船次，到舟山的5船次，到宁波的1船次，到福州的1船次。1715年，英国东印度公司在广州正式设立商馆，以后每年都有商船来华，最多的年份达到10艘。

随着葡萄牙、西班牙和荷兰海上霸权的衰落，英国则迅速扩展，并很快在东方贸易中居于主要的地位。布罗代尔指出：1760年前后，英国的东印度公司跃居各国对华贸易的首位。“欧洲发生了国际机会的再分配，英国的领先地位迅速奠定。在亚洲，印度把整个远东的经济重心吸引过来……英国东印度公司(又名“约翰公司”)战胜了荷兰东印度公司(又名“杰安公司”)，因为后者于18世纪70年代在孟加拉和印度输了棋，也因为当中国逐渐敞开大门时，后者未能在广州的洋商中取得领袖地位。”[①]

① [法]布罗代尔：《15至18世纪的物质文明、经济和资本主义》第3卷，生活·读书·新知三联书店，1993年版，第613—614页。

以1751年为例,这一年进入黄埔港的英国商船是9艘,而荷兰只有4艘,法国2艘,丹麦和瑞典各1艘。在17世纪初英国东印度公司成立以后的70年间,英国对东方的出口增加了近12倍。它在中国海上对外贸易中的比重,在18世纪中期已占50%以上,到19世纪初期则进一步达到80%左右。英国东印度公司从中国出口贸易中,获得了巨额利润。从1775—1814年的40年间,东印度公司共获利2713.5万镑。

1745年瑞典东印度公司哥德堡号的第三次远航

其他西方国家,如法国、丹麦、瑞典等国,也有商船开来中国,不过它们的贸易始终不占重要地位。

1643年路易十四登基时,法国尚未积极参与东方贸易。1660年的时候,欧洲各国总共有两万多艘远洋船舶,其中荷兰有1600艘,而法国只有600艘。主持朝政的红衣主教黎塞留(Richelieu)在其政治遗言中遗憾地表示法国当时蔑视航海和很少注意到荷兰人通过远洋船队大发横财。他说:“我绝不介入在东印度和波斯可能从事的贸易之具体事项,因为法国人的性格如此急躁易怒,以至于他们在设想出某种意愿时立即就想实现之,旅行由于是长时期的事而很难适应他们的性格。然而,当时从世界这一部分的许多地区运来了大批丝绸、波斯地毯、中国的许多珍贵古玩等珍异物和各种香料,大家可以将此作多种用途。这种交易是不应被忽略的。”①

早在1601年,法国商人马丹·德·维特利(Martin de Vitré)和彼拉尔·德·拉瓦尔(Pyrard de Laval)曾装备了“乌鸦”和“新月”号船,“以便

① 引自[法]安田朴:《中国文化西传欧洲史》,商务印书馆,2000年版,第242页。

用东方的特产丰富大众的生活”。法国于1660年组建了垄断中法贸易的“中国公司”,并首次派商船来华,但因中途船遇风暴沉没而使公司倒闭。1664年,法国又组织东印度公司,先后在印度西部和印度东海岸建立商馆,积极开展对华贸易。1698年,法国国王路易十四派商船安菲特利特号首航中国。清政府以法船第一次来华,且有船主为法王的使者,因此对于法船应纳关税予以豁免,表示优待,并允许法国人在广州设立商馆。1701年安菲特利特号又作第二次航行。两次从中国运去大量丝绸、瓷器、漆器,一时法国社会风行穿着丝绸,摆设瓷器和漆器。此后,法国便常有不定期船来广州。中法贸易便在17世纪末期正式开始。

二 巨量中国商品运往欧洲

从16世纪开始,欧洲各国陆续建立东印度公司,开展大规模的东方贸易,将巨量的中国商品运往欧洲各国。持续将近3个世纪的大帆船贸易,航行在大海上的大帆船成百上千,千帆竞发,浩浩荡荡,它们都是为中国的财富而来,为贸易而来。

当时运到欧洲的中国商品,不仅数量巨大,而且种类也很繁多。丝绸、瓷器、茶叶是最主要的“三大物产”,此外,还有服装衣物、食品香料、家具漆器、珠宝首饰、生活日用品、工艺美术品、药品和中草药等,几乎涵盖了日常生活领域的各个方面。这些商品都是具有古老传统的产品或手工艺品,不但是人们生活的必需品,而且凝聚着数千年的文化积淀,既体现着复杂的工艺技术,又具有丰富的文化内涵。法国学者亨利·柯蒂埃(Henri Cordier)说道:

> 我们通过欧洲的旅行者认识了从广东出口的商品:除了绿茶、红茶和丝织物以外,充斥着外国人住宅的主要产品是南京的黄色丝织品(云锦)、瓷器、粉状糖和冰糖、樟脑、桂皮、中国红皮萝卜、中药、大黄、木制工艺品、烟火等等。还要加上广东的象牙、在宁波雕刻的木艺、福州的棕色和金色漆、北京的红色漆、滑石做成的小摆设、玉做成

的花瓶和神像，以及其他的货物都装满了那些从广东起航到洛里昂(Lorient)的船只。[①]

那么，到底有多少种类、多少数量的中国商品，已经无法统计，我们下面仅举几个例子，就可以一窥其壮观的场面。

1592年，从葡属亚述岛出发的一艘西班牙大帆船被英国舰队劫持到英国普利茅斯港。哈克里特记载了从船上卸下来的东方货物：

船上装载的货品(珠宝除外，因为珠宝太贵重了，他们不会让我们看到)，主要有香料、药材、丝绸、白棉布、被褥、地毯和颜料等。香料有胡椒粉、丁香、肉豆蔻皮、肉豆蔻核仁、新鲜的生姜；药材有贝加明延令草、乳香、良姜、mirabolans、芦荟、zocotrina、指甲花等；丝绸有缎子、塔夫绸、里子绸、仿金线织物、半成品的中国丝绸、细丝绸、白色斜纹丝绸、卷曲的cypresse。棉布有白色宽幅的，有精细浆水的，有棕色的等等，也有带盖的和有菱形花纹的毛巾，薄绸和棉布的被褥，与土耳其毛毯类似的毯子，还有不知哪儿来的珍珠、麝香植物、麝香猫、龙涎香。其余货物数量较大但价值不高，如象牙、中国瓷器、可可核、兽皮、如黑玉般的黑檀木、床架、奇怪的树皮纤维的织物、手工艺品。[②]

从16世纪开始，这样往返与欧洲与中国的商船络绎不绝，由此可知运往欧洲各国的中国商品数量之巨大。我们再举18世纪初年法国安菲特利特号的例子。我们已经说过，在大航海时代的中欧贸易中，法国是后期的国家，海运贸易远不比其他国家发达。1698年，安菲特利特号首航中国，1700年8月3日返回法国。1700年10月4日起，安菲特利特号上的商品在南特公开销售。据《优雅信使报》1700年9月号发表的销售公告说，其中的商品有大批的红铜和黄铜器皿；共计8000匹的布帛，包括

① [法]亨利·柯蒂埃：《18世纪法国视野里的中国》，上海书店出版社，2006年版，第107页。

② 引自袁宣萍：《十七至十八世纪欧洲的中国风设计》，文物出版社，2006年版，第37页。

绢、绮、普通罗和皱纹罗、缎画、重皱织物、哔叽、平纹布、针织棉等;17箱瓷器,包括瓷瓶、瓷碗、瓷盒、瓷壶、大小瓷盘、瓷杯或瓷茶具、瓷酒瓶、平底瓷杯、带把瓷杯、瓷糖罐、瓷盐罐、壁炉瓷器配套物、其他各种细瓷产品;17箱漆器,其中有4箱各自内装有3件小漆匣和带堆金花卉图案的文房四宝,另外9箱中装有各种各样的漆桌;14箱酒具;21箱漆画和人物花卉画等;还有30箱中国屏风;4箱叶状屏风;3箱尚未安装好的纸屏风;455根手杖、大批纸张、广州和南京刺绣、12条挂毯、绣花缎、11条丝巾、6卷绘画、38件麻织品。《优雅信使报》还告诉读者,人们可以在许多箱中发现其种类和质量相同,而数量各有所异的商品。

通过太平洋航线的马尼拉大帆船运往美洲,并经过美洲运往西班牙的中国商品,也数量巨大。《剑桥中国明代史》指出:"在16世纪70年代到80年代期间,迅速增长的中国与西班牙的太平洋贸易成为整个西方世界商人和政府谈论的热点和羡慕的对象。"①中国通过大帆船贸易航路输往美洲的货物,包括中国特产、工艺品和日用品等,品种繁多。其中尤其以生丝、棉布、纺织品、瓷器、漆器、珠宝、香料为大宗。此外还有面粉、砂糖、饼干、奶油、橙、胡桃、栗子、菠萝、无花果、李子、梨、咸肉、火腿、陶罐、陶瓮、铁器、铝、硝石、火药、牛、马、药材、墨汁、纸张、家具等。据1574年出版的有关马尼拉的文献记载:"华商运来的货物有些是杂碎的零星日用品,其中有菲律宾摩尔人常用的中国大陶瓮,此外尚有粗瓷、铜铁杂器。另有精细瓷器以及丝织品,乃以供应官员者。"他们还"带来各种货样,俾便探知售价,例如水银、火药、肉桂、丁香、糖、铁、锡、铜、生丝、丝织品、面粉等货品,都是别国商人未曾用过,而且也未运售过的。他们更运来耶稣受难的造像,以及模仿精巧的座椅,……中国商人晓得带来什么货物在菲岛做买卖。""他们将再会运来各种精美的东西,那是西班牙人所爱慕的。"②

1596—1598年间任马尼拉总督的西班牙史学家德摩加(Antonio de Morga)在其著作《菲律宾群岛志》中记载了一份中国商人携往马尼拉的

① [英]崔瑞德、[美]牟复礼编:《剑桥中国明代史》下卷,中国社会科学出版社,2006年版,第371页。

② [美]菲律乔治:《西班牙与漳州初期通商》,《南洋问题资料论丛》,1957年第4期。

货单，他感叹说：中国商人提供了"说不完也写不完的各种稀罕东西"。他的货单中开列了各种商品：

……大束生丝，精粗具备；素色和彩色精美小卷散丝；大量天鹅绒，有些是本色的，有些绣有各种图案与彩色花款，有些色泽艳丽和嵌绣金线；织有金银丝的浮花锦缎；大量金银线；缎子，绫罗，平纹绸和各色衣料；亚麻布制品；不同品种的白棉布匹。中国人还带来麝香、安息香、象牙；大量床上装饰品、帐帷、被单、天鹅绒挂毯；各色织锦和丝毛混织品；台布，椅垫和地毯；用同类材料制成的嵌有玻璃珠和小珍珠的马饰；珍珠和红宝石；青玉和水晶；金属盘、铜壶、铜锅和铸铁锅，……面粉、橘子；钉子、铁板、锡和铅；硝石和火药。中国人还供应桃子、梨、肉豆蔻、生姜和其他中国水果制成的蜜饯；腌猪肉和其他腌制品；良种家禽和上等阉鸡；大量新鲜水果和各种柑橘；美味的栗子、胡桃、柿子(干货与鲜货水果均同样可口)；各式各样的线、针和小摆设；小箱子和文具盒；床、桌子、椅子、描金板凳。他们还带来水牛、形似天鹅的鹅，马、骡、驴；甚至还有会说话、唱歌及逗趣的提笼鸟。中国人还带来数不清的外表好看而不值钱的小玩意和小装饰品，这些东西很受西班牙人重视！各种精美的陶器，……黑色和蓝色长袍；各种念珠，红玉髓，五光十色的宝石；胡椒和其他香料；还有种种稀见之物，如果都要提到，我将永远写不完，也没有这么多纸张来写。①

从上述货单可以看出，当时中国运往菲律宾的货物品种繁多，大致可以分为8大类：

(1) 生丝和各种丝织品；

(2) 亚麻布、棉布等各类纺织品；

---

① [西班牙]德摩加：《菲律宾群岛志》，引自周一良主编：《中外文化交流史》，河南人民出版社，1957年版，第840—841页。

(3) 粮食、牲畜、腌肉、家禽、水果等农产品;

(4) 陶瓷制品;

(5) 铁、铜及其他金属制品;

(6) 珠宝饰物和各种工艺品、小玩意;

(7) 硝石与火药;

(8) 从中国转运的其他外国货物(如安息香、象牙、香料等)。

这份货单漏掉了茶叶和瓷器两项重要货物,可能是一次航程中运货品种不全。另外,英国人华尔特(Richard Walter)在《1740—1744年环球航海记》中也记载道:

> 从此处(马尼拉)对中国和印度诸地进行的贸易,主要是来办那些供应墨西哥和秘鲁王国的货物,这些货物是:香料、各种中国丝织品和中国制品,特别是丝袜,我听说每只船经常携带不少于五万双;大量的印度原料如印花布和白洋布(这种布在美洲穿得很多);还有其他一些很精致的器物如金匠饰品等。这些饰品大多系马尼拉城中的中国人制作的,因为据说至少有两万中国人常居该处,充当仆役、匠人或面包师。所有这些货物均荟集于马尼拉,从此处运往墨西哥王国的阿卡普尔科港口。①

中国的货品运抵马尼拉后,除供应菲律宾市场的消费外,大宗的生丝、丝织品、瓷器、珠宝、玉器等则由"马尼拉大帆船"沿着太平洋上的航路,运往美洲。从16世纪中期至19世纪初的250年间,满载中国货品的"马尼拉大帆船"在太平洋上络绎不绝。

我们还可以举日本的例子作为对照。在日本江户时代,德川幕府实行"锁国"政策,严禁日本船和日本人出国,同时禁止除中国和荷兰以外的其他外国商船来日本贸易。规定中国和荷兰的商船只能在长崎一港贸

---

① [英]华尔特:《1740—1744年环球航行记》,引自周一良主编:《中外文化交流史》,河南人民出版社,1987年版,第842页。

易。江户时代清日贸易高潮大抵在1685年至1714年之间的30年内，清船赴日者每年在50至80艘之间。有人统计过1674年到1728年驶入长崎的中国商船的数量，在这55年间有不少于3060艘商船到达日本。江户时代清日贸易交易品也种类繁多，几乎可以说包括了中国15个省的产品。日本学者西川如见在《华夷通商考》中曾列举中国15个省份进入日本市场畅销商品的名称，其中南京一地的商品有80余种，浙江有40余种，福建和广东各有60余种。《华夷通商考》提到商品种类主要有：

> 书籍、墨迹、绘画、墨、笔、纸、布、葛布、白丝、褶绸、绫子、纱绫、八丝、五丝、柳条、纱纪、罗、捻线绸、闪绸、天鹅绒、南京绡、丝线、棉布、绫条布、砂糖、甘蔗、橄榄、龙眼、荔枝、天门冬、明矾、绿矾、花纹石、鹿角菜、牛筋、天蚕、瓷器、美人蕉、线香、铸器、漆器、古董、扇子、针、栉蓖、蜡、降真香、茴香、藕粉、鱼胶、丝绵、茶、蜜饯、花生、药物、化妆品等。

在《清客新话》中的"问答"及"短札"载有一艘福建船只的货物食品用品名称有：蜡烛（芥子油浇成）、晋茶、茶叶、橘饼、针线、烟、酒、酒桶、鹿肉、豆腐、雄野鸡、苍术、黄豆、生姜、葱、篷帐、红毡包、葡萄、炭、熏灼。凉帽、锅铲等。这些输入品逐年增加，不但供上流社会，且为一般民众广泛使用和爱好。因此，对于日本人民的生活直接间接起了颇大的影响。如西川如见《增补华夷通商考》记载，日本正德元年（1711）六月三日，卯十五号船的装载物：

> 乘员34人，船为南京特有的沙船，载物明细如下所示：白丝七百二十斤，大飞纹纱绞一千零五十七端，电飞纹纱续伊百八十端，并续纱续二百九十一端，排并纱续一百五十四端，蚂纱续一百零六端，大白绉绸一百六十五端，尺长中白绉绸一百一十端，中白绉绸七十一端，纹绉绸四十端，尺长中排绉绸二十三端，中卷续子三十端，黄续子二端，色缎二十二端，色缎五十九端，色锦二十六端，色纹茶缎三十二端，拜罗海德安四端，黑罗纱一端，平纹花格布一端，棉毛织品十九

端,黑羽二端,座禅垫一千三百个,丝棉四百斤,毛毡一千六百四十二张,色毛毡二张,人参七十斤,小人参三百一十七斤,府香四十斤,丁香籽一百五十斤,丹砂二斤,各类药种二万四千六百斤,白砂糖七百六十斤,龙眼肉一千四百斤,果脯一百斤,钻钥九千六百斤,白檀一千零四十斤,唐纸一千三百束,水银五十斤,光明朱七千斤,丹三百斤,蜡烛三百二十斤,牛角二十个,牛角尖一百五十斤,书籍九十三箱,沉香□斤,似沉香十五斤半,化妆盒五个,堆朱绘箱十一个,堆朱茶点盒二个,堆朱角箱四个,涂红纸笼一个,涂黑青贝果盒十一个,涂黑青贝提箱一个,青贝骨扇子一把,涂黑平香箱一个,锦手大茶碗四个,锦手酒盅一个,描金纹酒盅二个,砚盒一个,二折垫物一个,四折垫物四个,是墨三个,盒墨八十二个,饰墨四个,蛇骨一对,佛珠一百一十五挂。

由上述记载可以得知,当时运往日本的中国商品数量巨大,品种繁多。而这一时期的欧洲贸易,来往商船的数量和规模,都要远远大于与日本的贸易。

三 丝绸贸易

在近代欧洲的大航海贸易中,输入欧洲的中国商品,以丝绸、茶叶、瓷器为最大宗,是近代世界贸易体系中的主要输出产品,在很长一个时期内主导了全球性的国际贸易,号称影响世界的"三大贸易"或"三大商品"。丝绸、茶叶和瓷器成为中国文化的符号,给欧洲人的日常生活和审美精神以极大的影响。

在罗马时代的中国丝绸风行之后,这种热潮并没有随着罗马帝国的崩溃而烟消云散,恰恰相反,在漫长的中西贸易中,直到19世纪以前,中国丝绸一直是向欧洲出口的主要商品。即使是在欧洲已经发展起来自己的养蚕制丝和丝绸织造产业以后,中国的丝绸依然在中西贸易中担当着不可替代的主角地位。

在中世纪的时候,欧洲并没有减少对于丝绸的进口,相反,欧洲各国继承了罗马时代追求丝绸作为豪华奢侈品的遗风。“14世纪运到欧洲的中国丝绸似乎大部分都是锦缎和织锦及其他花绸；至今欧洲还保存着少量这个时期的遗物。丝绸贸易性质革新的一个原因，必定是中世纪的欧洲人对亚洲人织物设计感到比古代的更为亲切。”[①]

17世纪后期销往葡萄牙的中国锦缎

16世纪以后，中国丝绸继续销往东南亚、日本等地，而对于欧洲的出口，则由于葡萄牙、西班牙、荷兰的商船直航，而直接销售到欧洲市场，不再通过陆路和海路上的各种中间商环节。所以，这个时期开始的一直持续3个世纪的中欧直航贸易，输入欧洲的丝绸总量大大超过了以往的任何时代。到广州的外国商船，丝货是采购的大宗货物之一。利玛窦指出：“葡萄牙人最乐于装船的大宗商品莫过于中国丝绸了；他们把丝绸运到日本和印度，发现那里是现成的市场。住在菲律宾群岛的西班牙人也把中国丝绸装上他们的商船，出口到新西班牙和世界的其他地方。”[②]哈克里特对1592年英国劫掠的“圣母号”商船运载的货物进行了分类记述，列出“丝绸、缎子、塔夫绸、薄绸、奥托巴索丝，也就是仿造的金布，未加工的中国丝绸、细丝、白色合股丝、卷绸”等。美国学者艾维四指出：“在生丝、纺织、染色和瓷器制造方面，明代中国所达到的技术水准，要比世界其他大多数地区人民遥遥领先。在十五世纪后期，欧洲和其他各地视为珍贵的‘亚洲奢侈品’当中，多半是中国产的生丝、丝织品，产于江西景德镇、江苏宜兴及福建德化的精美无比的瓷器。”[③]

---

① [英]赫德逊：《欧洲和中国》，中华书局，1995年版，第132页。

② [意]利玛窦、[意]金尼阁：《利玛窦中国札记》，中华书局，1983年版，第4页。

③ [美]艾维四：《明史与世界史》，引自黄启臣主编：《广东海上丝绸之路史》，广东经济出版社，2003年版，第439—440页。

近代运往欧洲的中国丝绸数量是巨大的。澳门是西方人的主要贸易基地,澳门输出的商品种类繁多,有生丝、丝线、面纱、花边、花缎、线绢等。当时的外国资料记载:"葡人在澳门、广州之贸易输出品以绢为大宗,每年由葡人输出之绢约计5300箱。每箱装缥缎百卷,薄织物150卷。《葡属亚洲》一书断言,他们每年的出口达5300箱精制丝绸,每箱包括100匹丝绸、锦缎,和150匹较轻的织物。"[①]1608年,澳门输往马尼拉一地的货物总值有20万比索,其中丝织物达19万比索,占总值的95%。1619年以后,葡萄牙人几乎了垄断了从广州经澳门到马尼拉的丝货贸易,1619—1631年,葡萄牙人从澳门贩运生丝和绸缎到菲律宾的年贸易额达150万比索。出口到马尼拉的生丝,集中在马尼拉城的东北角、人们称为"生丝市场"的地方进行交易。外国商人非常喜欢中国的丝货,有人说:"从中国运来的各种丝货,以白色最受欢迎,其白如雪。欧洲没有一种产品能比得上中国的丝货。"波特罗(Botero)评述说:"从中国运出的丝绸数量大得惊人。每年从中国运往葡属印度群岛的丝绸达一千公担,往菲律宾派出的运送丝绸的商船有15艘,运往日本的丝绸其数量难以估计……中国人的产品和劳动力是那样廉价,……价格是如此的低廉,以至于那些在菲律宾开展贸易并在那里开设商场(在这些商场里有很多中国人)的新西班牙商人惊讶不已。"[②]

另据有关资料统计,在1580—1590年的10年间,从广州经澳门每年运往印度果阿的丝货为3000担,1636年达到6000担。还有一份资料说,1698—1722年,从广州输往欧美的生丝为1833担,1740—1779年,增加到19200担,增加10倍多。1780—1790年间为27128担,增加29倍;1820—1829年更增至51622担,又增加了90%。

从中国方面的记载来看,也可以得知当时丝绸出口的数量之巨。乾隆二十四年(1759),两广总督李侍尧在《奏请将本年洋商已买丝货准其出口折》中说:"惟外洋各国夷船到粤,贩运出口货物,均以丝货为重。每年贩买湖丝并绸缎等货,自二万余今至三十二三万斤不等。统计所买丝货,

① 龙思泰:《早期澳门史》,东方出版社,1992年版,第100页。

② 引自[英]艾兹赫德:《世界历史中的中国》,上海人民出版社,2009年版,第242页。

一岁之中,价值七八十万两,或百余万两;至少之年,亦买价至三十余万两之多。其货均系江浙等省商民贩运来粤,卖于各行商,转售外夷,载运回国。”乾隆二十九年(1764),两广总督苏昌等奏《为请准粤省出洋船只酌令配带丝斤事折》说,每年准许英国商人“每船准带土丝五千斤,二蚕湖丝三千斤。嗣又仰蒙惠泽,准其配带绸缎二千斤。”乾隆年间,平均每年出口生丝和绸缎 20—30 万斤,道光十年(1830),仅广州出口的生丝就达到 70.53 万斤,其中南京丝 33.73 万斤,广东丝 36.8 万斤。

在这一时期,欧洲的丝织业也发展起来了。但是,欧洲的丝绸在质量上无法与中国相比。赫德逊指出:“虽然欧洲现在已经生产了自己的生丝了,但丝绸贸易一如古代那样重要。中国丝绸以其价廉、特殊工艺质量和装饰魅力在欧洲市场竞争。这项贸易获得巨额利润,法国东印度公司 1691 年的售贸册中表明,在东方以 32000 镑购得的丝绸以 97000 镑售出。萨凡利(Savary)在他的《世界辞典》中说:‘中国浙江省是全世界最大的产丝区。其产量被认为相当于欧亚两洲的总和。人们谈到这里的丝绸制造量,似乎难以令人置信。购买者所得利润至少可达百分之一百。’甚至法国丝绸工业所得到的保护关税,也未能阻止昂贵的中国丝绸涌入法国,它以其美丽迷人而适合了法国贵族社会的需要。”[①]萨凡利还说,如果欧洲人直接向南京订购,免去中间人及印度商人从中牟利,实际获利可以达到百分之二百。1772 年,雷纳尔(Raynal)指出:“前世纪,欧洲人从中国输入的丝绢为量甚少(即与 18 世纪不断增加的输入来比较),我们满足于当时所用的黑色和有颜色的肩巾;近四十年,尤其是近二十五年的时尚,好用白色的和彩色鲜明的肩巾,造成了越来越大的对中国产品的需要。每年的消费额最近已达八万条,其中法国就占了四分之一。1776 年输入又大量增加,仅英格兰公司一家就输入了十万四千条。这里所讲法国销售的情形,也就是欧洲一般的情况。此时,巴黎已经成为欧洲时髦的中心。”[②]

中国丝绸的大量涌入,给欧洲的丝绸产业造成很大冲击。在英国,中国丝绸的大量进口使英国丝织业面临倒闭的危险,英国于 1701 年竟因此

① 赫德逊:《欧洲和中国》,中华书局,1995 年版,第 235—236 页。

② 引自利奇温:《十八世纪中国与欧洲文化的接触》,商务印书馆,1962 年版,第 31 页。

而封闭了进口的丝绸。在法国也出现了同样的情况。法国从17世纪80年代开始实现限制或禁止中国丝绸进口,以扶植法国丝织工业。1691年,又有禁止输入丝绢的法令。但是,这些法令似乎并没有得到严厉的执行。因为,当地的丝绸产品包括对中国丝绸的仿制品,一是价格要比中国货高出许多,二是因为消费者偏爱外国货,地产品远远比不了中国丝绸的诱惑力。所以,来自中国精美的丝绸制品仍然通过各种渠道,包括走私的渠道,源源不断地输入欧洲各国。

这种情况在美洲也出现过。在16世纪在大帆船贸易中,运往美洲的最主要的货物就是中国的生丝和丝绸。由中国经马尼拉开往墨西哥的船只所载的丝织品,有时一次竟达1200箱;每次所运送的中国丝袜达2万双。其获利往往高达8倍,最高时则可达10倍。中国的衣物和丝织品,在墨西哥的进口总额中有时占到1/2以上。研究大帆船贸易的学者威廉·L.舒尔茨(William Lytle Schurz)写道:"重要的是……这些是丝绸之船。船上装的最有价值的货物是各个制作阶段的、各种不同的编织法的和各种样式的丝绸。有轻软的薄纱和广州的绉绸……丝绒、波纹绸……华丽的锦缎、粗丝织品,以及用金丝和银丝织入奇异图案的重锦缎。船上装着丝织服装,有数千双长袜、裙子、绒胸衣、披风、长袍和晨衣。装在大帆船船舱里的是丝床罩和丝帷、手绢、桌布和餐巾,以及从索诺拉(Sonora)到智利的各个教堂和修道院宗教仪式上所用的华丽的礼服。几乎全部都是中国手工产品。"①中国丝绸质地优良,价格低廉,式样新颖,工艺精美,成为远销美洲获利最大的货物,在殖民地美洲市场上极为畅销。可以说,沿南美洲海岸,无处不有中国丝绸的踪迹。

研究世界桑蚕丝绸史的学者伍德罗·博拉(Woodrow Borah)指出:"关于菲律宾贸易破坏了墨西哥丝绸文化的观点,早在1582年时(一个官员)就提出来了,他写道,因为从菲律宾运来了大量的中国衣服和纱,墨西哥就没有必要在本国生产丝绸。他写这个报道时,(中国与西班牙在菲律宾的贸易)只开展了不过9年。1573年11月,装运着中国锦缎、缎及其

---

① 威廉L.舒尔茨:《马尼拉大帆船》,引自[英]崔瑞德、[美]牟复礼编:《剑桥中国明代史》下卷,中国社会科学出版社,2006年版,第383—384页。

他各种颜色的丝绸第一次到达(墨西哥)……随后的几年间,大帆船带来了中国的衣物和丝绸,所有货物都很畅销。1579年11月,当商人带着远比过去多得多的丝绸和衣物返回时,获得了更高的利润,贸易迅速增长。"[①]17世纪初,西班牙商人给国王上书,抱怨中国丝绸在拉丁美洲盛行一时,"人们专一选用中国丝货",结果使"西班牙各丝织场(这些工场曾给王室金库缴纳过大宗赋税)纷纷倒闭、破产;那些在西印度从事贸易的人遭到厄运,因为西班牙的商业活动被从各类商品最重要、最贵重的类别——丝货——中排挤出来,他们为此而蒙受重大的损失。"[②]18世纪初的一份文件中说:在墨西哥,中国仿制西班牙出产的绫子、缎子、斗篷、缎带等丝织品,"精致美观,遍销全境。……由于贸易额巨大,人争趋之,西班牙、墨西哥和秘鲁商人纷纷涌去购置中国货物,从马尼拉贩运中国货,成了西属美洲商人的主要谋生之道。以致墨西哥除了销售中国丝织品,不复销其他国家的纺织品。"[③]到18世纪末,中国丝绸商品占墨西哥进口总值的63%以上。其他如秘鲁、巴拿马、智利等地,中国丝织品的销售情况基本上也是如此。西班牙人承认,这些"在中国制造而流行于拉丁美洲的西班牙锦缎、天鹅绒、丝带、斗篷、丝袜及其他丝织物的纺织品,不仅华丽好看,而且价格非常便宜,当地人士争相购用中国货,而不再购买西班牙产品,致使西班牙丝织厂因蒙受打击而倒闭。"[④]

四　茶叶贸易

1　欧洲人与茶叶的最初接触

在运往欧洲的商品中,茶叶是最大宗的商品之一。

---

① 伍德罗·博拉:《殖民地墨西哥的丝蚕饲养》,引自[英]崔瑞德、[美]牟复礼编:《剑桥中国明代史》下卷,中国社会科学出版社,2006年版,第384页。

② 引自张铠:《中国与西班牙关系史》,大象出版社,2003年版,第157页。

③ 引自李春辉:《拉丁美洲史稿》上册,商务印书馆,1983年版,第326页。

④ 引自曹琳:《温和的拓殖者——明代华商在东南亚的商业经营活动》,《紫禁城》2010年第8期。

在中国人开始种茶和饮茶之初，就开始了向外国的传播。唐代我国饮茶习俗初兴，我国的茶叶就传播至西亚阿拉伯地区。据《新唐书·隐逸列传·陆羽传》记载："其后尚茶成风，时回纥入朝，始驱马市茶。"回纥人用马来交换茶叶，在供自己饮用的同时，又将部分茶叶贩卖至阿拉伯国家及土耳其。

早在中世纪到中国的西方旅行者们，就已经注意到已经在中国普遍流行的饮茶习俗。写于9世纪下半叶10世纪初的苏莱曼《中国印度见闻录》中提到中国人的饮茶习俗，他说道：

> 国王本人的主要收入是全国的盐税以及泡开水喝的一种干草税。在各个城市里，这种干草叶售价都很高，中国人称这种草叶叫"茶"(Sakh)。此种干草叶比苜蓿的叶子还多，也略比它香，稍有苦味，用开水冲喝，治百病。盐税和这种植物税就是国王的全部财富。[①]

在阿拉伯-伊斯兰文献中，阿拉伯著名科学家比鲁尼(al-Biruni，973—1048)在1030年完成的《印度志》中有茶(ga)的记载。大陆西北的乌尔都语约在10世纪时已有茶(chā)字，语言学家认为它是从波斯语借入的。因此，有可能在10—11世纪，茶叶传播到吐蕃，并传到高昌、于阗和七河地区，再经过于阗或西藏传入印度、波斯。从14世纪到17世纪初，经由陆路，中国茶在中亚、波斯、印度西北部和阿拉伯地区得到了初步的传播，而正是经过阿拉伯人，茶的信息首次传到了欧洲。

在欧洲，最早提到茶这种饮料的是1559年在威尼斯出版的一本名叫《航海与旅行》的书。这本书的作者乔万尼·巴尔迪斯塔·赖麦锡是马可·波罗时代的传记作家，据说他还曾担任过《马可·波罗游记》一书的编辑。他曾与许多旅行家有过交往，其中有一个叫哈吉·穆罕默德(Haji Mahamed)的波斯商人，他告诉了赖麦锡有关"Chai Catai"(中国茶)的故事。相传最初关于茶叶的知识，就是由他传入欧洲的。书中写道：

---

① 《中国印度见闻录》，中华书局，1983年版，第17页。

哈吉·穆罕默德是里海起伦即现在所说的波斯人。他从印度苏迦即现在的萨迦回到威尼斯作了如下口述。他说：大秦国有一种植物，仅有叶片可以饮用，人人都叫它中国茶，中国茶被看作是非常珍贵的食品，这种植物生长在中国四川的嘉州府。它的鲜叶或干叶，用水煎沸，空腹饮服，煎汁一二杯，可以去身热、头痛、胃痛、腰痛或关节痛。但是这种汤汁是越热效果越好。另外，还有一些疾病，用茶来治疗也会起到效果。如果暴饮暴食，胃中难受，喝一点茶，不久就能消化。所以茶一向被人们珍视，是旅行家必备的物品。在当时，有人愿意用一袋大黄交换一两茶叶。所以大秦国的人们说："如果波斯和法国等国家知道了茶叶，商人们必然不再去购买大黄了。[①]

英国汉学家裕尔认为巴尔迪斯塔·赖麦锡的《航海与旅行》是欧洲各种文字中最早记载中国茶叶的。

1565年，意大利传教士路易斯·阿尔梅达从日本寄回国内的信件中提到："日本人非常喜欢一种药草——茶。"这是关于茶叶的信息第二次传到欧洲。

1569年，曾经到过中国旅行的葡萄牙传教士克路士在《中国志》中讲到中国人以茶待客的习俗，他说：

如果有人或有几个人造访某个体面人家，那习惯的做法是向客人献上一种他们称为茶(cha)的热水，装在瓷杯里，放在一个精致的盘上(有多少人便有多少杯)，那是带红色的，药味很重，他们常饮用，是一种略带苦味的草调制而成。他们通常用它来招待所有受尊敬的人，不管是不是熟人，他们也好多次请我喝它。[②]

西班牙传教士拉达在《记大明的中国事情》也说到在中国喝茶的经

① 引自[美]威廉·乌克斯：《茶叶全书》上卷，东方出版社，2011年版，第20页。

② [葡]克路士：《中国志》，[法]C. R. 博克舍编注：《十六世纪中国南部行纪》，中华书局，1990年版，第98页。

历，他说：

> 有人来访时，行过礼和入座后，一名家仆捧着一个盘子，放许多杯热水，和就座的人一般多。这水是用一种略带苦味的草煮的，留一点末在水里。他们吃末喝热水。尽管我们开始不怎么在意那种煮开的水，我们仍然很快习惯喝它，而且渐渐喜欢它，因为它始终是拜问时待客的头一件东西。①

1588年，意大利著名作家G. 玛菲的《游印书札选篇》中，引证了在同一年罗马出版的《印度史》上关于茶的故事的记载：

> 日本人的饮料是一种药草的液汁，被称作茶，通常是煮沸以后，才能饮用，非常卫生。茶可以止渴生津，醒脑明目，并且可以延年益寿，使人几乎不知疲倦。
>
> 日本人不用葡萄酿酒，而是用糯米酿酒，在他们喝酒之前，通常都在沸水中放入茶叶的粉末，这种茶制造得非常精致。在上等社会中，主人经常是亲自调制茶叶来招待宾客；更有甚者，有专门用来饮茶的房间，房间陈设雅致，配有精美的茶具，当迎送客人的时候，都是献茶表示对客人的尊敬。②

16世纪末17世纪初的意大利传教士帕德·M. 里希在其书信中对茶叶有详细的描述，其中涉及茶叶的价格，还有中国与日本不同制茶方法的比较。其中写道：

> 每当我经过茶丛时，想到此种植物可以制茶，不禁感到惊奇，中国人在阴天采取茶叶，用来每天冲泡使用。这种饮料在饭后和欢迎客人时使用。有时也在闲暇时饮用，用来消磨时光。茶还需趁热饮

---

① ［西］拉达：《记大明的中国事情》，［法］C. R. 博克舍编注：《十六世纪中国南部行纪》，中华书局，1990年版，第203页。

② 引自［美］威廉·乌克斯：《茶叶全书》上卷，东方出版社，2011年版，第22页。

用，味道略苦，但饮后并没有不适的感觉，经常饮用，对于身体健康方面非常有益处。……茶叶在日本的使用方法与中国稍有不同：在日本是将茶片磨成粉末，每杯开水中加入茶末二三勺，混合而饮；而在中国只是将茶叶数片放入一壶开水中，等到泡出的液汁散发出香味时，趁热饮用，而茶叶则不饮用。[①]

在这一时期欧洲人有关茶叶的介绍中，首先注意到的是中国人以及日本人的这种生活习惯，其中包括饮茶的方式和以茶待客的生活习俗，同时也注意到饮茶时所使用的茶具和其他器具的精美和实用，总之还是作为一种"异国情调"、一种"东方风情"来介绍的，这与这一时期欧洲人关于中国其他方面的报道和介绍的基本情况是一样的。与此同时，许多人都特别注意到了饮茶的治病、保健和养生方面的功能，强调茶叶是一种有益于健康的饮料，饮茶是一种健康的生活习俗。除了上面引述的一些外，还有人说到，中国人的健康与长寿，"应当归功于茶"；中国人得肿胀、神经痛及膀胱结石疾病的很少，而防治这些疾病"或许与中国人饮茶习惯有关"。还有人以亲身体验说："每餐之后，饮茶少许，感觉对身体非常有益"。如此等等。

这些早期到中国或日本来的欧洲人，亲见中国人或日本人的饮茶习惯，并且也亲自品尝过香茗的味道，印象十分深刻。但还没有想到把这种神奇的饮料带回去，让自己欧洲的同胞一起欣赏品尝。这种情况最后由一位荷兰人改变了。1595 年，荷兰航海家杨·胡伊根·范林斯霍滕（Jan Huygen van Linschoten，1563—1611）出版了《旅行杂谈》一书，其中描述了位于东方的一个辽阔的葡萄牙殖民帝国，提供了详细的地图，并介绍了那里各种令人惊奇的东西。其中有一种在中国和日本称为"朝那"（chaona）的东西。据说正是这本书最早激发了人们将茶叶运输到欧洲的想法。《旅行杂谈》这本书是荷兰文献中最早提到茶叶的。他在其中写道：

① 引自[美]威廉·乌克斯：《茶叶全书》上卷，东方出版社，2011 年版，第 23 页。

> 日本人的饮食习惯是每人面前摆一张小桌，没有台布和餐巾，吃饭的时候使用木筷，与中国人所使用的木筷相似。喝酒用的是米酒，各自饮用自己的酒水，饭后饮用一种饮料，是盛在壶里的热水，不论寒暑，均使用开水，烫得难以入口。这种热水，使用一种叫作茶的植物粉末制成的，人们都非常喜好。在招待朋友宾客时，他们都是亲力亲为。茶盛于壶中，饮用时则使用陶器、杯等茶具。他们对茶具的喜好，就像我们对钻石和宝石等贵重物品，而且旧的比新的茶具好，因此他们都用技术精湛的工人来制造茶具，并且非常细心地收藏。对于茶具的鉴赏也有高超的技巧……①

《旅行杂谈》这本书引起了荷兰人对于饮茶这种奇异的东方习俗的浓厚兴趣，于是，他们乘商船来到东方，第一次把茶叶带回欧洲，由此揭开了近代欧美国家持续3个多世纪的大规模茶叶贸易的序幕。

早期欧洲人到中国来的时候，往往是走马观花，所知所闻大部分是浮皮潦草，道听途说，在很多方面都是不甚了了。比如在对中国茶叶及其饮茶习俗，虽然许多人都提到了，但对于茶叶的生产、功效，以及相关的民俗文化，却所知不多。到了17世纪以后，传教士们深入中国内地，有些人甚至在中国居住多年，对中国文化的各方面都有了比较深入的了解，比如在对中国茶叶的认识方面，就比早期的有关报道要深入得多了、具体得多了，也更准确了。而传教士们关于中国茶叶的介绍，对于欧洲的饮茶热潮以及茶叶贸易，更起到推波助澜的作用。

2 大规模的茶叶贸易

1596年，荷兰人开始在爪哇开展贸易，大约在1606年，第一批茶叶运到荷兰。这被认为是茶叶第一次作为商品进口到欧洲。荷兰汉学家居斯塔夫·施莱格尔(G. Schlegel)在《茶第一次引进荷兰》的论文中指出，根据海牙国家档案馆提供的材料，在1650—1651年的海运货物提单中提

---

① 引自[美]威廉·乌克斯：《茶叶全书》上卷，东方出版社，2011年版，第24—25页。

到，日本的茶以“Thia”的名称进口到阿姆斯特丹。档案里还有一封东印度公司的17个主管写给殖民地总督的信，日期是1637年1月2日，信中称：“因为茶开始被一些人所接受，我们所有的船舰都期待着某些中国的茶叶瓶能和日本的一样好销。”[①]据此，人们认为，在近1637年的时候，茶叶已经被大规模地进口了。荷兰东印度公司的档案里还有一封信，是该公司的职员威克汉(R. Wickham)于1615年6月27日在日本写给在澳门的同僚伊顿(Eaton)的，他在信中要“一包最醇正的茶叶”。这是荷兰有关茶的最早记录。薛福成在《出使英德义比日记》中说：

> 中国茶之初到欧洲，始于明万历四十年，荷兰之东印度公司携带少许，以共玩好。国朝顺治八年，荷兰始载茶至欧洲发售。越十年，茶市益行，英京始立茶税之律。当时甚为珍贵，馈送王公不过一二磅而已。又越三十年，茶务益盛，英京始多收茶叶之税。

外销水粉画：茶叶装箱

① 参见[法]亨利·柯蒂埃：《18世纪法国视野里的中国》，上海书店出版社，2006年版，第20页。

在整个17世纪和18世纪初,荷兰是欧洲国家中最大的茶叶贩运国和茶叶经销商,几乎独占长达80年之久的茶叶贸易。在初期,荷兰东印度公司通过前往巴达维亚的中国帆船进行茶叶贸易,每年获利10—50万荷兰盾。在荷兰占领巴达维亚以前,中国与巴达维亚就有十分密切的贸易关系。葡萄牙占领马六甲后,东南亚的贸易中心从马六甲转至巴达维亚。每年中国帆船运载陶瓷、丝绸、茶叶等物品到巴达维亚交换胡椒、香料等土产。17世纪20—30年代,平均每年到达巴达维亚的中国帆船有5艘。1683年清朝解除海禁后,中国帆船到达东南亚的数量有明显的增加,从1690—1718年间,平均每年有14艘中国帆船至巴达维亚。荷兰人除从巴达维亚进口中国茶叶外,还通过波斯进口部分中国茶。1651—1652年,阿姆斯特丹举办茶叶拍卖活动,使茶叶成为独立商品。阿姆斯特丹也因此成为欧洲的茶叶供应中心。阿姆斯特丹的茶叶交易一直十分活跃,1714年拍卖的茶叶有36766磅。

外销画:中国的茶叶贸易

荷兰从中国进口的茶叶,除满足本国的消费外,还贩卖至欧洲其他国家和北美殖民地。1666 年,英国贵族奥索雷(Ossory)和阿林格顿(Arlington)从阿姆斯特丹带一批茶叶到伦敦变卖,获得可观的利润。当时阿姆斯特丹每磅茶叶售价为 3 先令 4 便士,而伦敦则高达 2 英镑 18 先令 4 便士。荷兰人彼得·施托伊弗桑特(Peter Stuyvesant)把第一批中国茶叶运到北美殖民地的新阿姆斯特丹(即后来的纽约)的荷兰人定居点,当地居民都成了爱喝茶的人,该城的消费茶叶量甚至超过了整个英格兰。至 17 世纪末,荷兰的茶叶贸易规模已较大,1685 年荷兰东印度公司董事会在给荷印总督的指示中,要求供应 2 万磅新鲜上等茶叶。进入 18 世纪,中荷茶叶贸易的规模进一步扩大。1715 年,荷兰东印度公司董事会要荷印当局订购 6—7 万磅茶叶,次年又要求增加到 10 万磅,到 1719 年,荷兰的订茶量达 20 万磅。

1727 年 10 月,荷兰东印度公司董事会决定派船直接到中国买茶,中荷茶叶贸易由中国——巴达维亚——荷兰的间接贸易形式改为荷兰——中国的直接贸易形式。1728 年 12 月初,东印度公司的科斯霍恩号直航广州,1730 年返航时,共运回茶叶 27 万磅,丝绸品 570 匹以及陶瓷等物,总值 27—28 万荷兰盾。货物脱手后,扣除各种费用,净得利润 32 万 5 千荷兰盾。从 1731—1734 年,荷兰派出 11 艘商船前往广州,共购买茶叶 135 担,价值 1743945 荷兰盾,占全部货值的 73.9%。1734 年以后,荷兰东印度公司茶叶贸易有所起伏,但仍然是对华贸易的最重要商品。18 世纪 20—90 年代,茶叶贸易在荷中直接贸易中始终占据绝对重要的地位,茶叶占荷兰东印度公司输入中国商品的 70%—80%,有时超过 85%。茶叶贸易是一项利润极为丰厚的买卖。1729 年,荷兰在广州购买茶叶的总值是 242420 荷兰盾,在荷兰售卖后获利 355681 荷兰盾,利润率达 147%。1733 年,荷兰在广州购买价值 336881 荷兰盾的茶叶,到荷兰后卖得 988510 荷兰盾,获利 651629 荷兰盾,利润率高达 193%。

欧洲饮茶风在 18 世纪已很盛行。茶叶贸易的巨大利润吸引欧洲国家竞相加入茶叶贸易的行列。英国东印度公司是当时世界上最强大的跨国公司,从 18 世纪开始支配了世界的茶叶贸易。英国人茶叶消费的普及正是东印度公司业务拓展的结果。17 世纪的时候,英国的茶叶进口量还不大。1664年,英国东印度公司下了第一笔关于茶叶的订单,从爪哇运回100磅中国茶叶。而到了1678年,增长到4713磅。以后逐年大幅度增长,比如:1685年为12070磅,1690年为38390磅,1721年为124万磅,到了1750年则上升到473万磅。在18世纪70年代,英国合法茶叶每年的消费量是400—500万磅,而每年走私茶叶的总量大约在400—750万磅左右。在1790—1800年这10年间,荷兰、丹麦、瑞典、法国等国从中国进口的茶叶总量为3851万磅。但是,就其地位和重要性而言,没有一家可以和英国东印度公司相抗衡。比如同在1790—1800年这10年间,英国东印度公司从中国进口的茶叶总量为2.9亿磅。到了19世纪,英国的茶叶进口量又有了惊人的增长。1830年是3000万磅,而在1879年则上升到1.36亿磅。英国东印度公司完全依靠茶叶得到迅速发展。在它的全盛时期,它掌握着中国茶叶贸易的专卖权,操纵着茶叶买卖,限制茶叶输入英国的数量,控制着茶叶的价格,垄断了茶叶的国际市场。由英国东印度公司运销的中国茶叶,在1770年代占广州全部外销茶的33%,到1780年代增至54%,1790年代激增至74%,19世纪初达到80%。英国东印度公司不仅造就了世界上最大的茶叶专卖制度,也是茶叶宣传最早的原动力。宣传的结果是,促成了英国的饮料革命,使英国人放弃咖啡而变成嗜好饮茶。

在当时及其前后,除了英国的东印度公司外,还有一些欧洲国家的东印度公司从事茶叶贸易,比如法国、丹麦也派船到亚洲收购茶叶。专门运输茶叶的船队逐渐建立起来,数量越来越多的茶叶箱在设有"东印度公司码头"的世界各大港口卸货:里斯本、洛里昂、伦敦、奥斯坦德、阿姆斯特丹、哥德堡,有时还有热那亚和里窝那。有一份资料显示,1766年起,广州输出的茶叶按如下分配:英国船600万磅,荷兰船450万磅,法国船210万磅,合计1500万磅,约7000吨。还有一份资料显示:1700年欧洲人从中国进口茶叶9万磅,1800年增至4500万磅,100年间增加了近500倍。

3 俄罗斯的茶叶贸易与"茶叶之路"

茶叶最早是在17世纪初传到俄罗斯的。1616年,哥萨克什长彼得罗夫在卡尔梅克汗廷初尝到茶叶，对这种“无以名状的叶子”十分惊异。1638 年，一名叫瓦西里·斯特拉科夫的大使受命前往卡尔梅克拜见可汗，并带去珍贵的貂皮作为觐见礼。可汗收下礼物，向沙皇回赠了 200 袋中国茶叶。当时沙皇使者对茶叶一无所知，不愿接受，后经劝说才勉强接受。他将茶叶带回了圣彼得堡，沙皇命仆人沏茶请近臣们品尝，意外的是，众人一致认为入口有奇香。从此，俄罗斯人开始了其漫长的饮茶史。1676 年，俄国使臣米列斯库觐见康熙皇帝，康熙皇帝赐给他 4 匣茶叶，并请他转赠沙皇 8 匣茶叶。

中国商人在俄国中部下诺夫哥罗德市的年度商品交易会上

中俄之间的茶叶贸易是从 17 世纪后半期开始的。茶叶的贩运是通过商队来进行的，所以被称为“商队茶”。在近代欧洲的茶叶市场上，俄国的“商队茶”要比海运国家有更强的竞争力。有西方学者指出：“输入俄国的茶叶在味道上和质量上，比从广州运到欧洲的茶叶好多了。这两种茶叶也许原来一样的好，但是，据说经过海洋运输大大损害了茶叶的香味。"①魏源在《海国图志》卷八十三也说道："因陆路所历风霜，故其茶叶反佳，非如海船经过南海暑热致茶味亦减。"马克思注意到"商队茶"的这种特殊性，他指出，在恰克图卖给俄国人的茶叶，"其中大部分是上等货，即在大陆消费者中间享有盛誉的所谓商队茶，不同于由海上进口的次等货。"②他还说道："俄国人自己独享内地陆路贸易，成了他们没有可能参加海上贸易的一种补偿。"③

法国学者玛扎海里指出："我们可以说在19世纪时有两种茶叶：经英国人之手的'印度茶'和茶叶之路上的茶。它们各有自己的主顾。大陆人习惯于北方的茶，丝毫不喜欢在大吉岭和锡兰加工炮制的茶叶，它们没有大陆人所习惯的那种真正的茶叶特征，既没有香味，尤其是又没有茶味。莫斯科人没有试图把茶叶引进其国内以使之风土顺化，而是仍忠于原有的中国产品。它们甚至创造了带有加热装置的茶炊，它在莫斯科人中如同在伊斯兰教徒中一样都象征着'灶'或'家'。"④

在17世纪后半期，在托博尔斯克市场上已经有了少量的茶叶供应。1674年，在莫斯科有商店开始经营茶叶，价格比较贵，消费者都是富裕人家。1689年中俄签订《尼布楚条约》后，中俄之间的边关贸易日趋活跃，中国茶经过尼布楚进入俄国的数量也有所增长。如1698年，俄国客商加·罗·尼基丁采购了价值32000卢布的中国货，内有茶叶5普特（每普特重16.38千克）7俄磅，每普特按莫斯科市价为20—25卢布。

随着中俄贸易往来的升温，俄罗斯人饮茶之风渐盛，他们很快就成为比英国人还喜欢喝茶的人。俄罗斯的茶叶消费量迅速增长，而西伯利亚人尤其喜爱喝茶。帕尔申在《外贝加尔边区纪行》中写道：

> 这里的居民不论贫富、年长或年幼，都嗜好砖茶。这是每天必不

---

① 引自蔡鸿生：《中外交流史事考述》，大象出版社，2007年版，第245页。

② ［德］马克思、［德］恩格斯：《马克思恩格斯选集》第2卷，人民出版社，1972年版，第10页。

③ 同上书，第9—10页。

④ ［法］阿里·玛扎海里：《丝绸之路——中国—波斯文化交流史》，中华书局，1993年版，第10页。

可少的饮料，早晨就着面包喝茶，喝不到茶就不去做工。午饭后更必须有茶。一天可以喝5次茶！喜欢喝茶的人要喝十几杯。无论你什么时候到一户人家去，主人必定用茶来招待你。

一个恰克图抵得上三个省，它通过自己的贸易活动将人民的财富变成宝贵和富有生机的液汁，输送到西伯利亚。①

由于茶叶的价值高，俄国人甚至把砖茶作为货币来使用。在外贝加尔地区，茶叶是人们的日常生活必需消费品，当地人出卖货物时，宁可要砖茶而不要钱，因为他们相信，在任何地方都能以砖茶代替钱使用。在俄国的茶叶价格很高，彼得堡档案馆一份18世纪末的用法文书写的文件写道：

中国人带来的（商品）……是一些绸缎、漆器，少许瓷器，大量的我们叫做南京细布而俄国人叫做希特里的广东布料，以及数量可观的绿茶。这种茶叶的质量远远胜过欧洲经过长途航海收到的茶叶，因此俄国人不得不以高达每斤二十法郎的价格收购，而他们转售时的价格很少超过十五或十六法郎。为了弥补这项损失，他们从不错过机会抬高皮货的价格，这几乎是他们唯一能为中国人提供的货物。②

中国向俄罗斯输出茶叶主要是通过恰克图市场进行的。在当时，中俄之间的贸易的大宗永远是茶叶。“恰克图”在俄语意为“有茶的地方”。据记载，1744年，在恰克图的双边贸易额约为30万卢布，1760年上升为110万卢布，1780年为800万卢布，到19世纪中期已达1600万卢布。据俄国文献资料统计，1758—1760年俄商在恰克图市场上的贸易额，占俄国与亚洲各国贸易额的67%，其中仅1760年，沙皇政府在恰克图征收的

---

① [俄]瓦西里·帕尔申：《外贝加尔边区纪行》，商务印书馆，1976年版，第136页。

② 引自[法]布罗代尔：《15至18世纪的物质文明、经济和资本主义》第1卷，生活·读书·新知三联书店，1992年版，第297页。

关税就占全国总关税的24%。1870年，一位美国旅行家来到此地，他这样描述：“在恰克图，身上没有四五百万卢布，你都不好意思跟人打招呼！”马克思在《俄国的对华贸易》一文中指出：这种贸易，“由十二个中间人经管，其中六个是俄国人，六个是中国人；他们在恰克图会商，由于贸易完全是以货易货，还要决定双方所应提供交换的商品比例。中国人方面提供的主要商品是茶叶，俄国人方面提供的是棉织品和毛织品。”[①]俄商以棉毛织品换取中国茶叶，开创了“彼以皮来，我以茶往”的贸易传统。

除了茶叶外，中国还向俄国出口丝绸、棉布、水果、瓷器、大米、蜡烛、大黄、姜、麝香等，而俄国向中国出口毛皮、纺织品、成衣、生革、皮革、工具、牛等货品。茶叶贸易使俄商大获其利。俄商“在恰克图以1磅2卢布的茶价，转运至圣彼得堡，以3卢布的价钱卖掉，赚利5成”。1839年，俄商在恰克图购买了价值700万卢布的茶叶，当年运到下诺夫哥罗德市场上收入了1800万卢布，利润高达400%—500%。恰克图市场茶叶贸易历时200余年的繁荣，产生了巨大的带动效应。

中俄之间的恰克图茶叶贸易很大一部分是由晋商经营的。《朔方备乘》卷三十七说：

> 盖外国人初同内地民人于市集交易，一切惟恐见笑，故其辞色似少逊顺。经恰克图司员谕以中外一家之道，俄罗斯欢喜感激，信睦尤著。所有恰克图商民，皆晋省人。由张家口贩运烟、茶、缎、布、杂货，前往易换各色皮张、毡片等物。初立时，商民俗尚俭朴，故多获利。

清人松筠在《绥服纪略》中也有记载：“所有恰克图贸易商民皆晋省人，由张家口贩运烟、茶、缎、布、杂货，前往易换各色皮张毡片等物。”历史上的晋商不仅对中国茶叶的生产、运销作出了贡献，而且对中国茶文化在海内外的传播发挥了积极的作用。

恰克图的茶叶分成商号茶、家族商贸茶和山西商贸茶等3种商品。经营恰克图贸易商号的都是山西大族。乾隆二十八年（1763），山西商人

---

① ［德］马克思、［德］恩格斯：《马克思恩格斯全集》第12卷，人民出版社，1962年版，第167页。

在恰克图的商户已有140多家，有400多常住人口，其中资本较厚者60余家，称为票商；另有散商（又称朋商）80余家依附于票商。到道光时，恰克图已有茶庄100家左右，皆为晋商经营。在众多的商号中，涌现出几大家，首推曹氏，次为常氏，还有乔氏、牛氏等，著名的晋商商号有大德玉、大升玉、大泉玉、锦泰亨、锦泉涌等。

在早期来恰克图从事茶叶贸易的晋商中，榆次常家常万达可谓功勋卓著。他在1755年来到恰克图，将其所有资产投入茶庄中，茶叶销路极好，获利巨大，同时赢得了俄商的信任，在几年内常家就将茶庄开到了俄国腹地莫斯科、托木斯克等地，商号有兴盛辅记、美玉德记、合裕安记、万盛隆记等。后来的祁县渠家在恰克图开设的“长裕川”等茶庄也非常出名。太谷曹家“锦泰亨”将经营的主要商品曲绸用驼、骡运往库伦、恰克图、伊尔库茨克等地经销，每年约可运销12000余匹，价值白银36万余两，回头则运销俄国的金沙、呢绒、哈喇、俄毯等货。同治七年（1868），山海关税务司马福臣到恰克图考察买卖城商号，他说自道光二十四年（1844）至咸丰二年（1852）为贸易最盛之时，当时办茶大字号约有40家，均系张家口上埠者，这些商号都已获得重利。

恰克图的贸易是季节性贸易。伊犁将军奕山在奏折中说：“恰克图距张家口数十站之遥，地居旷远，客商与俄商定期而来，事毕各返。”每年冬末春初，是恰克图的旺季。大笔生意通常从二月初开始，有时延续两个月，有时一个月，甚至两个星期就圆满成交了。在开市期间，恰克图十分热闹，不同文化的交流达成了某种难以想象的沟通。在这里可以听到俄国腔的汉语、中文腔的俄语，还有蒙古调的俄语和汉语，或者俄调和汉调的蒙语，各种语言在此进行无障碍的交流。19世纪初，清朝明文规定在恰克图做贸易的男丁必须学习俄语。几乎所有的店铺都有商人们自己编的所谓俄汉方言手抄词典。恰克图所有的居民都是用这种奇怪的方言同中国人谈话。这种和谐的交流甚至从语言上升到了社会层面。18世纪的俄国学者帕尔申曾旅行到此，他在《外贝加尔边区纪行》一书中写道，他在俄国海关税务总监的府邸参加一次俄式节日里双方政商人物的聚会：“中国人衣着非常讲究，……当（俄国官员）提议举杯敬祝皇帝（沙皇）陛下健康时，全体中国人都肃然起立，与我们一起欢呼‘乌拉’，并且兴高采烈地举起酒杯。这个场面我觉得非常美好。”

乾隆二十年(1755)之后,恰克图市场日渐繁荣,大批晋商涌向恰克图,茶叶贸易额也是逐年增长。据俄罗斯学者阿·科尔萨克的研究,中国输出的茶叶,1755年至1762年的年平均数量从11000普特(1普特等于16.38千克)到13000普特。1768年到1785年的平均数量约29000普特。到18世纪末,茶叶的进货量开始呈现大幅度增长。俄罗斯学者米·约·斯拉德科夫斯基指出,在1801—1830年间,经由恰克图的茶叶进口量差不多增加了一倍。另据统计,嘉庆五年(1800),由恰克图销往俄国的茶叶达28万俄磅,道光以后,贸易数额又大增。从道光十七年到十九年(1837—1839),每年销往俄国的茶叶平均为807万俄磅,几乎全是晋商经销。咸丰初年中俄茶叶贸易额仍然保持着良好的势头,每年销给俄国的茶叶达15万箱,有900多万斤。1838年,俄商在恰克图向晋商王宗乔、旺盛隆、达兴发等30余家商号采购花茶33744箱(每箱净重75磅),花砖茶4724箱(每箱净重90磅),普通花茶12679箱,茉莉花茶32000箱,先后共购买茶叶83147箱,按平均每箱80俄磅计,当年输入中国茶叶666万俄磅。一位美国经济学家在《外国人在华投资》一书指出,19世纪初的“恰克图茶叶贸易使当地俄商发了大财”,当时恰克图互市的“中俄贸易额达1000万美金,中国商人输入的主要货物是茶叶。”松筠在《绥服纪略》中也指出,山西商人以茶叶为恰克图贸易的大宗商品,茶叶是经张家口、归化城通过蒙古草原驮运到恰克图的,茶叶是俄国人最能获利的输入品。一直到19世纪50年代初,贸易额仍保持上升势头。恰克图每年交易额在1000万美元以上,占中国进出口总值的15%—20%。

在这一时期,晋商对俄贸易尚保持着很大优势,具有贸易的主动权。为了保证茶叶货源与茶叶质量,山西商人曾在福建武夷山区,通过“行东”(代理商)以包买形式控制一些作坊,要求对方按照自己的要求进行茶叶加工。清人衷千《茶事杂咏》说:

> 清初茶时均系西客经营,由江西转河南,运销关外。西客者山西商人也,每家资本约二三十万至百万。首春客至,由行东赴河口欢迎。到地将款及所购茶单交点行东,恣所为不问,茶事毕,始结算别去。

咸丰三年(1853)以后,由于太平天国革命造成晋商去福建的茶道受阻,晋商们转向现湖北武昌府的崇阳、蒲圻两县交界处的羊楼峒、羊楼司一带,指导当地人栽植茶树和制造红绿茶之法,使这一带逐渐成为晋商新的茶叶产地。到光绪中期,晋商逐渐在蒲圻等地建立了茶叶加工厂,进行较大规模的生产。据海外资料称:"山西茶商每年(在茶楼峒)常设临时办事处,开设工厂,该地数千农民及其家族从事制造砖条"。

与此同时,恰克图贸易也促使与贸易相关的中国部分产业发生了积极转变。许多商人分赴福建武夷山,湖南安化、临汀,湖北崇阳、蒲圻、通城等地办茶,这直接推动了江南和两湖农业的恢复和植茶业的发展。同治朝《平江县志》记载:

> 汉口辟为商埠后,湖南各地茶叶就多由水路经洞庭湖入长江,然后汇集汉口。由于运输方便和"红茶利兴"的刺激,平江县凡山谷间闲地向种红薯之外,悉以种茶;浏阳以素植麻,拢而植茶。茶区面积扩大了,茶庄林立,植茶业也有了相当的发展。就平江而言,上自长寿、下至西乡之晋坑浯口,茶庄数十所,拣茶者不下二万人,塞巷填衢,寅集酉散,喧嚣拥挤。鄂南的崇阳、咸宁、羊楼岗一带也是著名的茶区,这里的茶叶,一部分由晋商收购并就地设厂加工。光绪初年,每年都有茶庄七八十家……两湖茶区面积急剧扩展。到1871年,几乎较十年前增加了50%。

山西茶商开设制茶工厂,既推动了当地农民以追求价值为目的的茶叶生产,又对其他手工业生产产生了重要影响。砖茶要用纸包装,装箱离不开竹木箱,这必然带动当地造纸、木竹器等手工业的发展。道光朝《蒲圻县志》记载,蒲圻县南山之东,有一地方名曰"纸棚,左有洞,右有泉,其居人曰郑氏。凡40余户,除数耕者外,悉以造纸为业"。"治棚下者,约百余人,每岁值可获五六千金。凡此数十户,一切食用皆取给于此。"崇阳县也因为茶叶生产发展,带动了木工、锡工、竹工、漆工等行业的不断发展。

这样,就在中俄之间形成了一条国际商道,即"茶叶之路"。"茶叶之

路"的运输途径为:

从武夷山→江西铅山河口镇→船运(信江)→(鄱阳湖)→九江→(逆长江)→武昌→(溯汉水)→樊城(襄樊)→唐河→社旗→洛阳→泽州(晋城)→潞安(长治)→祁县→忻州→张家口→归化(呼和浩特)→库伦(乌兰巴托)→恰克图。

进入恰克图市场后,在这里经过第二次交易,过秋明、奥伦堡、罗斯托夫,抵达莫斯科。反过来,俄国借此向中国输出西伯利亚地区的特产和工艺品。在"茶叶之路"上,驼队是运输的主力。归化城的骆驼总量最高时曾达到16万峰。

4 茶叶贸易与资本主义"自己的家"

瑞典学者罗伯特·贺曼逊在《伟大的中国探险:一个远东贸易的故事》中,说到瑞典东印度公司第一艘赴华贸易的商船"费德里克·利丝·苏西亚号"1732年在广州装货的情景。除了大宗的瓷器和丝绸,其中还说到茶叶:

> 茶叶一直都是公司里最重要的商品。在第一次商旅中,一共有货物1591个整箱、250个半箱以及10大矩形盆状包裹。在漫长的返航途中,通常茶叶都被放在捆着铅线的方形盒子中,并且都用纸密封起来。茶叶一旦受潮就不值钱了。
>
> 合理精确的统计显示,费德里克·利丝·苏西亚号返航时装载了大约165吨茶叶。这些茶叶分不同的等次和颜色,红茶和绿茶都有。最多的红茶品种是武夷茶和小种茶,它们几乎占了茶叶总量的一半。在拍卖会上即使是最常见的品种,一磅也要卖1克朗10银便士。[1]

---

① [瑞典]罗伯特·贺曼逊:《伟大的中国探险:一个远东贸易的故事》,广东人民出版社,2006年版,第30页。

19世纪的铜版画，忙碌的人们在卸载装有中国茶叶的货箱。

曾在1750—1752年间作为瑞典东印度公司商船上的随船牧师奥斯贝克，随船来到广州，他在《中国和东印度群岛旅行记》中记载了他所在的这条商船所搭载的货物清单，其中有：4000匹丝绸，5300匹黄布，5000磅生丝，4000磅土茯苓，2165磅珍珠母，1万磅西米，4170磅大黄，9000磅有色纸（墙纸），6325磅用于捆东西的藤竹，约500箱瓷器，6吨烧酒及各种漆器、纽扣等。除了这些货物外，大宗的还是茶叶，总计有将近100多万磅，其中包括许多不同的品种：

1030642磅武夷茶（红茶），共1885箱。

96589磅功夫茶，共1071大箱和288小箱。

67388 磅小种，共 573 大箱和 1367 小箱。

17205 磅白毫，共 323 箱。

6670 磅 Bing-tea，共 119 箱。

7930 磅熙春皮茶，共 140 箱。

2206 磅熙春茶，共 31 桶。

3557 磅其他各种茶，共 1720 罐。①

通过茶叶贸易，东印度公司以及后来的各大商行赚取了巨额利润，英国政府也从中获得了巨额税收。与其他中国商品相比，茶叶的利润最大。如荷兰东印度公司在茶叶的交易中能赚取 100－120％的净利润。在1722—1728 年广州茶叶经爪哇的间接贸易中，其毛利只有 93％，而在1735—1758 年间，由于商船直驶广州，对原始价仅为 83175 荷兰盾的茶叶，运销欧洲后，可卖到 294622 荷兰盾，其利润为 354％，而且一直持续了 20 多年。此后，到 1760—1784 年间，茶叶利润下降到 90.40％，荷兰东印度公司用 2128182 荷兰盾采购的茶叶，在欧洲市场的售价达到4052170 荷兰盾。② 当年有人极而言之说："茶叶收入几乎是东印度公司的全部利润，甚至成为东印度公司存在的理由。"茶叶进口税成为英国财政收入很重要的一部分。在东印度公司垄断的最后几年，茶叶带给英国国库的税收平均每年达到 330 万镑，占国库总收入的十分之一左右。因此，茶叶被称为"绿色黄金"，茶叶贸易"开始了欧洲贸易史的新篇章"。茶叶为西方贸易商带来了巨额利润，以至历史学家普里查德(Earl H. Pritchard)说："茶叶是上帝，在它面前其他东西都可以牺牲。"从 1717 年开始，在英国对清朝的贸易中，"茶叶已经开始代替丝成为贸易中的主要货品"。罗伯特·贺曼逊指出：

喝茶的习惯在欧洲流行开来，尤其是英国人成为了这一日用品的大消费群体。跟大多数的政府一样，英国政府不断地寻找新的税

---

① [瑞典]彼得·奥斯贝克：《中国和东印度群岛旅行记》，广西师范大学出版社，2006 年版，第 166 页。

② 耿昇：《中法文化交流史》，云南人民出版社，2013 年版，第 346 页。

收来源，于是对进口的茶叶收取很高的关税。随着买进的量不断增大，税收也在升高。这种情况下，出现了很多走私茶叶的黑市。当黑夜来临时，一队走私船横穿过英吉利海峡驶向英格兰南部沿岸的一些小渔港，其中大部分是来自荷兰的船。①

罗伯特·贺曼逊还指出，瑞典东印度公司在18世纪七八十年代，“茶叶是最主要的交易货物。从广州运往哥德堡的货物中有80%都是茶叶。运载回来的货物与以往一样在公司大楼里进行拍卖，然后再出口，主要是那些正处于战争中的欧洲国家，还有很大一部分被运至北美。”②在18世纪上半叶，西欧各国对华贸易形成了以茶叶为大宗进口商品的结构，反映了18世纪欧亚通商的主要特点，人们将这一世纪称为欧亚贸易的“茶叶世纪”。夏庞蒂埃·科西尼在《广州行纪》中说：“正是茶叶将欧洲船队引向了中国，装满其船舱的其他商品仅被作为拼盘的配料。”③

进口到各东印度公司所在国的茶叶，并非仅限于其本土的消费，还要流通到西北欧国家乃至它们在美洲的殖民地，因此，在有的城市里，形成了一定规模的国际茶叶市场。伦敦是全世界最大的茶叶消费与专卖市场，从1679年开始举行茶叶拍卖，直到1998年6月29日最后一次拍卖，伦敦的茶叶拍卖市场共计存在了319年。

布罗代尔认为，在工业成为“资本主义”的理想活动场所之前，远程贸易以其高利润率和集中性等特点，成为资本主义“自己的家”。正是香料、胡椒、咖啡、茶叶等在人类经济生活中显得微不足道的“小”东西，为欧洲资本主义、全球贸易和经济体系的早期发展奠定了基础。中国人发现和生产的茶叶，就这样参与了早期资本主义发展的进程，参与了近代西方文明发展的历史。

---

① [瑞典]罗伯特·贺曼逊：《伟大的中国探险：一个远东贸易的故事》，广东人民出版社，2006年版，第97页。

② 同上书，第98页。

③ 引自耿昇：《中法文化交流史》，云南人民出版社，2013年版，第346页。

五 瓷器贸易

1 欧洲人与瓷器的早期接触

瓷器也是大航海时代欧洲与中国贸易的大宗商品之一。

外销瓷:广彩锦地开光人物纹茶壶

由于地理位置和交往方面的关系。与东南亚、西亚和非洲等地区相比,中国瓷器传到欧洲的时间要晚了许多。不过,好像唐代的时候也有一点关于瓷器的信息传到欧洲。据英国学者裕尔所说,唐代的景教教士曾把中国的瓷器带到欧洲去。景教是唐代初年传入中国,到唐武宗时被禁绝,自此以后即行绝迹,所以这些瓷器应该是唐代的瓷器。

从文献方面来说,《马可·波罗游记》是最早向欧洲介绍瓷器的。《马可·波罗游记》中说,泉州城附近有个生产瓷器的"迪云州"(Tiungay)即

外销瓷:广彩人物纹盘

德化。这个城市"制造碗及瓷器,既多且美。除此港外,他港皆不制此物,购价甚贱"[①]。但他没有亲自到达这个城市。他还描述了制造瓷器的方法,这是欧洲人关于中国瓷器制作方法的最早的记载。

马可·波罗的这则描述,不仅是欧洲有关瓷器制造工艺的最早报道,而且也是欧洲文献中最早使用"瓷器"这个词的例证。据说马可·波罗回国时还曾把在中国购买的瓷器带回威尼斯。不过,在马可·波罗之前有少量的中国瓷器传到欧洲,也不是没有可能。英国瓷器史专家简·迪维斯(Jan Divis)指出:

中世纪期间,中国瓷器很少进入欧洲。……但是,这并不是说欧

① [法]沙海昂注:《马可波罗行记》,中华书局,2004年版,第609页。

> 洲人完全不知道中国瓷器，因为当时除零星出现的商业瓷制品外，中国瓷器还常常夹杂在官方使节带回的礼品中。十字军在他们的战场圣地见到了这种瓷器，而且它肯定是迷人的战利品。出自这个时期的几件瓷器，仍然保存在欧洲。中国古瓷受到高度珍视的事实，能从后来把瓷制品安放在珍贵金属制品上面的风尚中体现出来，如安放宋朝青瓷碗大概用了1450克银子。这件器皿现藏卡塞尔国立博物馆。牛津大学珍藏的一件大概属于大主教瓦哈姆(Warham)的一件中国瓷碗，安置此碗的托座花了大约1530克银子。①

但直到15世纪，瓷器在欧洲还是极其稀有的珍品。通常是从东方统治者那里获得的外交礼物，或者在极少见的情况下是由旅行者从东方带回来的。上面这段引文提到的现藏德国卡塞尔国立博物馆的青瓷碗，上有德国黑森家族卡泽伦博格伯爵的纹章图案，是现存欧洲最早有年代的中国瓷器。这个碗是典型的中国青瓷，大约来自龙泉窑，产于14世纪末或15世纪初。它可能是由卡泽伦博格伯爵在1433—1434年间去圣地朝圣时带回来的，可能是在以色列北部海法湾的港口艾可买的这件瓷器。几百年来黑森家族珍如拱璧，代代相传。上文提到的瓦哈姆赠给牛津大学的瓷碗，被称为“瓦哈姆杯”(Warham Cup)，是有明弘治年号(1488—1505)的青瓷碗。还有宣德青白瓷碗一对，是1506年卡斯提尔王奥地利·腓力在航行时被暴风吹到英国韦茅斯，送给约翰·特伦查爵士的。其中之一，久享盛名，价值连城。当时一件瓷器的价值，按达米·德·戈斯的说法，等于7个奴隶。收藏于都柏林爱尔兰国家博物馆的盖涅雷斯一方特希尔瓶，是一件元代青白瓷，带有比较浅的青白釉色，高28.3厘米，制作年代约为1320—1340年。根据各种铭文、纹章的证据以及底座的风格，这个瓶子被确认是在1381年被匈牙利国王路易一世送给了刚刚登上那不勒斯王位的安茹一西西里国王查理三世作为礼物。

1563年，在梵蒂冈的一次晚宴上，一位葡萄牙传教士向教皇推荐中国的青花瓷，他说：

---

① [英]简·迪维斯：《欧洲瓷器史》，浙江美术学院出版社，1991年版，第7页。

在葡萄牙我们有一种餐具，系由黏土制作，高雅洁净远胜银器。我愿意向所有贵人推荐使用，并从此将银器撤下桌面。在葡萄牙我们称这种器皿为 porelain，它来自印度，中国制造。土质极细极精，甚至透明，光洁白皙令水晶和石膏相形失色。蓝花纹饰之美，令人目不暇给叹为观止，仿佛是雪花膏与蓝宝石的合成。①

瓷器初入欧洲时，人们把它看得十分神秘，并产生了许多神话般的传说。在中世纪，中国瓷器被认为可以保护人免受毒药的侵害，认为青瓷器碰到毒药马上会变黑，可以防毒。在 1402 年的《论世界的知识》一书中有这样的记载："贵族们用这些容器吃饭或喝水。瓷器据说具有防毒的功效，而且无论其中盛有什么，毒药或任何可以喝的东西，它都能吸收其所有杂质如毒素，并使之彻底得以纯化"。在法国作家弗洛里蒙・罗伯特(Florimont Robertet) 1532 年的收藏目录中，中国瓷器被描写成"如果商人在其中放上毒药去毒害他人，它就立刻碎成小片而不会让这种邪恶的饮料去毒害我们的内脏"。有人认为瓷器有一种魔力，用它吃饭喝水，可以使身体强壮。文学家的这种富有浪漫色彩的幻想，更增加了人们对瓷器的神秘感。

16 世纪初开始，葡萄牙等欧洲人陆续来到东方，开展东方贸易，有一些人进入中国内地，对中国瓷器陆续有一些新的介绍和报道。16 世纪后半期到过中国的葡萄牙旅行家平托在其《游记》中写道：中国的高官宅邸里有"难以计数的精陶细瓷。在他们眼里，这些瓷器犹如宝石般珍贵，不能流出王国。这不仅是因为当地人比我们更看重这些东西，而且朝廷明令禁止向外国人出售，违者将被处以极刑。但萨塔马斯的波斯人不受此限，他们被称为萨菲人，他们获特权可以非常昂贵的价格购得少许瓷器。"②

《利玛窦中国札记》中也提到中国的瓷器，他说，瓷器"无论从材料本

① 引自[美]罗伯特・芬雷：《青花瓷的故事》，猫头鹰出版公司，2011 年版，第 98 页。

② [葡]费尔南・门德斯・平托等：《葡萄牙人在华见闻录》，海南出版社、三环出版社，1998 年版，第 142 页。

身或从它又薄又脆的结构来说,欧洲陶器没有任何类似的东西。最细的瓷器是用江西所产黏土制成,人们把它们用船不仅运到中国各地而且还运到欧洲最遥远的角落,在那里它们受到那些欣赏宴席上的风雅有甚于夸耀豪华的人们所珍爱。这种瓷器还可以耐受热食的热度而不破裂,而尤其令人惊异的是,如果破了,再用铜丝焊起来,就是盛汤水也不会漏。”①

2 中国瓷器大量销往欧洲

中国瓷器大量销往欧洲,是从16世纪初由葡萄牙人开始的。由于在世界各地,瓷器都有着广泛的市场需求,因而具有巨大的利润空间,这种巨大的商业利润激发着人们不辞劳苦不畏风险,去从事贩运瓷器的远程贸易活动。正如罗伯特·芬雷所指出的,因为瓷器之故 ,“激发了一股商业冒险活动的兴起,无论规模、数量,都是近世以前的世界从所未见。”②在接下来的3个世纪中,中国瓷器销售到欧洲的数量达到3亿件之巨,另外还有巨量的瓷器销往东亚及东南亚各地。300年间,中国瓷器外销欧亚每年合计高达300万件。“瓷器行销各地数量之巨,遍布之广,已足以首度并充分地证明:一种世界级、永续性的文化接触已然形成,甚至可以说,所谓真正的‘全球性文化’首次登场了。”③

葡萄牙从16世纪初开始从事中国和远东的殖民贸易。在这一时期,瓷器在中葡贸易中占有极其重要的地位,同时也成为欧洲社会最珍贵的礼物。叶喆民指出:“1498年以后,西方一些国家到东方来寻找‘黄金’的最好方法就是贩运瓷器。在此之前中国瓷器输出最远不过波斯湾、地中海,而今则经过大西洋遍及全欧洲了。”④

叶喆民说到的这个时间点“1498年”,正是葡萄牙航海家达·伽马绕过好望角,开辟了欧洲通往亚洲的航线,葡萄牙的商船就开始了通往东方

① [意]利玛窦、[意]金尼阁:《利玛窦中国札记》,中华书局,1983年版,第15页。
② [美]罗伯特·芬雷:《青花瓷的故事》,猫头鹰出版公司,2011年版,第21页。
③ 同上书,第21页。
④ 叶喆民:《中国陶瓷史》,生活·读书·新知三联书店,2006年版,第525页。

外销画:广州瓷器店

外销画:《瓷器入仓》。描绘清代广州陶瓷制品运抵货仓,
搬运工人从船上卸货入仓的情景。

的航行。葡萄牙国家档案里提到中国瓷器是在1499年。这份档案显示,达·伽马抵达印度的卡利卡特,即古里,当地的国王赠给他“一个装有50袋麝香的瓷罐,6个像饮酒用的大口杯一样的大瓷碗,……还有6个深腹

的瓷壶，每个可以容纳15升水。”[①]达·伽马回国时，他带回来东方物产，并将一些瓷器献给了葡萄牙国王曼纽埃尔一世。

早在16世纪初抵达中国之前，葡萄牙人就已经固定在印度转口装船，一次运载瓷器就高达6万件。从那时起，中国瓷器就率先进入葡萄牙和西班牙的皇室宫廷，并成批地进入欧洲市场。1513年，葡萄牙人阿尔瓦雷兹在离广州18公里的屯门上岸；1517年，裴雷·德安德雷特带领8艘商船抵达澳门东南的圣约翰岛，接着去了广州，开始与中国进行直接贸易。在这时的每艘葡萄牙商船上都装载高达20万件瓷器。葡萄牙传教士克路士在《中国志》中，说到了葡萄牙人入居澳门之前，曾在宁波进行瓷器贸易。他写道：“另一个省叫江西。……瓷器只产于这个省，因它靠近宁波，在那里大量出售，又便宜又好，葡萄牙人遂认为瓷器是在宁波本城生产的。”[②]澳门的文德泉主教曾这样概述16世纪前期葡萄牙人在中国的瓷器贸易，他说：“1557年在澳门建立据点以前，葡国人在许多中国港口建立了贸易站：宁波、泉州、浪白澳及上川。”“由于当时对瓷器的需求十分大，于是1522年里斯本港口规定船的运货量的三分之一可以是瓷器，这意味着有大量的瓷器流入。”除了丝绸，是瓷器把葡萄牙人吸引到了中国。“这是一个庞大的国家，据说在此可得到各种食物以及所有在西班牙可见的水果。这里有许多金银及其他各种金属矿藏，这里还盛产绸缎，还有漂亮的瓷器。”[③]

上文提到的上川岛，从唐宋以来就是中外海上贸易往来的必经之路。在澳门开埠以前，葡萄牙人主要是在上川岛开展瓷器贸易。利玛窦曾经指出：“在澳门城兴建以前，上川岛是中国人和葡萄牙人的贸易地点。”[④]近代第一位来华传教士方济各·沙勿略于1552年在上川岛去世。2002年，在上川岛发现了外销瓷器的遗址，出土了丰富的瓷片堆积。

1557年开始葡萄牙人取得澳门的居住权后，这里就成为葡萄牙远东

---

① 引自万明：《明代青花瓷的展开：以时空为视点》，《历史研究》2012年第5期。

② ［葡］克路士：《中国志》，［法］C. R. 博克舍编注：《十六世纪中国南部行纪》，中华书局，1990年版，第65页。

③ 文德泉：《中葡贸易中的瓷器》，吴志良编：《东西方文化交流国际学术研讨会论文选》，澳门基金会1994年，第207—215页。

④ ［意］利玛窦、［意］金尼阁：《利玛窦中国札记》，中华书局，1983年版，第128页。

外销画:瓷器装运

贸易的前哨。1994 年初,在澳门岗顶原圣奥古斯丁修道院的工地上,发现了一口枯井,内藏多件完整的瓷碟,而在工地四周,有大量明末清初的出口瓷碎片。经专家鉴定,这些瓷碟和瓷片大部分是明万历年间的产品,属于外销。[①] 2011 年开幕的澳门北湾瓷器展览,展示了大量在澳门北湾发现的青花瓷残片,是澳门作为 16 世纪青花瓷外销最早,也是最主要的西传源头的历史见证。[②]

葡萄牙人一直享有直接向欧洲贩卖瓷器的高额利润,其利润高达 100%—200%。葡萄牙率先开始与中国进行瓷器贸易,把精美的中国瓷器运销欧洲后,很快在欧洲各国掀起了追求中国瓷器的热潮。欧洲人狂热地赞美中国瓷器,把购买、搜集中国瓷器说成像是去"寻求黄金"一样。西班牙、荷兰、法国、英国、丹麦等国纷纷建立东方贸易公司,派出大型商船,来中国进行瓷器贸易。

荷兰皇室在 1584 年可能通过葡萄牙或西班牙向中国订购了 96000 件瓷器。1602 年,荷兰人掠获葡萄牙商船,把船上装载的中国瓷器运到米德伯奇拍卖。1604 年,荷兰人又掳掠了一艘装载瓷器返欧的大帆船,

---

① 陈志亮:《陶瓷文物保存修复》,《广东档案》2009 年第 5 期。

② 万明:《明代青花瓷的展开:以时空为视点》,《历史研究》2012 年第 5 期。

18世纪销往欧洲的中国瓷器，

瓷器上的绘画表现了欧洲商人在中国订购茶叶的情景。

运到阿姆斯特丹拍卖。据说这批瓷器数量有60吨。法王亨利四世在这次拍卖中购买了一套质量精良的餐具，英王詹姆士一世也买了一些瓷器。1602年，荷兰组织了由政府授予东方贸易专利权的东印度公司，凭借雄厚的资金，开始参加了远东贸易，定期从中国贩回瓷器。现在发现的荷兰东印度公司一份向景德镇订购瓷器的订单，是1608年交给马来半岛商人的，订单上非常详细地指明了所要的品种、器皿、尺寸，而且都是按照欧洲人的日常生活所需要的样式专门为欧洲人烧制的。1610年，荷兰商舶“Rode Leeuw met Pijlem”号到达广州，运载了瓷器9227件；1612年运往荷兰的瓷器有38641件；1614年，“Gelder Land”号商舶又运载了69057件瓷器。而到1636年，运往荷兰的瓷器达259380件，1637年21万件，1639年更达36万6千件。

1624年荷兰侵占台湾岛以前，荷兰东印度公司主要是在万丹、北大年和我国沿海一带采购瓷器，1624年以后，在台湾赤崁设立瓷器采购启运中心，仅1638年一年间，台湾库存瓷器备货即达89万件。1635年，荷兰驻台湾总督向阿姆斯特丹公司汇报订购中国瓷器的报告，说他交给中国商人采购大盘、大碗、瓶、冷饮器、大罐、大杯、盐盆、小杯、芥末瓶、宽边扁盘、带水罐面盆的订单，往往附上用木旋成的模型并在纸上画上各种纹样和中国字。据估计，在1604年到1656年间，荷兰进口了300多万件瓷器。而T・佛尔克所著的《瓷器与荷兰东印度公司》根据荷兰东印度公司在巴达维亚的日记、在日本平户和出岛的记录以及其他同时代的第一手材料的统计，估计在1602至1682年这80年间，有1600万件中国瓷器由荷兰东印度公司的商船运载到荷兰和世界各地。另据记载，1669年，在广州停泊的荷兰船舶共有190艘；停留在广州的荷兰商人、水手和士兵等约有1万人。在17世纪，荷兰东印度公司运出的中国瓷器，有一部分运回本国和欧洲各国，还有一部分转运到东南亚各国以及日本等。

英国于1600年成立东印度公司。1700年英国商船"马克列菲尔德号"首次驶入广州港装运瓷器。1710年，一艘英国商船装载了40吨，约合50万件瓷器。1715年清政府允许英国在广州设立贸易机构，从此英国开始大量输入中国瓷器，到1774年英国就有52家专门从事与中国贸易的商号。据有关文献记载，1721年，有4艘英国商船各装载了21万件瓷器。1722年，英国东印度公司收到的订购中国瓷器的信函达几万份。这一年运到英国的瓷器有40万件，多数是在中国定制标有族徽的餐具和茶具。1735年，英国商船"格拉富图号"和"哈雷逊号"分别从广州和厦门返航，运载了24万件瓷器。

法国东印度公司于1698年在广州建立了分公司。同年3月6日，法国商船"安菲特利特号"从法国西海岸的拉罗舍尔港启航，第二年初到广州，8月3日回到法国。船上装满了以江西景德镇为主的瓷器160箱。法国东印度公司为这次远航成功在报纸上刊登了醒目的广告，说这批瓷器有咖啡壶、盛放调味品的盒、花瓶、水罐、各种大小的盘和碟、茶杯、酒杯，以及理发师用的脸盆等"上等的瓷器"，估计有数万件之多。仅两个月内，这批瓷器便销售一空。1703年，"安菲特利特号"再度远航广州，又运回瓷器140箱。这艘法国巨舶的两次远航，成为世界文化史上18世纪初中西文化交流的一件大事。除瓷器外，运到法国的还有中国的漆器、硬木家具、织锦等工艺品和生丝原料，以致当时的中国漆器在法国被直接称为"安菲特利特"。此后，法国派遣不少商舶远航到中国，进口数量巨大的瓷器。

瑞典于1731年建立了东印度公司，立即开展对华贸易。第一艘来华的商船被命名为“费德里克·利丝·苏西亚号”，以此纪念瑞典国王。这艘商船于1732年2月启航，历时7个月到达广州。在广州停靠了4个月后，于1733年11月启航返乡。瑞典学者罗伯特·贺曼逊在《伟大的中国探险：一个远东贸易的故事》中描述苏西亚号在广州交易的情景：

> 船只经中国官员测量、检查批准后，押运员们开始做生意。他们用西班牙银币买了大量的茶叶和瓷器。估算有43万件瓷器运上了船，其中大约30万件瓷器都是用来装热饮的。船队返航后的拍卖依据——现今尚存的商品目录，我们可以发现在这上千件瓷器中有305件餐具、194只水壶、579只茶壶、21170个盘子、2543只碟、12只痰盂和6个有盖的夜壶。夜壶在拍卖会上每个卖6克朗4银便士。拍卖会的商品目录很好地统计了这些商品的价值。一个相当普通的带有25块青花碎纹茶具，最最一般也要卖整整12克朗。一双男装丝质袜子卖6银克朗。一套大一点的有60个盘子的餐具，那时称为饭桌餐具，需要大约130克朗。为了防止返航途中瓷器破碎，它们被仔细包装好。每个瓷器都放在草编的套子里，就像鸟巢似的，那些套子就叫做瓷巢。为了保护好瓷巢里面的瓷器，这些瓷巢再被分装在158公斤重的装有西米的麻袋里。[①]

另外，据估计，瑞典在1750年和1775年间就进口了1100万件瓷器。还有一个统计显示，从1731年瑞典东印度公司成立，到1806年，瑞典东印度公司共有37艘船，进行了130次航行，其中有127次是以广州为到达目的地的。在瑞典东印度公司经营远东贸易期间，从广州进口的瓷器共有5000万件。在18世纪，欧洲其他国家也相继建立了东印度公司，如丹麦于1728年、奥地利于1775年，都建立了这种公司，参与中国瓷器贸易。

---

① [瑞典]罗伯特·贺曼逊：《伟大的中国探险：一个远东贸易的故事》，广东人民出版社，2006年版，第29—30页。

运往美洲的瓷器也数量巨大。1573 年从马尼拉驶往阿卡普尔科的两艘大帆船中,载有中国瓷器 22300 件,这是最早的记载。此后瓷器源源不断销往墨西哥。1730 年《墨西哥公报》载:“萨克拉·费末莉亚号”船于 1 月 19 日停泊阿卡普尔科时,载有“华瓷 120 桶”。1739 年又载:“有 108 桶华瓷运到。”1730 年和 1740 年,“海马号”两次从中国驶抵马尼拉,前次载 96000 件粗瓷盘和 35600 件大瓷盘;第二次载 140 件粗瓷杯、97500 件粗瓷盘和 34150 件大瓷盘。这些瓷器中的大部分都是转运到美洲的。据日本学者三杉隆敏在《海上丝绸之路》一书中介绍,1968—1970 年间,墨西哥城在修建地铁时出土了 291 片中国瓷器残片,其中有明代嘉靖至万历年间的青花瓷与五彩,包括桃形“寿”字青花瓷器碎片,莲塘水禽与长颈凤凰,还有底足书“富贵佳器”“万福攸同”的瓷器碎片。

1784 年,美国商船“中国皇后号”首航中国广州,开辟了中国与美国的直接贸易。在当时的中美贸易中,中国瓷器亦是输往美国的大宗货物。“中国皇后号”首航中国时,曾在广州购置了 962 担瓷器。1786 年它再度远航中国,返航时又运载了大量瓷器,包括青花瓷器、瓷塑观音像、瓷宝塔等。以后陆续来中国的美国商船,都把大量中国瓷器运销美国。在 18 世纪末,中国瓷器占美国商船运载货物量的 15%,到 19 世纪初,就增加到 24%。中国出口到美国的瓷器装饰图案起初和法国 18 世纪所使用的中国瓷器相似,在上面描绘蝴蝶、花卉、柳树、亭台楼阁、鸟禽等图案,底色一般为蓝色或白色。后来,在瓷器的边缘上装饰金星、蓝色甚至乌贼黑色,成为独特的风格。18 世纪后期,收藏中国瓷器在美国成为一种时尚,社会上有很多富豪、学者、名流等都精心搜集中国的瓷器。

第八章
全球贸易体系与中国

一　明代和清代前期的外贸体制

1　明代朝贡贸易的发展

贸易历来是文化交流和文化传播的一个十分重要的渠道和方式。除了交易和转运带有特定文化信息的物品之外，贸易活动本身扩大了人员往来，增进了相互交往、相互了解、相互认识和相互交流，扩大了对彼此的文化知识。

欧洲人的大航海时代，开始于中国明朝的中后期。明朝大力发展官方外交，鼓励海外诸国入明朝贡，以"朝贡贸易"作为海外贸易的唯一合法形式，把海外贸易置于官方的严格控制之下，实行最大限度的控制和垄断。朝贡贸易和海禁政策是明朝对外政策的两大支柱。明成祖继位后，海禁与朝贡贸易相结合的外交政策得到进一步的发展。成祖刚登上帝位时，就对派往日本、东南亚、印度的使节说：太祖高皇帝时，诸番国遣使来朝，一皆遇之以诚。其以土物来市易者，悉听其便；或有不知避忌而误干宪条，皆宽宥之，以怀远人。今四海一家，正当广示无外，诸国有输诚来贡者听。尔其谕之,使明知朕意。成祖一方面加强海禁,另一方面又对海外朝贡国家开放,进而派遣郑和下西洋,招徕朝贡使者,为之扫清海道,从而形成“万国来朝”“四夷威服”的盛大气势,和“四方宾服,受朝命而入贡者殆三十国,幅员之广,远迈汉唐”的鼎盛局面。

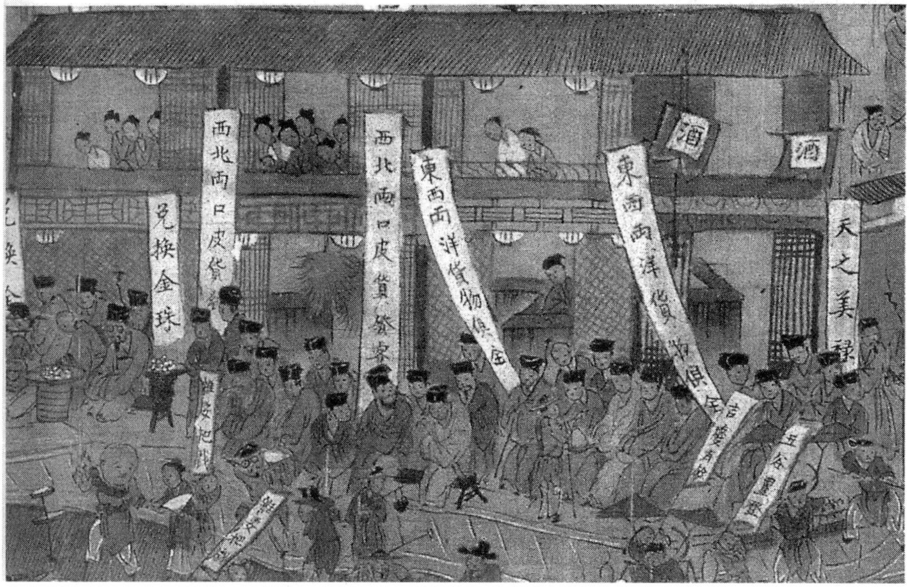

明《南都繁会图卷》(局部),描绘了明代南京盛况。图中的大标语“东西两洋货物俱全”,反映了当时中国与西洋各国的贸易交往。

我国学者王赓武指出:永乐皇帝“延用了父亲的政策,把所有的贸易都看作进贡体系的一部分。中国与海上世界的关系,与它在陆上世界的关系,仍然存在差别。陆上贸易基本上是与蒙古人以及边境上的其他民族之间的马匹贸易,马是中国所需要的。作为交换,中国人提供各种各样的货物,最主要的还是茶、丝和纺织品,还有中国制造的其他商品。但是在南方海外,就没有这种经济动机。南方提供的东西对中国的经济没有什么是至关重要的,大多数商品只能说是异国特产。一些东西,例如胡椒、大米和各种香料是中国所需要的,但需求量不大。中国不依赖其中的任何一种商品……所有的贸易都应通过进贡体系开展,这是永乐皇帝的父亲的决定,永乐皇帝加强了这一体系而没有做任何的变动。”王赓武还说:“同外部世界的关系,一切都通过进贡的形式表现出来。从官方角度来说,进贡也是唯一可行的外贸形式。……强调所有的对外关系都是臣民与君主的关系,强调所有的礼物都是送给中国皇帝的贡品,皇帝送出的礼物则被看做居高临下的皇帝赐给臣服的统治者的礼物。”①

当时实行的朝贡贸易,实际上是明代对外采取与各国友好交往和通商贸易往来的政策,即在朝贡形式下的明代官方管理的对外贸易。在明初的国际交往频繁、空间日益扩大的背景下,国家之间的官方贸易有了相当大的发展。我国学者万明指出:所谓“海禁”,“指的是明代为了当时海上安全考虑,重在防御元末已经出现的倭寇和其他海上不安定因素,禁止中国商民私自出海,严禁海上走私贸易。”学术界流行一种观点,认为明初实行海禁而闭关锁国。“这种观点,对于明代中外关系的认识存在着严重的时间错位与概念混淆。需要说明的是:明初有海禁,不等于明初没有繁盛的海外贸易,更不等于明初就产生了近代以后才出现的闭关锁国状况。”②万明进一步指出,明初一方面有海禁,另一方面有繁盛的海外贸易,二者共生共存,相辅相成。

在对外贸易上,明初为了加强对海外贸易的控制和垄断,实行了一种招徕海外诸国入明朝贡贸易的制度,允许这些国家在朝贡的名义下随带货物,由官方给价收买,此即“朝贡贸易”。朝贡贸易按照“凡外夷贡者,我朝皆设市舶司以领之,……许带方物,官设牙行与民贸易,谓之互市。是有贡舶即有互市,非入贡即不许其互市”(《续文献通考》卷三一,《市籴考》)的原则进行。同时勘合对朝贡年限、停船港口、进贡船数和随从人数以及贡品的种类等都作了严格的规定,加强了国家对朝贡贸易的有序管理。由市舶司统一收购使团附载货物,以垄断朝贡贸易的利润。

“朝贡贸易”主要表现在两个层面上:一是“正贡”物品的等价回赐,二是“附贡”物品的纯商品行为。如明代规定:“四夷朝贡到京,有物则偿,有贡则赏。”“正贡”体现的是臣下对天子的孝敬之心,不能用钱财衡量,所以明代“正贡”“例不给价”;且真正意义上的贡物,即向明廷呈献的所谓“正

① 《王赓武自选集》,上海教育出版社,2002年版,第141—142、150页。

② 万明:《明代中外关系史论稿》,中国社会科学出版社,2011年版,第16页。

贡”,只占很小的比例,其余皆为各国国王、贡使甚至商人的附进物品,因随贡物一同运至,称为“附至番货”“附进货物”或“附至货物”,其数量往往超过“正贡”的十倍乃至几十倍。因而,后者才是明代朝贡贸易的主要商品,正是大量“附至番货”进入中国,导致明代朝贡贸易的空前繁荣。所谓“有物则偿”,就是指对“正贡”以外的“附进货物”,采取“关给钞锭,酬其价值”,即官方给价收买。后又有“抽分”之规定,明朝对朝贡国王室及使臣等附进货物的处理办法,经历了由给价收买到给价收买与抽分(征税)并举的转变。明初外国遣使频繁,出现上述纷至沓来的空前盛况,多与朝贡贸易有关,多是在朝贡名义下来进行贸易活动的。

朝贡贸易实质上是一种政治行为,是维持以中国为中心的天朝礼治秩序这样的国际关系的重要措施。以册封和朝贡为基本存在形式的中国与周边国家的关系,形成了“东亚的世界体系”。朝贡制度起于汉唐,到明代,朝贡制度发展到十分完备的程度,无论是在朝贡关系拓展的广泛性上,还是在朝贡事务组织管理的有效性上,以及在朝贡的礼节礼仪、朝贡的一般程序和具体内容等方面规定的缜密性上,都远超过前代。杰里·本特利和赫伯特·齐格勒指出:

> 根据中国人的政治理论,中国是一个居于世界中心的王国,肩负着通过一套朝贡关系为其属国带来秩序的责任。邻国及其民众应当承认中国皇帝为其宗主。作为从属地位的标志,来自这些国家的使团要经常为中国献上商品,并行叩头之礼,……作为回报,进贡的国家得到对其权威的确认以及奢华的礼物。由于中国政府在这些所谓的属国中常常缺少真正的影响力,所以这一体制经常具有某种虚构的性质。然而,它在整个东亚和中亚都是极其重要的,因为它把中国及其邻国的关系体制化,并促进了贸易和文化上的交流以及外交上的接触。[1]

---

① [美]杰里·本特利、赫伯特·齐格勒:《新全球史——文明的传承与交流》,北京大学出版社,2007年版,第402页。

日本学者滨下武志也强调朝贡贸易的政治含义，他指出："朝贡，从世界史上来看，是作为对强大统治力表示忠诚的手段而被采用的。尤其在亚洲，在以中华理念而进行政治运作的中国，其政治理念是'礼'，作为笼罩在皇帝威光之下的一方，对其恩惠不断地表示感谢之心是必要的。因而，作为秩序、机构正在发挥机能的佐证，以及作为秩序意识的相互确认，朝贡都是不可或缺的。"[①]但是，他还认为，朝贡是以商业行为进行的活动，使得以朝贡贸易为基础的贸易网络得以形成。他特别指出，14—15世纪以来，亚洲区域内的贸易在逐步扩大，存在着一个以中国为中心的东亚贸易圈，以印度为中心的南亚贸易圈，以及在这两个贸易圈之间，由若干贸易中转港为中心的亚洲贸易圈。

崔瑞德、牟复礼编的《剑桥中国明代史》中指出：朝贡贸易具有多重的意义，"实际上，朝廷回赠给礼品、荣誉和饰物（明器），包括作为重赏的丝织龙袍。这些礼物等于是告诉外国的统治者，他们可以将自己视为这个家庭中的一员。"他们还指出：

> 尽管在这种体制下，外国统治者的地位似乎被贬低了，但他们的确获得了具体利益。其一，他们确保得到他们所需要和渴求的中国商品。纺织物、谷物、工业及手工业品、茶，所有这一切都由商队运送到他们的土地上，或者通过中国边境沿线的特别指定的集市购得。其二，当亚洲腹地统治者得到中国皇帝册封时，他的特权也得到了支撑。其三，与第二点密切相关的是，如果他们的领土被认为对中国的利益是至关重要的，那么，当他们遭到外国攻击时，可以指望得到中国的支持。[②]

在明代前期，朝贡贸易实际上已成为海外贸易的唯一合法形式。澳大利亚学者安东尼·瑞德指出："中国的朝贡制度对东南亚各国都有影

---

① [日]滨下武志：《朝贡和移民——中国的对外关系和日本》，《清史译丛》第3辑，中国人民大学出版社，2005年版，第11页。

② [英]崔瑞德、[美]牟复礼编：《剑桥中国明代史》下卷，中国社会科学出版社，2006年版，第196—197页。

响。所有的东南亚国家都承认中国比他们更大、更强。在15世纪都愿意用中文致信中国表示臣服。小国君主甚至亲自去中国朝贡并接受皇帝的册封。与中国进行贸易的唯一合法安全的方式就是朝贡，而且无论是对君主还是对安排这些朝贡的人来说都极为有利可图。……东亚各国与中国贸易全用中文，贸易只有成为君主之间正式关系的一部分时才算合法。"①朝贡贸易的实质是明朝以"赏赉"的方式向朝贡国家购买贡品。这些"贡品"一般由三个部分组成，即进贡方物、国王附进物和使节附进物。对于进贡方物，明朝给予相应的赏赐，对于附近物则采取给价收买。明朝对各国朝贡的赏赐物主要有各种丝绸、棉布、瓷器、铁器、铜钱、麝香、书籍等，其中尤以丝绸、棉布数量最大。当时明朝的铜钱在海外诸国已得到普遍使用，日本、琉球、爪哇、三佛齐、南渤利，以至锡兰，均通用中国的铜钱。这种朝贡贸易在永乐时期达于鼎盛。

到了清代，朝贡贸易的这种经济性质就更明显了。

2　明朝海禁的时严时弛

明朝建立之初，为防御倭寇的侵扰以及其他原因，实行严厉的海禁，规定"片板不许下海"，遏制民间走私贸易。"'海禁'指的是明代为了当时海上安全考虑，重在防御元末已经出现的倭寇和其他海上不安定因素，禁止中国商民私自出海，严禁海上走私贸易。"②从明太祖开始，在以后的几代皇帝中都严厉实行。他们为了有效地实行海禁，除了三令五申"禁濒海民不得私出海"，"申禁人民无得擅出海与外国互市"外，还利用国家权力，制定了不少海禁律法，主要包括：(1)下令所有海船均改为不适深海使用的平头船，二桅以上的大船一概拆毁；(2)把几种主要的出口商品如细绢、丝绵、缎匹、铜钱、铁货等均列为违禁货物；(3)不准私自买卖香料等进口货物；(4)禁止地方豪绅参与出海贸易。规定凡违禁者一律处以严厉处罚

---

① [澳大利亚]安东尼·瑞德：《东南亚的贸易时代：1450—1680》第2卷，商务印书馆，2010年版，第256—257页。

② 万明：《明代中外关系史论稿》，中国社会科学出版社，2011年版，第16页。

甚至充军或极刑。[①]

在明政府厉行海禁期间，大凡一切违禁出海的私人海外贸易船均属走私贸易之列。明政府虽然制定出不少海禁律法，禁断甚严，却不能完全切断这种私人贸易。侯家驹指出：

> 当时，走私贸易大约可以分为四种形态：一为出远洋，径赴东北亚与东南亚各国从事长途贩运贸易的民间商人，经常是几十艘结队同行；一为沿海守御官军执法犯法，私自遣人或役使军士，利用所辖海船到国外从事走私贸易，以图私利；一为奉命出使外国的官员乘机运载私货，或夹带商人至国外进行走私贸易（常为明廷所容许）；一为在沿海一带走私——严格说来，这是国内走私贸易。[②]

陈文石指出，明代寸板不许下海的禁海措施，不但违反了自唐、宋以来中外海上贸易的历史潮流，阻抑了国人向南洋开发活动的趋势；同时更严重地漠视了边海地区的自然地理因素与人民生活条件。所以，不断有冒禁下海者。[③] 在明代前期，就不断有人犯禁出海，从事海外走私贸易。由于海外贸易利润巨大，所以虽海禁律法严峻，但“小民宁杀其身，而通番之念愈炽也”（《筹海图编》卷一二《开互市》）。结果是越禁越盛，犯禁出海的走私贸易船仍多不胜数，甚至出现“片板不许下海，艨艟巨舰反蔽江而来；寸货不许入番，子女玉帛恒满载而去”（谢杰《虔台倭纂》上卷《倭原》）的现象。

明成化、弘治年间（1465—1505），东南沿海地区的民间私人海外贸易已经冲破朝贡贸易与海禁的藩篱，迅速发展起来。《东西洋考》说：“成、弘之际，豪门巨室，间有乘巨船贸易海外者”。广东市舶太监韦眷“纵党通番”，番禺知县高瑶“发其赃银巨万”。当时广东“有力者则斯通番船”已是相当普遍的现象。福建漳州“饶心计与健有力者，往往就海波为阡陌，倚

① 李金明：《明代海外贸易史》，中国社会科学出版社，1990年版，第87—88页。

② 侯家驹：《中国经济史》下册，新星出版社，2010年版，第732页。

③ 陈文石：《明嘉靖年间浙福沿海寇乱与私贩贸易的关系》，《历史语言研究所集刊》第36本上册，第383页。

帆樯为耒耜。凡捕鱼纬萧之徒，咸奔走焉。盖富家出赀，贫人以佣，输中华之产，驰彼远国，易其物产以归，博利可十倍，故民乐之。”（崇祯《海澄县志》卷一五《风俗》）嘉靖二十一年（1542），有福建漳州人陈贵等 7 人率领 26 艘船载运货物到琉球贸易，同时到达琉球的还有广东潮阳的海船 21 艘，仅这 21 艘船上的船工就有 1300 名之多。嘉靖二十三年（1544）十二月至嘉靖二十六年（1547）三月的两年多里，到日本从事走私贸易而为风漂到朝鲜，并被解送回国的福建人就达 1000 人以上。这些民间商人直接到日本、朝鲜、琉球及东南亚各国从事长途贩运贸易，历尽惊涛骇浪之险；或者在沿海一带走私港口与外国商船进行贸易。有些走私商人还武装起来，组织成走私集团，以对抗官军，成为所谓“海寇商人”。

明代后期，私人海外贸易越来越盛，海禁也时严时弛。晚明徐光启说：“私通者，商也。官市不开，私市不止，自然之势也。又从而严禁之，则商转而为盗，盗而后得为商矣。”正德年间（1506—1521），海禁出现了明显的废弛，这正是东南沿海商品经济开始遽速上升的时候，也恰逢“地理大发现”以来欧洲殖民者的接踵而来。至 16 世纪中期，明政府不得不重新考虑海外贸易政策。隆庆元年（1567），在福建巡抚都御史涂泽民的奏请下，明政府同意在福建漳州海澄月港部分开放海禁，在此设立海关（督饷馆），准许私人出海贸易，对进出口货物征收关税。从而使延续了两个世纪的海禁政策正式开始松动，促使明代后期私人海外贸易得以迅速地发展。

早在成弘年间，月港民间走私贸易十分兴旺，带来了非凡的繁荣景象，号称“小苏杭”。开港后，更是繁荣发展起来。漳籍御史周起元记述海澄月港部分开港时的情况说：“我穆庙时除贩夷之律，于是五方之贾，熙熙水国，刳艅艎，分市东西路。其捆载珍奇，故异物不足述，而所贸金钱，岁无虑数十万。”月港开始成为进出口商品的主要集散地，“汪洋巨浸之区，商舶百货之所丛集……水犀火烷之珍，虎魄龙涎之异，香尘载道，玉屑盈衢。”（《海澄县志》）张燮在《东西洋考》中赞叹当时月港对外贸易的盛况：“市舶之设，始于唐、宋，大率夷人入市中国，中国而商于夷，未有今日之伙者也。”丰厚的关税收入使月港得到了“公私并赖，其殆天子之南库也”的称誉。

除月港外，广州香山澳（即澳门）也是明中后期的主要外贸港口。不过在海禁时期,香山澳主要是外国商船进出广州的外港,中国商船则难以问津。"开禁"后,"广属香山为海舶出入噤喉。"中国商船亦得以由广州、澳门直赴南洋了。这样,一个是在福建漳州月港开海,允许中国商民出洋贸易;一个是在广州澳门开埠,允许外商入华经营海上贸易。这两种海外贸易的新模式意味着制度性的变迁。前者标志着中国海商出洋贸易的合法化,从而孕育了海商集团迅速崛起;后者标志引进外商经营海上贸易,澳门作为中外贸易的窗口。

国外的研究者都注意到这一时期走私贸易或民间贸易的存在及其影响。美国历史学家唐纳德·拉奇(Donald Lach)和埃德温·范·克雷(Edwin Van Kley)指出:"早期西方的观察家,如门多萨留下的印象是,福建商人在地方官员的默许下,从事着非法的对外贸易。(但)17世纪的学者——马特利夫(Matlief)首先认识到来自漳州的商人从事帝国境外的贸易,是得到官方许可的。"[①]约翰·霍布森指出,明代朝廷关于海禁的政策并不真实,因为,第一,所有的朝贡体系某种程度上是一种变相的贸易体系;第二,中国很多私商通过各种方式避开官方的禁令进行贸易;"由于政府官员常常与走私者勾结在一起,政府的禁令显然无法切实执行。事实上,16世纪60年代走私贸易如此猖獗,以至于明朝政府最终做出让步,使走私的主要港口(月港)合法化。"第三,"事实上并非所有的私人贸易都被禁止。在三个主要港口——澳门、福建漳州,以及苏州,大部分私人贸易都得到官方认可,后来,清朝时期是通过厦门、宁波和上海进行。"[②]

当时民间海外贸易的航海区域相当广泛,"西至欧罗巴,东至日本之吕宋、长崎",具体地点有"西洋则交趾、占城、暹罗、下港、加留吧、柬埔寨、大泥、旧港、麻六甲、亚奇、彭亨、柔佛、丁机宜、思吉港、文郎马神;东洋则吕宋、苏禄、猫里务、沙瑶、呐哔单、美济居、文莱、鸡笼、淡水"等地。另据明代航海文献《顺风相送》记载,当时的中国商船还曾越出马六甲海峡,到过翠兰屿、傍加剌、锡兰山、古里、忽鲁谟斯、祖法儿、阿丹等地。当时往西

① 引自[英]约翰·霍布森:《西方文明的东方起源》,山东画报出版社,2009年版,第59页。
② [英]约翰·霍布森:《西方文明的东方起源》,山东画报出版社,2009年版,第58—59页。

洋的贸易点主要是集中在北大年、万丹和巴达维亚三个地方，往东洋的主要在菲律宾马尼拉。但16世纪时中国商船也曾达于北印度洋沿岸。另外，据西方人记载，1577年，在西班牙已经有了中国商人的行踪。1587年，英国海盗托马斯·卡文迪斯(Thomas Cavendish)在太平洋劫掠一艘大帆船，被俘的商人中有两名中国人。西班牙教士德·门多萨著《中华大帝国史》中就曾写道，对利润的渴求把中国商人带到了墨西哥。1585年，他们带着珍异的货物不但到了西班牙，而且又前往更遥远的国度。据此来看，在麦哲伦环球航行开辟太平洋航路后，中国海员或商人似乎不但已加入西班牙人从菲律宾至墨西哥的大帆船贸易，而且还曾由美洲横渡大西洋而抵达过欧洲。

明中期对海上活动弛禁的部分原因在于顾及沿海人民生产、生活的实际需要，如清初顾炎武所称："海民生理，半年生计在田，半年生计在海。故稻不收谓之田荒，鱼不收谓之海荒。"宁绍地区，"竞贾贩锥刀之利，人大半食于外"；温州地区，"以有海利为生不甚穷，以不通商贩不甚富"。(《天下郡国利病书》)东南地区经济尤其是江南商品流通和生产规模的增大需要拓展海内外市场，促进农业、手工业的外向型转化，从而培育社会经济革新的或然性潜势。而东南沿海地区勃兴的市镇、繁荣的城市也存在着对国外商品的巨大消费需求和消费能力。我国学者杨国桢认为，东南沿海商品经济的特殊性在明中叶以来突出表现在涉及海洋的经济活动上，一是传统外销的茶、丝、瓷等产品及其加工品的专业化、扩大化生产。二是跨区域贸易源于厚利而涌向海外的扩张。[①] 这也是众多东南沿海地方官吏呼吁弛禁或开禁的深层缘由。

明代后期随着国内商品经济的发展，几种主要的手工业生产，如丝织业、陶瓷业、制糖业等均有了显著的发展，它们为私人海外贸易的发展提供了数量巨大的外销商品。当时输出的商品除大宗的生丝、瓷器、糖以外，还有各种丝织物、铜器、食品、日常生活用品，以及各种牲畜等。这些外销商品不仅在国际市场上具有很强的竞争能力，而且其数量也相当之大。荷兰驻台湾总督皮特·纳依茨(Pieter Nuyts)在1629年曾说："台湾

---

① 杨国桢：《瀛海方程：中国海洋发展理论和历史文化》，海洋出版社，2008年版，第88—89页。

的贸易量只是受到荷兰代理商所安排的资本额的限制";"东印度公司的全部资本还不够在中国购买有用商品的1/6";"每年要完成交付75万盾中国货物的协定不仅没有任何困难,而且还能轻易地交付两倍"。① 由于私人海外贸易的发展,出洋经商的人数骤然增多。在贸易最高峰的万历二十五年(1597),从督饷馆正式申请文引出洋的船只就达137艘。崇祯朝兵部尚书梁廷栋等人上书陈述,每年春夏东南风起,那些"怀资贩洋"的海商以及充当"篙师、长年"的"入海求衣食者",数以十余万计。(《崇祯长编》卷四一,崇祯三年十二月乙巳)此外,还有许多外国商船人口贸易。当时在广州,每年举行一次交易会,会期长达两三个月,到1580年则改为每年两度,从1月份起,澳门的外国商人即开始为马尼拉、印度和欧洲购置商品;而6月份则为日本,以便在西南和东北季候风到来时,分别把货物运出去。

明政府开放海禁,但仍"于通之之中,寓禁之之法",对海外贸易商横加种种限制,对出洋商船制定了一系列繁苛细密的规定和约束,诸如限制引数、限制航线、不准越贩、不准压冬、编甲连坐等,同时设置了对私人海外贸易的专门征税机构,制定了各种饷税的征收办法,规定凡出海贸易的商船必须缴纳引税、水饷、陆饷和加增饷,几近横征暴敛。在这样严密的限制下,私人海外贸易不可能有充分的发展。另外,西方殖民主义势力东渐,在我国沿海一带骚扰、掠夺,造成我国商船"内不敢出,外不敢归"。所以,至崇祯末年,曾一度颇具规模的私人海外贸易便走向衰落。

但是,明代后期的私人海外贸易,毕竟冲破海禁,发展到相当的高度,使我国历史上持续了1000多年的以官方垄断为主的海外贸易发生了根本性的变化,使我国海外贸易史进入了一个崭新的时期。晚明时期的海外贸易、海上经济活动给国家和地方都带来了新的生机。明代后期的私人海外贸易,"输中华之产,驰异域之邦",不仅缓和了东南沿海地区人稠地稀的压力,增加了地方财富,也有利于朝廷的财政解困。明廷设馆向海商收税,其海商例则不同于市舶或贡舶制度。如万明所评价:"在白银货币化的发展大趋势下,隆庆开海后,无论明廷实行船引制还是饷税制,都

① 引自李金明:《明代海外贸易史》,中国社会科学出版社,1990年版,第132页。

是征收货币税，完成了关税从贡舶贸易的实物抽分制到商舶贸易的征收货币制的转变，并逐步形成从设官建置到征税立则等一套管理制度，从而使中国古代海商贸易管理向近代海关及其关税过渡。”[①]

3　清初的海禁与对外贸易

清朝建立之后，随着国力强盛和对外关系的发展，积极发展对外官方贸易，即朝贡贸易。关于朝贡贸易的性质，本书在前面已有论及，而到了清代，古代东亚的朝贡体制更多地表现在贸易性质上，因而有的学者认为清代的朝贡体制主要是官方的贸易关系。日本学者信夫清三郎对清代的朝贡次数做了一个统计：

> 清王朝朝贡制度所规定的各国朝贡的贡期是，朝鲜每年，琉球每隔一年，安南每 3 年，6 年或 4 年，苏禄每 5 年，荷兰每 8 年(后改为 5 年)一次，西洋(葡萄牙等)不定期。但是，实际实行的贡期又是怎样呢？举例来说，琉球在 1662 年至 1805 年 144 年间为 70 次，1806 至 1859 年 54 年间为 45 次，也就是一进入 19 世纪就成了 6 年进贡 5 次这样一种比例。还有，暹罗在 1662 年至 1776 年 115 年间为 11 次，而 1777 年至 1853 年 77 年间则为 38 次，即平均 2 年一次，相当于制度所定次数(3 年一次)的 1.5 倍。再说缅甸，到 1787 年，不过 3 次，而 1788 年至 1853 年 66 年间则为 13 次，即平均 5 年一次，相当于制度所定次数(10 年一次)的 2 倍。分别看来是这种情况，再看对清朝朝贡的总数。1662 年至 1761 年一个世纪间就是 216 次，但 1762 年到 1861 年一个世纪间则是 255 次。总之，对清朝的朝贡，以 1800 年前后为起点，大约半个世纪间，次数显著增加了。[②]

上述这些统计数字说明，在清代，以朝贡贸易形式出现的官方贸易是

---

① 万明：《商品、商人与秩序——晚明海上世界的重新解读》，《古代文明》2011 年第 3 期。

② [日]信夫清三郎：《日本外交史》上卷，商务印书馆，1980 年版，第 29—30 页。

十分频繁的。

清初也一度实行严格的禁海闭关政策，禁止走私贸易。清政府实行禁海，主要是为了防止沿海人民和台湾郑成功政权发生联系，目的在于镇压台湾的反清斗争。顺治十二年(1655)，清政府正式全面推行海禁，规定"广东禁海，凡系飘洋私船，照旧严谨。"宣布："海船除给有执照许令出洋外，若官民人等擅造两桅以上大船，将违禁货物出洋贩卖番国，并潜通海贼，同谋结聚，及为响导，劫掠良民。或造成大船，图利卖与番国，或将大船赁与出洋之人，分取番人货物者，皆交刑部分别治罪。"(《光绪大清会典事例》卷六二九)后又宣布："今后凡有商民船只私自下海，将粮食货物等项与逆贼贸易者，不论官民，俱奏闻处斩，货物没官，本犯家产，尽给告发之人。"(《光绪大清会典事例》卷七七六)

从顺治十二年(1655)到康熙十一年(1672)的17年中，清王朝先后五次颁布私人出海禁令。为了严格执行这一禁令，清王朝在顺治十七年(1660)、康熙元年(1662)和康熙十七年(1678)曾三次下令内迁沿海居民。由于实行严厉的禁海政策，使清初的海外贸易受到极大的限制。

虽然清初有过禁海的政策，但是，正如黄启臣所指出的："实际上，在清代前期的196年中，只有顺治十二年(1655)至康熙二十二年(1683)实行了比较严格的海禁，康熙五十六年(1717)至雍正五年(1727)实行了部分地区海禁，总计不过39年，其余157年的海外贸易基本上是开放的。即使在禁海期间，也没有完全断绝与外国的贸易往来。因此，不能笼统地说清代前期的海外贸易是实行一条闭关锁国政策，它实行的乃是开海设关、严格管理贸易的政策，海外贸易额比宋、明两朝是有发展的。"[①]清朝自始对开海有着通盘的战略考虑，通过苛细的"海关征税之例"把出海贸易纳入国家财政管理的范畴，在制度、设施建设，政策、策略实施的各个方面、各个程式上做了周密、明确的规定，取得了预期的效果。

另外，即使在清初海禁时期，私人海外走私贸易也未曾停止过。郑成功占据台湾期间，实行"通洋裕国，以商养兵"的战略，积极从事海外航运贸易。据有关资料记载，从顺治四年(1647)至康熙元年(1662)，在由郑成

---

① 黄启臣：《清代前期海外贸易的发展》，《历史研究》1986年第4期。

功控制东南沿海的16年中，每年约有近50艘商船赴日贸易。另外，郑成功商船队在南洋地方航海贸易的商船每年约有一二十余艘。此外，当时占据广州的平南王尚可喜、尚之信集团海上走私的规模也很大。有很多藩商依附这个集团，由尚可喜王府的参将沈上达主持进行海上走私活动。据李士祯《议覆粤东增豁税饷疏》报告："自康熙元年奉文禁海，外番舡只不至，即有沈上达等勾结党棍，打造海舡，私通外洋，一次可得利银四五万两，一年之中，十舡往回，可得利银四五十万两，其获利甚大也。"[①]沿海一带民间走私也十分活跃。康熙二十一年的一份文献记载说，海禁虽严，仍然"访有不法奸徒，乘驾大船，潜往十字门海洋，与夷人私相交易。有由虎门东莞而偷运入省者，有由上头秋风口朗头以抵新会等处，而偷运回栅下佛山者"(《抚粤政略》卷六)。说明当时珠江口一带民间走私贸易禁而不止，十分活跃。康熙二十三年(1684)七月十一日上谕说："向虽严海禁，其私自贸易者，何尝断绝？"(《圣祖仁皇帝实录》卷一一六)

《刑部等衙门尚书觉罗雅布兰等残题本》载有康熙元年(1661)三月"王吉甫等违禁下海、私贩洋货案会审"的案例：王吉甫，31岁，绍兴府会稽人，伙同处州、杭州、湖州以及广东、四川等地的32名商贩"不思海货严禁，冀图置买嗜利"，于1660年从福建走私"海货"，贩运到浙江，在台州被稽查到"洋货百担"。在刑讯中，提审官员申令："海逆未平，海禁森严，屡奉俞旨，片板不容下海。"提到沿海各处各层布防："严饬申禁，并拨官兵于海口要津昼夜堤防，不时盘诘，仍悬赏缉拿，务期奸宄绝迹，以靖内地在案。"王吉甫招供："自去年十一月初九日，有绫十匹，从绍兴起身到嵩坝。十二日到嵊县。十五日到天台。十六日到大石河头。十八日从山里小路到海游下船，带有绫十匹，每疋卖银三两。同船共三十二人……"其他案犯同伙的交待相近，提到昼伏夜出，挑选"山里小路"，"不敢上岸"；"要到杭州发卖"。海外交易的日本目的地是长期作为中日交流桥头堡的长崎：从"平阳下船过东洋"买卖。输往长崎的货物主要是(湖)丝、绉纱、轻䌷、绫、药材等。在长崎卖得银两后，购买草药、海产干货、香料、皮革等日本产品。往返平阳—长崎之间的"船主王自成"没有到案。

---

① 引自邓端本：《广州港史》(古代部分)，海洋出版社，1986年版，第178页。

从上述案例可以得知,清初朝廷实行森严的海禁政策,沿海各地政府严密布防稽查。而商贩为厚利所诱,铤而走险地进行走私活动。浙东商人与沿海闽、广甚至内地商人结合成走私集团,有着明确的合作规则和沿海及内地之间的走私路线,中国商船承担了远洋运输任务。

4 清朝的开海政策

康熙二十二年(1683),清军收复台湾,清政府遂着手开放海禁。康熙二十三年(1684)九月,康熙皇帝发布谕令,正式宣布"开禁":"今海内一统,宇宁谧,满汉人民相同一体,令出洋贸易,以彰富庶之治,得旨开海贸易"。"向令开海贸易,谓于闽、粤边海民生有益,若此二省民用充阜,财货流通,各省俱有裨益。且出海贸易,非贫民所能,富商大贾,懋迁有无,薄征其税,不致累民,可充闽、粤兵饷,以免腹里省分转输协济之劳,腹里省分钱粮有空,小民又获安养,故令开海贸易。"(《清圣祖实录》卷一一六)次年,清廷"俱照明季旧例",又"置江、浙、闽、粤四海关,江之云台山,浙之宁波,闽之厦门,粤之黄埔,并为市地,各设监督,司榷政。"(梁廷楠:《夷氛闻记》卷一)

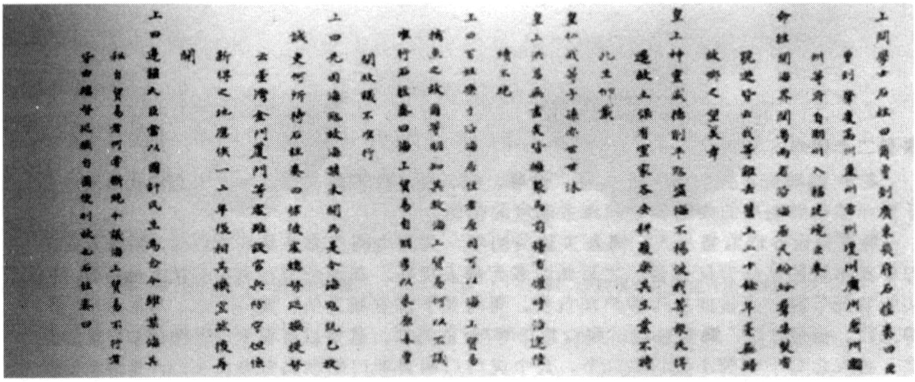

《内阁起居注》:康熙帝议准海上贸易的记录

此即所谓"四口通商"时期。这是中国历史上正式建立海关的开始。至此,清初的海禁宣告结束,中国的海外贸易进入了一个开海设关管理的

清人画《万国来朝图》

时期，一直延续到道光二十年(1840)，长达156年。这4个口岸中，广州仍是洋船集中之地。由此经雍正至乾隆年间，沿海榷关又增至山海关、津海关、江海关、浙海关、闽海关、粤海关等六大海关，专门管理航海贸易事务。其中粤海关最为重要，是清政府管理对外贸易的重要机构。

“开海”时期，清政府对出海贸易的商民及船只做出种种规定，规定出海贸易的商民必须要经申请、具保、核准，发给执照，才能凭照出入贸易，商民建造出海商船，必须要经海关监督及地方官核准。最初规定出海贸易的船只只限于单桅五百石以下，以后虽允许双桅船出海，但梁头不得超过1丈8尺，舵手人等不得超过28名。其次，对出口商品的禁止和限制。清政府对火炮、军器是绝对禁止出口的，制造火炮、军器的原料如硫磺、铜、铁等也禁止出口。而在“尺铁不许出洋”的禁令下，甚至铁锅也不许出口。另外，对粮食、丝绸、茶叶等的出口也有严格的规定。另一方面，对待外国商民来华贸易，政策则比较宽松。“开海”之后，海外商人虽需交纳同

清宫廷画家《康熙帝万寿图卷·京城商业》之一。故宫博物院藏。

康熙二十四年开海贸易之后设立的粤海关

本国商人一样的货税、船钞,但清政府本着"怀柔远人"之意,对海外商人实行减免货税的待遇,对海外商人所征收的船钞的标准也远远低于本国商人的标准。由史料估算,西方商船所负担的船钞税占贸易额的0.75%,而本国商船所负担的船钞则占贸易额的0.85%。

自康熙二十三年(1684)开海贸易后,"粤东之海,东起潮州,西尽廉,南尽琼崖。凡分三路，在在均有出海门户”(《粤海关》卷五《口岸一》)；福建、浙江、江苏沿海也是“江海风清，梯航云集，从未有如斯之盛者也”(《雍正浙江通志》卷八六《榷税》)；山东、河北、辽宁的港口“轻舟”贩运也十分活跃。根据史料记载，当时开放给中外商人进行贸易的大大小小的港口计有 100 多处。北方以天津口为盛，其次是山东的登州、辽东的牛庄等港口。由此可知，当时虽然政府规定是广州、泉州、宁波、松江四口通商，但实际上中国整个沿海的大小港口都是开放贸易的。

自开海以来，国内的对外贸易获得了很大的发展。到东洋、南洋贸贩的船只及人数都日益增多。据康熙五十五年(1716)记载，皇帝说，他昔年南巡路过苏州，见到船队，问及海洋事情，被告知“每年造船出海贸易者多至千余”(《清圣祖实录》卷二七)，可见其多。

雍正时期继续了康熙时期的开海政策并加强了国家的管理，使海关的运作功能更加条理化、规范化。乾隆时期在海洋事务上较前紧缩，不仅对进出口贸易的商品、人员量额进一步限定地控管，如茶叶、生丝、绸缎、米谷等被剥夺于私人贸易之外，而且对包括渔捞等近海生产也严加规定和监督。

清政府开放海禁以后，中国与近邻国家如日本、朝鲜、南洋地区的贸易以及与西方国家的贸易都有一定程度的发展，世界各个国家和地区的商人纷至沓来。东洋有日本、朝鲜；南洋有吕宋群岛、苏禄群岛、西里伯群岛、马六甲群岛、婆罗洲、爪哇、苏门答腊、马来亚、暹罗、琉球、安南等国；欧洲有葡萄牙、西班牙、荷兰、英国、法国、丹麦、瑞典、普鲁士、意大利、俄国等国；美洲有美国、秘鲁、墨西哥等国；印度洋有印度等国，几乎所有亚洲、欧洲、美洲的主要国家都来广东与中国发生了直接贸易的关系。特别是美国与中国发生直接贸易关系是从乾隆四十九年(1784)“中国皇后”号首航广州开始的。除了往返于日本、东南亚的商船外，欧美各国来中国贸易的商船数量也不断增加。根据有关资料统计，从康熙二十四年(1685)到乾隆二十二年(1757)的 72 年中，到中国贸易的欧、美各国商船有 312 艘，而且船的吨位也不小。例如康熙三十八年(1699)至六十一年(1722)到广州的英国货船，最小者为 140 吨，最大者达到 480 吨，一般者也达到 300 吨，多数为 410 吨。

在这一时期，海外贸易的规模和贸易总值远远超越前代，达到了新的高度。明代隆庆年间（1567—1572）以后，海禁松弛，对外贸易获得较快发展。万历二十二年（1594），是全国海外贸易税饷收入最高的年份，共29000余两，按当时的税率为一两征税二分推算，这一年海外贸易商品总值约为100万两。而乾隆十年（1745）四港贸易总值达到3657万两，比明代的最高年份增加35.5倍。就以粤海关一处的贸易而言，雍正七年（1729）的贸易值为1110万两，比明代的最高年份也增长10.1倍。

当时，厦门作为远航贸易的主要港口，“服贾者以贩海为利薮，视汪洋巨浸如衽席”，除北上浙、江、鲁、冀、辽及对渡台湾外，“外至吕宋、苏禄、实力、噶喇吧，冬去夏回，一年一次，初则获利数倍至数十倍不等”，“舵水人等此为活者以万计”。（周凯《厦门志》卷一五《风俗》）广州及其周围如潮州、澄海等地的富商大贾，“挟奇赢兴贩四方者”，也是“重洋绝岛”万里无阻。18世纪30年代后，中国对东南亚的航业渐臻盛期，诸国均有厦门洋船的活动踪迹，其“出洋货物则漳之丝绸纱绢、永春窖之磁器及各处所出雨伞、木屐、布匹、纸札等物”。（周凯《厦门志》卷五《船政》）这种厦门洋船，“大者可载万余石，小者亦数千石。”据有的学者估计，在航运盛期，每年从厦门出洋的帆船当在100艘至200艘之间。广东各口岸所拥有的南洋海船在最盛期也有300艘至400艘。此外，上海、宁波等口岸与暹罗、安南、菲律宾三处通商的帆船，也有四五十艘。据此粗略统计，在清代远洋盛期，活跃在东南亚水域的各类中国海船当有500艘左右，至少拥有近20万吨的运输能力。①

5 “一口通商”与十三行

乾隆二十年（1755），发生了英国人洪任辉（James Flint）驾船闯入宁波、定海和天津事件。清政府于乾隆二十二年（1757）十一月十日宣布：撤销宁波、泉州、松江三海关的贸易，仅允准番商“将来只许在广东收泊交易”，限定广州为唯一的对外贸易口岸，由粤海关管理。这种广州“一口通

① 孙光圻：《中国古代航海史》，海洋出版社，1989年版，第603页。

商”的体制，一直实行到1840年鸦片战争时止。

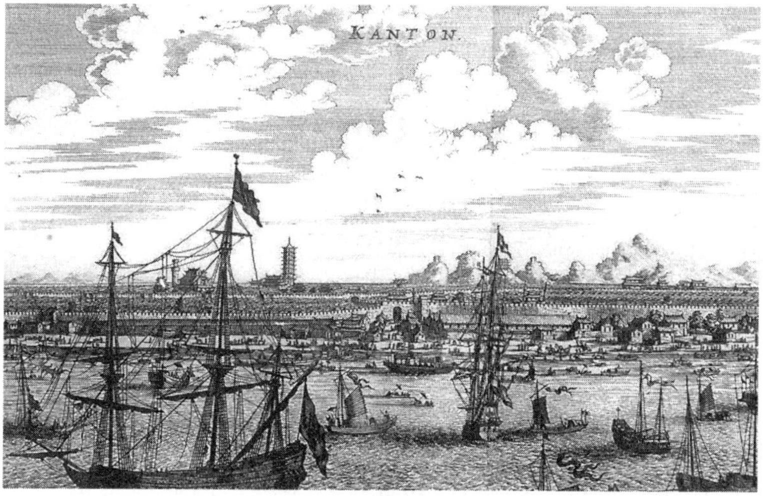

纽霍夫的版画《远望广州城》

作为灯塔的广州狮塔，是海上商船驶进广州时看到的第一个地标。

乾隆二十四年(1759)十二月，清廷颁布了两广总督李侍尧提出的《防范外夷规条》。这是清政府全面管制外商的第一个章程，共有5条，因此又称《防夷五事》。主要内容为：

(1) 禁止夷商在广州过冬；
(2) 夷人到广州，应令寓居洋行，由行商负责稽查管束；
(3) 禁止中国人借外夷资本及受雇于外夷；
(4) 割除外夷雇人传递信息之弊；
(5) 夷船进泊黄埔，酌拨营员弹压稽查。

一口通商虽然主要是针对西方各国而言，南洋商船仍可到闽浙江海关贸易，中国商人也可以从四口出海贸易，《防夷五事》在实际中也难以切实执行。

1757年实行一口通商后，广州成了全国唯一的通商口岸。外国商船进港贸易的逐年增加。据统计，乾隆二十三年（1758）至道光十八年（1838）到粤海关贸易的商船共5107艘，平均每年为63.8艘。其中，以英国的商船最多，乾隆五十四年（1789）为58艘，占外商船总数的67%；道光六年（1826）为85艘，占外商船总数的82%；道光十三年（1833）为107艘，占外商船数的80%。另据史料记载，1792年，中国对英、法、美、荷兰、西班牙、丹麦、瑞典等西方国家进口贸易总额为1256万两，其中出口总额为549万两。通过广州出口的中国船舶也有一定的发展。《海国见闻录》记载："葛喇巴盛甲诸岛，洋舶云集，中国大小西洋白头乌鬼无来由各番珍宝物食，无所不有……中国人口浩盛，住此地何啻十余万。"[①]

但是，当时所谓的"只许在广东收泊贸易"，主要是对欧美各国而言，特别是英国和荷兰等国。至于南洋地区的欧洲殖民地国家，仍许到闽、浙、江海关贸易。乾隆二十三年（1758）上谕："如系向来到厦番船，自可照例准其贸易"。故东南亚地区各国的商船，仍然不断到福建厦门等地进行贸易。例如乾隆四十六年（1781）、四十八年（1783）、五十一年（1786），嘉庆十二年（1807）、十四年（1809），西班牙的商人万利落、郎吗叮、郎安敦、郎万雷、郎棉一等，就从吕宋（菲律宾）运载大批燕窝、苏木、番银、槟榔、乌

① 引自邓端本：《广州港史》（古代部分），海洋出版社，1986年版，第190页。

木、呀兰、米、海参、鹿脯、牛皮、玳瑁、火艾棉等到厦门贸易，然后从厦门运回大量的中国棉布、瓷器、桂皮、石条、白纸、花砖、方砖、雨伞、纸、墨、石磨、麻线、土茶、冰糖、药材等到吕宋(周凯:《道光厦门志》卷五《船政略·洋船》)，使厦门对外贸易进入极盛时期。

另一方面，中国商人也不受所谓“只许在广东收泊贸易”之限，可从四海关出海贸易。乾隆二十二年(1757)后，从福建、浙江、江苏沿海港口出海贸易的商船仍是不少。如乾隆二十九年(1764)，准“浙、闽各商携带土丝及二蚕湖丝往柔佛诸国贸易”(《皇朝政典类纂》卷一一七)。道光十年(1830)从广东的潮州、海康、惠州、徐闻、江门、海南，福建的厦门、青城，浙江的宁波，江苏的上海、苏州等地驶往日本、菲律宾群岛、苏禄群岛、西里伯群岛、马六甲群岛、婆罗洲、爪哇、苏门答腊、马来亚半岛、暹罗、安南等地贸易的中国船只达到222艘。

广州十三行商馆区

按照清朝政府的规定，外国商人不得与中国商人发生任何直接的买卖关系，外商到中国贸易，必须通过行商开展商务活动。“行商”又称“洋商”，是当时专门从事对外贸易的“洋行”或“洋货行”商人，一般都世代经营，具有同外国人打交道的经验。这些商人向政府领取专营对外贸易的特许执照，被授权承销外商带来的进口货物、代外商收购中国出口土货并代外商向海关报税,同时也充当向外商传达政府政令、管束外商在口岸的活动和行为、办理政府与外商间的各种交涉的角色。康熙五十九年(1720),广东行商成立"公行",即后来所谓的"十三行",进一步方便了清政府对外贸和外商的治理。清政府实行的一口通商,成就了广州口岸海外贸易史无前例的繁荣,"广州十三行"的机构也在中西经济文化交流中起到了独特的作用,使得广州在以后的清中叶形成了开往世界各地港口的航线网络,在清朝对外贸易中,这种管理制度所带来的巨大的效应也使得后人在海关管理方面取得了巨大的启示。

十三行是当时世界上最大的贸易集散地之一。广州十三行商是一个庞大的对外贸易商业机构。十三行在清代对外贸易和外交领域具有很特殊的地位。我国学者梁嘉彬指出:"十三行位于广州新城城外半公里处,面临珠江北岸,倚近怀远驿,概括十三行商馆区全部,为欧洲夷商船舶来华通市、由十三行华人行商验货纳税之所。于是故中外商贸、政治外交等皆以十三行为媒介。"①朱希祖在为梁嘉彬的著作所写的"序言"中也指出:"十三行在中国近代史中,关系最钜。以政治而言,行商有秉命封仓停市约束外人之行政权,又常为政府官吏之代表,外人一切请求陈述,均须有彼辈转达,是又有惟一之外交权;以经济而言,行商为对外贸易之独占者,外人不得与中国其他商人直接贸易。"②

对应十三行,由行商租赁给外国商人办公居住的会馆被称为十三夷馆,整个建筑位于广州城外西南方的珠江岸边,其中又分为英、美、法、荷等馆。

明清之际的海外贸易,虽然有两朝政府的种种限制,虽然几经实施与开放"海禁"的交替,但仍然有一定的发展,许多中外商人渡海泛舟,把丰饶的中华物产贩运到世界各地,把世界各地的商品贩运到中国。同时,传递着中外的文化信息。明清之际海外贸易的发展,对于这一时期的中外文化交流,起到了桥梁和纽带的作用。

---

① 梁嘉彬:《广东十三行考》,私立东海大学,1960年版,第238页。

② 梁嘉彬:《广东十三行考》,"序言",私立东海大学,1960年版。

广州十三行码头搬运货物上船

二 全球贸易体系中的中国

1 蓬勃发展的中国商品经济

以寻访东方为最初动机的海上探险活动，导致了美洲新大陆的发现和新航路的开辟。这对世界历史的发展进程具有特别重大的影响。马克思和恩格斯在《共产党宣言》中指出："美洲的发现、绕过非洲的航行，给新兴的资产阶级开辟了新的活动场所。东印度和中国的市场、美洲的殖民化、对殖民地的贸易、交换手段和一般的商品的增加，使商业、航海业和工业空前高涨，因而使正在崩溃的封建社会内部的革命因素迅速发展。"①

① [德]马克思、[德]恩格斯：《马克思恩格斯选集》第 1 卷，人民出版社，1972 年版，第 252 页。

清《盛世滋生图》(局部)，苏州怀胥桥商市。

清初繁忙的广州港

在这一历史时期的明代，我国商品经济正处在蓬勃发展之中。当时只有中国才能为世界市场提供物美价廉的商品。于是欧洲国家掀起一股争夺中国商品的竞争热。中国精美的丝绸、瓷器以及各类工艺品不断涌入欧洲。所以，在这一时期的世界贸易体系，是以欧洲和中国为主要两极的贸易，而且是由欧洲各国主导的远东贸易为主要内容的。我们看到，从葡萄牙、西班牙开始，各国纷纷建立东印度公司，每年都有大批的商船从欧洲远渡重洋，来到中国采购商品，并由此延伸到经过澳门到日本长崎、经过马尼拉到墨西哥的商船航线以及东南亚、印度洋的航线。一时间，全世界都卷入这个贸易体系中，辐辏相随，络绎不绝。美国历史学家威廉·H.麦克尼尔指出：

在上亿的中国人中增加的新财富开始跨越海洋（很大一部分也沿着商队的路线）外流，并且给与市场有关的活动增添了新的活力和领域。数十艘、数百艘，也许数千艘航船开始在日本海、南中国海、印度尼西亚群岛和印度洋的各个港口之间穿梭航行。大多数航程较短，货物从最初生产者那里通过沿途许多货物集散地分装传输，才到达最终的消费者手里……商品流动的增加意味着更多的人员上下航船，或滞留在集市上，讨价还价。①

约翰·霍布森指出：

在16世纪上半叶，中国商人遍布具有商业战略地位的南中国海各个地区，从印度支那、马来亚、暹罗以及苏门答腊、帝汶岛到菲律宾的整个弧形岛屿圈。直到19世纪，他们都主导着这一贸易网络，而且，他们还向西、向东扩展贸易，并与中国福建联系起来。②

他还说：

1434年后的历史时期中，即使不存在以中国为中心的全球经济，那也肯定存在一种中国在其中扮演了重要角色的全球经济。③

① 引自[英]崔瑞德、[美]牟复礼编：《剑桥中国明代史》下卷，中国社会科学出版社，2006年版，第354页。

② [英]约翰·霍布森：《西方文明的东方起源》，山东画报出版社，2009年版，第58—59页。

③ 同上书，第47页。

许倬云也说:“明代中国,在世界全球化的长程历史上也有一定的地位。”[①]在16—18世纪的全球贸易体系中,中国商品处于支配的地位,这首先是因为这个时代的中国在全球经济中的领先地位和巨大的生产能力。以法国为例,在18世纪时,农业和手工业与中国相比都处于相当的落后状态。当时的中国农业生产率远远高于法国,中国有“一人食力可养十人”的记录。[②] 当时的法国财政大臣贝尔丹就曾说过:“在中国,耕地的投入与产出在1∶15到1∶20之间,而法国的一般耕地,这个比率只有1比4.5。”[③]而与英国相比,18世纪末随马嘎尔尼使团来华的巴罗(John Barrow,1764—1848)估计,中国的粮食收获率远远高出英国。我国历史家全汉昇指出:

> 中国的丝织工业,因为具有长期发展的历史背景,技术比较进步,成本比较低廉,产量比较丰富,故各种产品能够远渡太平洋,在西属美洲市场上大量廉价出卖,连原本在那里独霸市场的西班牙丝织品也要大受威胁。因此,当西班牙帝国自欧洲本部扩展至美洲和菲律宾后,中国丝货的输入美洲,竟引起西班牙国内丝织业者与海外殖民者间的严重冲突。这一事实告诉我们:在近代西方工业化成功以前,中国工业的发展,就它的产品在国际市场上的竞争力来说,显然曾经有过一页光辉灿烂的历史。[④]

20世纪90年代,国际经合组织发展中心的首席经济学家安古斯·麦迪森(Angus Maddison),运用实际购买力的计算方法,对中国从汉代以来的GDP作了计算,得出以下结论:1700年时,整个欧洲的GDP和中国的GDP差不多相等,此后,从1700年到1820年,中国4倍于欧洲的经

① 许倬云:《说中国——一个不断变化的复杂共同体》,广西师范大学出版社,2015年版,第175页。

② 萧一山:《清代通史》第2卷,商务印书馆,1927年版,第522页。

③ 引自许明龙:《欧洲十八世纪中国热》,外语教学与研究出版社,2007年版,第5页。

④ 引自樊树志:《晚明大变局》,中华书局,2015年版,第3页。

济增长。中国的GDP在世界GDP中所占的比重从23.1%提高到了32.4%，年增长率达0.85%；而整个欧洲的GDP在世界GDP中所占的比重仅从23.3%提高到了26.6%，年增长率为0.21%。因此，直到鸦片战争前不久，中国经济不仅在绝对规模上，而且在增长幅度上，都雄居世界各大经济地区之首。在他之前，美国政治学家保罗·肯尼迪(Paul Kennedy)就作过一个估计，他说乾隆十五年(1750)时，中国的工业产值是法国的8.2倍，是英国的17.3倍。在1830年的时候，中国的工业产值是英国的3倍，法国的5.7倍。一直到第二次鸦片战争，英国的工业产值才刚刚赶上中国，而法国仅为中国的40%。崔瑞德、牟复礼编的《剑桥中国明代史》指出：

> 在15世纪晚期，中国仍然是全世界最强的经济大国。中国拥有也许超过1亿的人口、一个具有巨大生产能力的农业、广泛而复杂的国内贸易网络，及在每一个品种和每一个方面都要优于已知的欧亚大陆的其他地方。例如，15世纪早期，一个欧洲外交使者在访问中亚政治和贸易中心撒马尔罕之后，描述他看到的这个货物，“是(进口到该城的货物)中最丰富、最精致的……因为震旦的手工艺人以其远远高于其他国家的最精湛的技巧而闻名于世”。①

许多西方学者都认为，从地理大发现到工业革命的时代，已经是经济全球化的时代。而德国学者弗兰克认为，1500—1800年的经济全球化中的东方，是世界经济的中心。他在《白银资本》一书中指出，在1800年以前，欧洲肯定不是世界经济的中心。在这一时期整个世界经济秩序是以中国为中心的。② 弗兰克在《再回东方：亚洲时代的全球经济》一书还指出：在1400—1800年间的全球经济和它的地区与部门间劳动分工中，亚洲人——特别是中国人——一直处于优势。……直到1800年，亚洲的

---

① [英]崔瑞德、[美]牟复礼编：《剑桥中国明代史》下卷，中国社会科学出版社，2006年版，第357页。

② [德]贡德·弗兰克：《白银资本——重视经济全球化中的东方》，中央编译出版社，2008年版，第27页。

'世界市场'不仅存在已久，规模相当之大，而且富有活力和竞争能力，持续不断并以相当快的速度扩展了自己。弗兰克说，在18世纪中期以前，西方只不过是在"亚洲经济列车上买了一个三等厢座位，然后包租了整整一个车厢，只是在19世纪才设法取代了亚洲在火车头的位置"。

由于中国社会生产力水平高于同一时代的欧洲，所以中国的商品在世界市场上表现出强劲的竞争力。由于社会生产力的发达，劳动生产率高，商品的价格就相对低廉。物美价廉是中国商品的强大优势。早在16世纪来华的欧洲人就对中国商品的价格低廉有深刻的印象。西班牙传教士拉达在他的中国行纪中说，中国市场上的肉类、蔬菜、水果的价格是那么便宜，觉得几乎是"分文不取"一样。利玛窦也说到这种感受，他说："他们的产品所要的价钱大约是我们在西方所付同类产品的三分之一或四分之一。"[①]中国商品的低廉价格在国际市场上显得十分突出，无论是在菲律宾，还是在美洲和欧洲的市场上，与欧洲和其他地区的商品相比，中国的商品都具有明显的价格优势。欧洲的商人对中国商品趋之若鹜，无非是因为中国的商品品种多、质量好、价格低廉。这些优势都是当时欧洲各国所不具备的。

中国之所以能够支撑着这样持久和大量的贸易，首先在于中国强大的社会生产力。中国为这个时期的全球贸易贡献了巨大的物质财富。瓷器、丝绸和茶叶这三大中国物产，以及其他珍贵的中国工艺品，是这一时期全球贸易体系中的突出内容。瓷器、丝绸和茶叶在这一时期欧洲生活方式和艺术风格的变化中扮演了重要的角色。所以，这种贸易具有明显的文化后果。18世纪法国启蒙思想家孔多塞指出："商业活动给工业、给航海，并且由于一种必然的链索关系，也给所有的科学以及所有的艺术，都装上了新翅膀。"[②]物质领域的交换和交流，进一步发展成为艺术的、思想的、文化的交流，中华民族创造的精神文化产品也走进了欧洲大陆，成为"公共的财产"，成为"世界的文化"。正如约翰·霍布森指出的：在近代的中欧贸易中，

① [意]利玛窦、[意]金尼阁：《利玛窦中国札记》，中华书局，1983年版，第14页。

② [法]孔多塞：《人类精神进步史表纲要》，生活·读书·新知三联书店，1998年版，第107页。

东方不仅位于这一贸易网络的另一端，而且在欧洲自身贸易兴起的过程中扮演着重要的角色。因为欧洲贸易只是由于东方商品经过意大利传入欧洲才最终成为可能。其次，各种东方的"资源组合"——思想、制度、技术的流动——主要是沿着全球经济的商业通道，从中东和中国传到意大利和欧洲的（尽管有些是在十字军东征时期学到的）。然而，这并不是说，意大利对于欧洲的商业、金融和生产的命运不重要。事实上它非常重要，但这仅仅是因为意大利是东方"资源"（不仅仅是贸易）进入并重塑欧洲的重要渠道之一。①

德国史学家阿诺德·赫林（A. Hereen）也指出当时的东西贸易给欧洲社会生活带来的巨大影响，他指出：

世界贸易体系影响越来越大……因此一个必然结果就是殖民地越来越重要，因为殖民地的产品，尤其是咖啡、糖、茶，在欧洲生活中越来越普及。这些商品的重要影响不仅在政治上，也表现在社会生活的结构上，影响不可估量。且不说贸易给整个国家带来的巨额资本与政府的高额税收，仅欧洲各首都的那些咖啡店，作为政治、商业、文化的交流中心或策源地，影响就非同小可。总之，没有这些产品，茶、咖啡、糖，西欧国家的文化与社会，就不是现在这个样子。②

2　中国成了"世界工厂"

在这样大规模的国际贸易中，中国成为当时的"世界工厂"，源源不断地为"世界市场"，为遥远的欧洲各国生产着他们翘首以待的精美的物质产品。

---

① ［英］约翰·霍布森：《西方文明的东方起源》，山东画报出版社，2009年版，第106页。

② 引自周宁：《鸦片帝国》，学苑出版社，2004年版，第23页。

外销画《瓷器出窑》

外销画《瓷器烧造图》(部分)

景德镇的瓷器窑场

历史学家樊树志指出，海外贸易的繁荣，必然带动国内经济的迅速发展，国际市场上对于中国丝绸、棉布的需求，刺激了中国内地市镇的手工业生产，刺激了中国江南市镇丝织业和棉纺业的发展。他以当时江南从“苏湖熟，天下足”转到了“湖广熟，天下足”来论证江南农业由粮食作物开始转移到了经济作物，即蚕桑业和棉纺业的繁盛；同时江南地区也逐渐由农业经济转为工业经济，有数据表明，当时在江南发达地区工业地位和农业地位已经不相上下，甚至超过农业。许倬云指出：

中国的商货，尤其是丝绸和瓷器，都是南方的特产，这些外贸的收入也就停留在南方。南方都市化加速进行，更刺激了南方经济的发展。[①]

由于丝绸、瓷器及茶叶都是长江以南的东南与华南地区的产品，甚至后来外销南洋及美洲的日用工艺品也是在南方生产（例如广东佛山生产的铁器、福建福州的漆器），于是中国东南与华南持续了将近三百年（16至19世纪）的经济繁荣。这些地区，尤其是长江三角洲与珠江三角洲，市镇十分密集。这些地区的粮食生产额，已不足供应当地迅速增加的人口需求。于是长江流域的腹地，尤其是湖广、四川由于供应沿海食粮，也带动了经济的繁荣。[②]

樊树志指出：

进入明代以后，商品经济不断向纵深发展，日益深入农村，促使农家经营的商品化程度不断提升，集中体现在传统的蚕桑丝织经济与新兴的棉纺织经济，带动了农民家庭手工业的专业化与市场化，经济收益明显增加，导致农业结构发生变化——蚕桑压倒稻作，棉作压倒稻作，从而改变了先前以粮食作物为主体的农业模式，代之以与市场密切相关的经济作物的栽培，以及对蚕茧、棉花的深加工带动的手工业的飞速繁荣，于是出现了“早期工业化”。[③]

在整个江南之地，人们纷纷放弃了原来的粮食生产，转而种桑养蚕，纺丝织绸，种植茶叶，或者是建炉烧窑，制作瓷器；在苏州和景德镇，每天夜里灯火通明，数以百计的工场和数以万计工人在加班加点，制造出口商品。

---

① 许倬云：《说中国——一个不断变化的复杂共同体》，广西师范大学出版社，2015年版，第168页。

② 许倬云：《历史大脉络》，广西师范大学出版社，2009年版，第112页。

③ 樊树志：《晚明大变局》，中华书局，2015年版，第154页。

南京是著名的丝织品产地,有丝织工人数万人。有关历史文献记载,“隆万(1567—1620)以来,机杼之家沿相比业,巧变百出。”(《湖州府志》卷四一)在苏州“郡城之东,皆习机业。”(《嘉兴府志》卷三二)李伯重在《江南的早期工业化(1550—1850)》中指出:“1850年以前的3个世纪中,江南工业的发展,使得工业在江南经济中所占的比重日益提高。到19世纪初,在江南大部分地区,工业的地位已与农业不相上下,在经济最发达的江南东部,甚至可能已经超过农业。”①

中国外销茶叶主要有红茶和绿茶,而以红茶为多。红茶主要产于福建、广东,绿茶产于安徽、浙江、江苏。在中国与欧洲茶叶贸易的前期,向欧洲出口的主要茶叶品种是福建的“武夷茶”。武夷茶名著海外,盛极一时。当时的武夷山茶产量极大,清光绪《铅山乡土志·物产类》记载为:“红茶产高山者为最,每年约出百万石。”这虽然是个约数,但仍能说明当年产茶之盛。武夷山脉南坡下铅山毗邻的闽北茶区更为发展,仅崇安县一地,“环九曲之内,不下数百家,皆以种茶为业,岁所产数十万斤,水浮陆转鬻之四方。”中国茶叶种植在华南的土地上蓬勃发展,甚至出现了与粮食作物争夺土地的现象。在16世纪就出现了茶田扩张的现象,在1760—1770年间,为适应西方需求和国内市场消费量的双重膨胀,再次出现了高速度发展,形成了茶田扩张的一次最重要的高潮。为了提高效率,福建山区的茶农往往在收获茶叶之后进行短期的晾晒,随后运往广州再进行深加工和包装,因此这类茶叶也被称为“广州武夷茶”。另一产茶大省安徽则是沿着长江西上到鄱阳湖,再取道赣江水路南下,之后转入北江运到广州。在这条长江流域到珠江流域的货运交通要道上,每天都有数10万的船夫、挑夫、小贩等商运队伍奔波往返。此外,还有产于浙江、江苏等地的茶叶。在广州,上等的茶叶被装在小陶瓷罐或木制、铅制的小盒子里,然后装入大瓷坛子中,通过这样的包装,保证经过几个月的海上运输而不变味。普通茶叶则放在大木箱子里,每个箱子重达170公斤。

中国每年的茶叶出口量都十分巨大,并且处于不断增长的趋势。有资料统计,1722—1739年,从广州出口的茶叶为10万担,1740—1779年

---

① 李伯重:《江南的早期工业化(1550—1850)》,社会科学文献出版社,2000年版,第16页。

增至81万担,增加了7倍多;1780—1789年增至189万担,又增长了一倍多;1810—1829年,增至324万担,再增加近一倍。到19世纪前期,每年茶叶的出口量竟然占到中国茶叶生产总量的五分之一。根据东印度公司档案的记载,1817—1833年广州口岸出口的茶叶占出口总货值的60%左右。直到19世纪中后期,茶叶一直是中国占第一位的出口商品,其出口值在有些年份甚至占中国总出口值的80%以上。1880—1891年,清政府茶叶关税收入总计5338.9万两,年均449万两,相当于同期海关出口税收的55.4%左右。据估计,鸦片战争前,中国植茶农户共有130.23万户;到1894年,植茶农户增加到234.09万户。有学者估计,晚清时期直接投入茶叶出口产业的人力至少在1359万人以上,这还不包括材料生产、水运、金融等其他辅助部门的从业人员。①

明代以前,生产外销瓷的窑厂集中在东南沿海各地,到了明代,景德镇一枝独秀,成为主要的外销瓷生产基地。到明嘉靖元年(1522),景德镇的窑口达到900多座,陶工达到10万多人,此后有"四时雷电镇"之称,形成"工匠来八方,器成天下走"的局面。宋应星《天工开物》说:"若夫中华四裔驰名猎取者,皆饶郡浮梁景德镇之产也。"

从16世纪开始,欧洲各国商船直接到中国港口进行瓷器贸易,直接进入世界性的贸易网络,参与西方现代资本主义商业的历史发展进程之中,使中国的外销瓷进入一个新的阶段,达到了前所未有的高峰。在欧洲人大量采购中国瓷器的过程中,又对瓷器的购买提出了进一步的要求,他们希望瓷器的造型、纹饰风格和内容能够按照自己的意愿去设计。他们把欧洲流行的器皿造型、纹样介绍过来,使景德镇生产的日用陶瓷更符合欧洲人的审美习惯和要求。后来,有些艺术家、画家直接参与瓷器的图样设计,委托东印度公司到中国来定做。瑞典东印度公司还拥有自己的设计师,专门为自己的公司在中国定制瓷器涉及图稿。西方人所喜欢的金银器、玻璃器和陶瓷的造型与式样,很多都直接被景德镇的陶工所采用。有西方学者说:"17世纪中国瓷器销往欧洲的数量之多足以说明,为什么中国的其他艺术不如瓷器在西方收藏得那么广泛,研究得那么深

① 参见钟伟民:《茶叶、鸦片贸易对18世纪中国经济的影响》,《新华文摘》2008年第11期。

入。……中国人在制作外贸瓷时心里一直想着欧洲市场。中国工匠使其产品符合他们所构想的欧洲人的情趣，常常为客户设计出对特的花样。”[①]针对欧洲市场，景德镇的陶工们制作了一批图案性、装饰性强的青花瓷器，除了传统的花鸟、瑞兽及人物等纹饰图案外，还常见有西方国家的族徽、外国文字、罗盘、经书、喷水图及西洋风景画，边饰开光或镂雕，内绘枝花或硕果。造型有深壁花口大碗、壶、折沿花口盘等。这些瓷器制作非常精细，胎体薄而讲究，令欧洲人非常喜欢。这种按照西洋风格装饰的瓷器被称为“克拉克瓷”。

《剑桥中国明代史》中指出：

> 1514年至1662年间，中国的人民和政府都卷入了“现代世界体系”发展第一阶段之中，并受其影响。这种卷入是通过将除了南极洲、澳洲之外的所有大陆连接起来进行商品、谷类植物、疾病、人员和思想交流的海上道路来实现的。……中国的商人、工匠、水手热火朝天地参与到建设南中国海贸易和居住点的新世界的活动之中。长崎和九州的其他海港的兴起，台湾中国人移居地的开拓，海澄和稍后的厦门的突然出现，澳门、马尼拉、万丹、巴达维亚、阿瑜陀耶、满剌加的繁荣，以及许多商业和经济中心的增长，这一切在很大程度上都有赖于中国的这些创业者的活动。[②]

法国汉学家谢和耐在《中国社会史》中，分析了18世纪中国的商品生产情况。他指出，中国社会在18世纪成功地尽最大可能运用了前工业时代的技术，农业、手工业和商业这三个领域实现了巧妙的结合。他说道，跃居中国所有生产之首位的纺织工业，供应着不断扩大的市场，早从17世纪末开始，上海西南松江的棉纺业，便长期雇佣20多万工人，此外还有来料加工的劳动。栽培茶树扩大到整个长江下游地区。由“山户”(茶农)收获的茶叶要在大茶庄中加工焙制，每家茶庄都雇佣数百名工人。景德

① 引自熊文华：《荷兰汉学史》，学苑出版社，2012年版，第32页。

② [英]崔瑞德、[美]牟复礼编：《剑桥中国明代史》下卷，中国社会科学出版社，2006年版，第307页。

镇瓷窑雇佣数万名瓷工，而位于长沙附近醴陵的那个不太重要的制造中心，则一直保持着瓷器生产的最高纪录。此外，还有福建的造纸和蔗糖生产、广东新会的麻布、芜湖的钢铁、佛山生产的五金制品、南京的细棉布、苏州和杭州的丝绸、湖州的生丝等等，都具有很大的生产规模。[①] 樊树志指出："由于生丝、绸缎、棉布等商品的出口持续增长，这种'外向型'经济，极大地刺激了东南沿海地区商品经济的高度成长，刺激了多层次商品市场的繁荣，它的载体就是多种类的商品集散中心——城镇。"[②]

谢和耐指出："中国 18 世纪经济发展的最典型特征之一，是商业潮流之规模和由某些商会所控制的地域之辽阔。不仅是某些中国中原地区的省份，还包括蒙古、西域和东南亚，都被纳入了整个中国的商业网。"[③]这就是说，在这个庞大的商业网的触角延伸到整个中国社会，而在这个庞大的商业网中，往外伸展的出口就是那个时代对欧洲的贸易，通过这个出口，丰富的中国物产如涓涓溪流，源源不断地输入到欧洲人的日常生活中。

3 白银帝国

按照经济学家克拉维斯(L. B. Kravis)的"供给可能性理论"，贸易的商品结构主要取决于供给可能性。供给可能性包括国内绝对不能供给(生产)的商品要从外部进口，还包括想在国内生产，但成本极高的商品。限制供给可能性的主要因素有自然资源的缺乏、技术进步、产品差别等。那么，在这一时期的中西贸易中，由于这种"供给可能性"的原因，中国输出商品的种类、数量、品质以及重要性远远超过了欧洲各国的商品，中国长期处于有利的出超地位。中国是当时世界上最大的经济体，其输出的产品门类齐全，品种繁多，而且畅销不衰，其中除了一定数量的农副产品和初级工业原料产品外，大部分是具有高度工艺水平的手工业产品，包括丝绸、棉、麻、毛纺织品，瓷器、陶器、铁、木器等日用品，以及火炮、火器等

① [法]谢和耐：《中国社会史》，中国藏学出版社，2006 年版，第 420 页。
② 樊树志：《晚明大变局》，中华书局，2015 年版，第 146 页。
③ [法]谢和耐：《中国社会史》，中国藏学出版社，2006 年版，第 421 页。

军需品。其中特别是丝绸、瓷器、茶叶畅销数世纪，风行欧洲各国，号称中国的“三大贸易”。而欧洲各国输出到中国的商品，多为自然产品、农副产品和初级工业原料产品，并且其中大部分是从东南亚、印度等地转运过来的，直接来自欧洲的产品并不多。因为在17世纪中叶以前，还不是科学引导技术的发展，而是科学上的创新往往来自现存记述的启迪。所以，尽管欧洲在造船、钟表、玻璃，以及呢绒生产等方面有己之长，但在世界市场上有广大需求的产品方面，如纺织品、金属产品和农产品等方面，则远远落后于中国。当时“不仅邻近的国家要与中国保持朝贡贸易，或者以走私贸易作为补充，而且遥远的欧洲国家、美洲国家都卷入与中国的远程贸易之中，使以丝绸为主的中国商品遍及全世界，而作为支付手段的占全世界产量三分之一或四分之一的白银源源不断地流入中国。”①

欧洲各国不得不在与中国的贸易中用白银作为支付手段。“16世纪国际市场交易的主要方式是以白银交换中国商品，这是新时期全球贸易的新特点之一。”②《剑桥中国明代史》指出，15世纪50年代到60年代，中欧的白银生产急剧增长。15世纪的最后几年，政府的造币厂遍及整个欧洲。“这些发展对于中国明代经济十分重要，原因有两个：第一，新开采的欧洲白银(和铜)有助于刺激和维持欧亚大陆西部的经济活动，再度容许欧洲和中东的上流社会满足他们对‘东方奢侈品’的渴求。至迟到15世纪90年代，通过在地中海和中东贸易区购买胡椒粉、香料、丝绸、棉花，以及至少那些今天在伊斯坦布尔、德黑兰、巴格达、开罗发现的中国15世纪后期的瓷器，大量的欧洲白银再度流出。”“第二，15世纪后期和16世纪早期欧洲白银产量的增加对中国经济的重要性在于，因为它有助于‘航海大发现’能获得经费支持，而‘航海大发现’导致了新大陆矿藏财富的发现。”③

布罗代尔指出：“贵金属涉及全球，使我们登上交换的最高层。”④布

---

① 樊树志：《晚明史》上卷，复旦大学出版社，2016年版，第6页。

② 万明：《明代青花瓷的展开：以时空为视点》，《历史研究》2012年第5期。

③ [英]崔瑞德、[美]牟复礼：《剑桥中国明代史》下卷，中国社会科学出版社，2006年版，第368—369页。

④ [法]布罗代尔：《15至18世纪的物质文明、经济和资本主义》第2卷，生活·读书·新知三联书店，1993年版，第192页。

罗代尔还把中国称为世界白银的“蓄水池”。马克思在《中国革命与欧洲革命》一文中更明确提到：“在 1830 年以前，当中国人在对外贸易上经常是出超的时候，白银是不断地从印度、不列颠和美国向中国输出的。”①

美洲是白银的最大产地，美洲的白银大量输入中国。美洲白银生产集中于两个地区，即上秘鲁（Upper Peru，今玻利维亚）和新西班牙（今墨西哥）。从 16 世纪 70 年代到 17 世纪 30 年代，秘鲁所产白银占西属美洲输出白银总量的 65%。1581—1600 年，仅是秘鲁的波托西银矿（Potosi）每年就生产白银 254 吨，约占全世界产量的 60%。18 世纪初以后，墨西哥成为世界最大的白银产地。1803 年，墨西哥所产白银占全美洲的 67%。从 18 世纪以后，80%—90%的美洲白银都由西班牙的“银船”运往欧洲。由于欧亚贸易的迅速扩大，从美洲输往欧洲的白银大部分又转输到东方。根据沃德·巴雷特（Ward Barrett）估算：美洲白银产量迅速增长，16 世纪总产量 17000 吨，17 世纪总产量 42000 吨，18 世纪总产量 74000 吨，在 17 世纪和 18 世纪中美洲生产的白银大约有 70%输入欧洲，其中 40%又转送到亚洲。但是弗林（Dennis Flynn）和其他一些学者则提示，没有输入欧洲的白银的大部分没有留在美洲，而是从太平洋运往亚洲。关于 16 世纪中期至 17 世纪中期的晚明时代，流入中国的白银数量，弗兰克根据前人研究成果综合如下：美洲生产的白银 30000 吨；日本生产的白银 8000 吨；两者合计 38000 吨；最终流入中国的白银达 7000 吨或 10000 吨。

墨西哥银币，大体上可分成两种，一种是西班牙统治时期铸造发行的，1536 年第一次铸造发行，此后这种银币就成为墨西哥传统的出口物，银币圆形，上面铸有不同时代西班牙国王的头像，一面有太阳放光的图案，成色在 93%以上，中国人称其本洋、佛头、双柱等。另一种就是墨西哥独立后的第三年，即从 1823 年开始铸造图案为鹰踏仙人掌叼蛇的银币，成色为 90%，我国人称其为鹰洋。

最早与中国进行贸易的葡萄牙，最初多是实物交易，从 1582 年以后，便由实物转向白银，包括葡萄牙商船向中方交纳的税项，也以白银计。

① [德]马克思、[德]恩格斯：《马克思恩格斯选集》第 2 卷，人民出版社，1972 年版，第 2 页。

1619—1631年,澳门—马尼拉交易进入鼎盛时期,每年从马尼拉流入澳门的白银,价值135万比索。葡萄牙人除在其东方的"三角贸易"中,把大量日本白银输入中国外,还每年将一定数量的本土白银,从里斯本运到澳门,购买中国货物流入中国。杰弗里·派克据有关档案论述说:"在16世纪80年代时,葡萄牙人每年大约要用船向远东运去100万西班牙杜卡特",约合28750公斤,约为明制770500两。葡萄牙有档案直接证实这一说法,档案记载1601年,有3艘葡萄牙船驶往澳门,其中一般沉没于广东沿海,损失了30万葡萄牙银币。若以此计算,这3艘葡萄牙船所载白银总数为90万银币,约27500公斤左右。这一档案数字,与万历时期中国人的记录相仿,如《粤剑篇》记载:"西洋古里,其国乃西洋诸善之会,三四月间入中国市杂物,转市日本诸国以觅利。满载皆阿堵物也。余驻省时,见有三舟至,舟各赍白金三十万。"我国学者王裕巽通过对国内外史料的分析,认为从1567年到1644年这段时间从海外流入明朝的白银总数大约为3亿3千万两,具体数字为:从西班牙海外贸易大约得到8775万两,从日本贸易得到2亿两,从葡萄牙贸易得到4276万两。

由于欧洲商品难以与价廉物美的中国货竞争,西班牙人、葡萄牙人和后来跻身对华贸易的荷兰人、英国人都不得不用硬币购买中国商品。自阿卡普尔科返航马尼拉的大帆船运载的主要是用以购买中国货物的白银。西属美洲流往马尼拉的白银开始每年约100万比索,后来达200—300万比索,有时甚至超过400万比索。有些外国学者则估计美洲白银总产量的1/3—1/2都流入了中国。① 此外,还有部分输入欧洲的美洲白银通过贸易转运澳门,然后流入中国内地。舒茨(W. L. Schurz)在《马尼拉大帆船》中记载,西班牙人多次抱怨"中国商人把从新西班牙运来的白银几乎全部运走了"。一位西班牙海军上将则惊叹道:"中国国王能用来自秘鲁的银条修建一座宫殿"。仅1631年一年,由菲律宾输入澳门的白银就达1400万两,大约相当于永乐元年至宣德九年(1403—1434)大明王朝30年鼎盛期内中国官银矿总产量的2.1倍,是万历年间明朝国库岁入

① 沙丁、杨典求等:《中国和拉丁美洲关系简史》,河南人民出版社,1986年版,第70页;[英]崔瑞德、[美]牟复礼:《剑桥中国明代史》下卷,中国社会科学出版社,2006年版,第665页 。

的 3.8 倍。1593 年和 1595 年,西班牙国王三次颁发敕令,规定每年从墨西哥运抵菲律宾的白银以 50 万比索为限,企图遏止美洲白银流入中国。但这种违背经济规律的敕令成为一纸空文,甚至菲律宾殖民地总督本人也公然违反敕令,携带大量美洲白银进入菲律宾。

美洲白银流入中国数量之大,一度使欧洲贵金属输入量锐减。美国经济史学家汉密尔顿就曾指出,与 1591—1600 年间相比,1641—1650 年间美洲黄金输入欧洲数量减少 92%,白银减少 61%,这一减少与中国—美洲贸易扩大有关。[①] 由于美洲白银通过菲律宾大量流入中国,17 世纪上半期某些西班牙人竟建议放弃菲律宾殖民地。

日本也是流入中国的海外白银的另一个主要来源地。日本不仅用白银购买中国货物,而且用白银交换中国钱币。17 世纪末,日本的银产量占世界的 1/4。日本白银流入中国,年代早于美洲白银,流入途径有民间走私贸易和葡萄牙人开展的转口贸易两途。嘉靖年间,正当中国白银需求日增之际,中日走私贸易已经使不少日本白银流入中国。与明廷和日本沿海各大名均有良好关系的葡萄牙人遂乘虚而入,利用中日两国给予的优惠待遇,在中日贸易中发挥了较大作用。嘉靖三十二年(1553)葡萄牙人入据澳门后就主动招引日本人赴广东方面贸易,最终建立了以澳门和长崎为轴心的葡日贸易网络。中国学者全汉昇、李龙华估计,16 世纪最后 25 年间,日本生产的白银半数外流,其中大部分为葡萄牙商人运走,每年数量达 50—60 万两;到 17 世纪前 30 年,每年运出 100 多万两,有时高达 200—300 万两。葡萄牙历史学家在 17 世纪初估计葡萄牙大帆船每年从日本输出的白银价值超过 100 万金币。[②] 据日本学者新井白石调查,仅庆长六年至正保四年(即明万历二十九年至清顺治四年,1601—1647)的 47 年间,日本白银输出总量即达 7480 余万两,大半输入中国。[③] 日本白银外流中国数量之大,使日本政府为之不安。为减少白银外流,日本政府于 1689、1715 年两度颁布法令,限制中国赴日商船数量和贸易额。

---

① [美]汉密尔顿:《美洲财富与西班牙的价格革命(1501—1650)》,引自张铠:《晚明中国市场与世界市场》,《中国史研究》1988 年第 3 期,第 3—15 页。

② 何芳川:《澳门与葡萄牙大商帆》,北京大学出版社,1996 年版,第 55 页。

③ 《梁方仲经济史论文集》,中华书局,1989 年版,第 176 页,

德国学者贡德·弗兰克在《白银资本:重视经济全球化中的东方》认为,早在18世纪以前,甚至地理大发现之前,已经存在着作为一个整体的世界经济体系或"全球经济",只不过当时在全球经济发展中居"中心"地位的是亚洲,特别是中国和印度。而欧洲则居于这个体系的边缘地位。他说:

> 在1800年以前,欧洲肯定不是世界经济的中心。无论从经济分量看,还是从生产、技术和生产力看,或者从人均消费看,或者从比较"发达的""资本主义"机制的发展看,欧洲在结构上和功能上都谈不上称霸。16世纪的葡萄牙、17世纪的尼德兰或18世纪的英国在世界经济中根本没有霸权可言……在所有这些方面,亚洲的经济比欧洲"发达"得多。

他根据其他学者的研究成果,强调指出,1500—1800年"整个世界经济秩序当时名副其实地是以中国为中心的"。

> "中国贸易"造成的经济和金融后果是,中国凭借着在丝绸、瓷器等方面无与匹敌的制造业和出口,与任何国家进行贸易都是顺差。因此,正如印度总是短缺白银,中国则是最重要的白银净进口国,用进口美洲白银来满足它的通货需求。美洲白银或者通过欧洲、西亚、印度、东南亚输入中国,或者用阿卡普尔科出发的马尼拉大帆船直接运往中国。

弗兰克把这种结构性贸易逆差戏称为"商业上的'纳贡'"。他说:

> 因为外国人都不得不为了逐个认为便宜的出口货而倾其所有地支付给逐个大量的珍贵白银,使白银每年源源不断地运往。逐个这些支付并没有改变它们的基本职能,但在思想观念上被称作"纳贡"。外国人,包括欧洲人,为了与中国人做生意,不得不向中国人支付白

银，这也确实表现为商业上的“纳贡”。[①]

约翰·霍布森认为，“世界上的白银被吸引到中国有四个原因。第一，到15世纪中叶时，贸易结算以白银为通货。第二，中国的经济实力导致了内部对白银的强大需求。第三，中国的出口大大超过进口。第四，中国白银的价格相对于黄金来说是世界上最高的（最高的金/银比率是1∶6，而欧洲是1∶14）。亚当·斯密也承认：‘中国比欧洲任何一个国家都富裕得多，贵金属的价格也比欧洲任何一个国家都高得多。’中国经济如此重要，它形成了一个吸引世界白银流入的无底洞。令人吃惊的是，到17世纪40年代，中国国库每年收入的白银约达75万千克。中国的富裕程度可以通过事实来估计，‘即使上海一个穷布匹商也拥有约5吨白银资本，而最富裕的家庭则有几百吨白银资本。’”[②]

而到了17世纪中叶以后直到18世纪末，银元仍然是英国东印度公司输华的主要商品。如其他欧洲国家一样，英国人的银元也来自西班牙的美洲属地。银元通常被装箱输往中国，每箱一般装4000个银元。1637年英船首航广州，就携带62000西班牙银元。在18世纪初，中英贸易规模尚小，英人对华输出只相当于对印度输出的十二分之一。1674年，英国东印度公司及其官员在和印度的贸易中投资43万镑，其中实物部分为11万镑，白银32万镑，其投资的利益率为100%。在1708—1712年间，英人每年对华出口商品值仅5000镑，而出口白银则高达5万镑。从18世纪初到18世纪中叶，白银占英国东印度公司对华输出货值的90%。

1700—1753年间，英属东印度公司共有178艘船前往中国贸易。其中的65艘船共载710万两白银，若以此比例折合178艘英船携银的总数，则在1700—1753年间，英船共运1944万两白银到中国。

18世纪中叶以后，英国东印度公司扩大对华的货物出口，主要是铅、锡和棉花，白银在总货值中的比例有所下降。然而，由于对华贸易、特别是茶叶贸易迅速增长，白银输华的绝对量仍持续增加。1758—1762年，

① [德]贡德·弗兰克：《白银资本——重视经济全球化中的东方》，中央编译出版社，2008版，第27、166、167页。

② [英]约翰·霍布森：《西方文明的东方起源》，山东画报出版社，2009年版，第59—60页。

公司每年对华输出货物值17万两,白银22万两。1760—1770年,公司对华输出总值中,白银约占50%。到1795—1799年,这一比例下降到13%。但由于每年对华输出总值高达537万两,白银输出每年平均仍有74万两。

据我国学者庄国土估计,1700—1823年,英国东印度公司共输5388万两白银到中国。①

荷兰人在18世纪也输出大量白银到中国。从18世纪初到19世纪30年代,每年从荷兰运往巴城的白银多达680万—790万荷兰盾。1728—1794年,荷船可能携带1554万两白银前往中国。在1720—1795年间,荷船从欧洲运送6344万两白银到亚洲,其中四分之一流入中国。同期购买的中国商品价值3372万两,近一半中国商品的货值是以白银支付。其他欧洲对华贸易公司,如法国、丹麦、瑞典等公司对华贸易自始至终建立在输出白银的基础上。美国商船迟至1784年才到中国,但不久之后,他们已成为中国第二大茶叶买主和最大的白银供应者。在中美贸易初期,美商提供的大量洋参与皮毛在中国销路颇佳,其货值足以支付所购买的中国商品的货值。19世纪初以后,美商的皮毛来源逐渐枯竭,其在广州的皮毛市场也受到英人的激烈竞争,白银成为美国支撑对华贸易主要手段。美船在欧洲购买制成品销往拉丁美洲,换取白银后,绕南美合恩角前往广州购买茶叶、丝绸和瓷器。在1805—1840年间,美商共运6148万两白银到广州,每年平均161万两。

庄国土估算,在1700—1840年间,从欧洲运往中国和美国人运往中国的白银数量约17000万两。②

《剑桥中国明代史》说:"从新大陆和日本进口的白银对晚明中国经济产生了重要的影响。"③明中叶以后,大量白银的输入,逐渐成为主要货币。随着白银货币化步伐的加快,白银渗透到社会的每一个角落,深入人们的日常生活中。隆庆时期确立了以银为主、银钱并行的货币流通制度,

---

① 庄国土:《16—18世纪白银流入中国数量估算》,《中国钱币》1995年第3期。

② 同上。

③ [英]崔瑞德、[美]牟复礼:《剑桥中国明代史》下卷,中国社会科学出版社,2006年版,第385页。

这是中国封建社会晚期货币流通制度定型的标志。万历九年(1581),张居正进行历史性的财政税收制度改革,在全国全面推行一条鞭法,一切赋税、徭役统一折银缴纳,标志着中国货币财政制度最终确立。一条鞭法的全面推行,表明明朝中央政府正式承认了白银的本位货币地位。

三　全球贸易体系中的欧洲

1　从边缘到中心

发现新大陆和开辟新航路,是世界历史上最重大的事件之一。有学者指出,地理大发现首先意味着这场巨大的空间革命,同时意味着全球经济、政治和文化的中心已从伊斯兰世界移向基督教世界。英国地理学家麦金德(Halford John Mackinder,1861—1947)更明确指出:

> (地理大发现)的主要的政治效果是把欧洲与亚洲的关系颠倒过来,因为在中世纪时,欧洲被关在南面不可逾越的沙漠、西边无边莫测的大洋,和北面、东面冰封或森林覆盖的荒原之间,而东面和东南面又经常受到骑马和骑骆驼民族的优势机动性的威胁。欧洲现在出现在世界上,它能到达的海域和沿海陆地增加了 30 倍以上,它的势力包围着至今一直在威胁它本身生存的欧亚陆上强国。[①]

由地理大发现而引起的商人资本发展的大革命,从根本上改变了原先世界的贸易格局。它不仅开辟了大西洋航路,而且突破了历来相对独立而又平行发展的航海地区的界限,将波罗的海、北海、地中海、印度洋和西太平洋等贸易区串联起来,形成了统一的世界市场,即全球贸易体系。新航道开辟后,世界贸易中心开始由地中海转移到大西洋。意大利的商

---

① [英]麦金德:《历史的地理枢纽》,商务印书馆,1985 年版,第 58 页。

中国货物在瑞典交易

业地位逐渐让位于西、葡、英、法、尼德兰等国。西班牙的塞维利亚,葡萄牙的里斯本,尼德兰的安特卫普等商业中心成为 16 世纪新的世界贸易中心。17 世纪初,荷兰的阿姆斯特丹和英国的伦敦繁荣起来。为了确立商人集团在世界贸易中的垄断地位,西欧各国先后建立了许多垄断的商业公司。这些垄断的商业公司,在资本主义发展的初期阶段,成为西欧资本原始积累的重要来源。海外贸易是资本主义原始积累的主要形式之一,是现代资本主义得以发展起来的最初的物质基础。正是在大规模的海外贸易中,欧洲各国为资本主义的发展积累了大量的货币财富。

各民族之间物产的交流是文化交流的一个重要方面,甚至可以说是基础的方面。历史学家万明指出:

> 物产,是天然出产和人工制造的物品,可以称作物质文明的代表。人类文明史上最古老也是最普遍的文明对话与互动现象正是以此为起点而发生的。
>
> 自古以来,存在于东西方各民族之间的物产交流,是人类文明对话最重要的内容之一,人类交往的需求普遍存在,互通有无是产生交往的基本原因。几千年物流绵延不绝,以物流为中心,形成了极为繁复的人类文明对话的历史现象,就此而言,古代东西方交往通道的形

成源远流长，肇源于斯，并形成了影响东西方的一系列连锁反应。[①]

经济活动一向是人类交往的最主要动力和方式，贸易历来是文化交流的最重要并且是最早的途径。如“丝绸之路”以“丝绸”命名，就是因为在早期的中西关系中，丝绸贸易占有极大的份额。丝绸之路最初就是为了国际性的丝绸贸易而由商人们开辟的。在丝绸之路上，形成了成百上千年欧亚大陆各民族创造的物产大流动。大航海时代以后，西欧各国建立东印度公司，展开了大规模的对华贸易，丰盈的中华物产如丝绸、瓷器、漆器、铁器，以及其他生产工具、茶叶、各种中药材、工艺美术品等大批地、源源不断地输往国外。

商业的沟通从来就是文化的交流。商品的形式无论是以自然形态出现的物产、原料，还是赋予劳动价值和文化要素的人工产品，都会对交易的双方产生文化的影响。自然产品，可以丰富和改善人们的生活，同时也造成了生活习惯的变迁；人工产品，更是直接传递了不同文明的文化信息，不但会影响人们的生活方式，而且会在更深层次的领域对人们的理念、情感产生重要影响。通过贸易输入的这些外来商品，其作用可以刺激当地民族去模仿，采用和改变他们所羡慕的文明，进而创造他们自己的文明生活方式。

随着世界贸易的扩大，西欧各国商人的活动不再以欧洲为限，他们的殖民地和贸易港口遍及亚、非、拉美各洲，欧、亚、美、非各洲渐渐地联结在一起，使世界各国、各地区逐渐依赖于整个世界，统一的世界市场开始形成。一些新的商品加入了世界范围内的流通。如美洲的糖、可可、烟草、棉花、马铃薯、花生等由西班牙商人贩运到欧洲和亚洲市场；中国的丝绸、茶叶、瓷器等远销欧美地区；印度的布匹和东方各国的丁香、桂圆、胡椒、檀香等在欧洲市场随地可见。

从此，整个世界连成了一片，人类文明超越了地域的限制，开始了世界文化的时代。然而，正是在这一伟大事件的过程中，亚洲，特别是中国，以它丰饶的物产、灿烂的文化，以及它的神秘的魅力，成为刺激、激励和推

---

① 万明：《明代中外关系史论稿》，中国社会科学出版社，2011年版，第243页。

动欧洲人去寻访、去冒险、去开辟新航路、发现新大陆的感召性的动力。欧洲人的伟大发现正是在东方魅力的感召下实现的。

不仅如此，这种大规模的国际贸易，还把整个世界连成了一片，开始了最初的全球化进程。资本主义所创造的不是一个地域的文明，而是一个世界性文明。正像马克思和恩格斯所指出的：

> 资产阶级，由于一切生产工具的迅速改进，由于交通的极其便利，把一切民族甚至最野蛮的民族都卷到文明中来了。它的商品的低廉价格，是它用来摧毁一切万里长城、征服野蛮人最顽强的仇外心理的重炮。它迫使一切民族——如果它们不想灭亡的话——采用资产阶级的生产方式；它迫使它们在自己那里推行所谓文明制度，即变成资产者。一句话，它按照自己的面貌为自己创造出一个世界。[①]

马克思、恩格斯还指出：

> 由于开拓了世界市场，使一切国家的生产和消费都成为世界性的了。……过去那种地方的和民族的自给自足和闭关自守状态，被各民族的各方面的互相往来和各方面的相互依赖所代替了。物质的生产是如此，精神的生产也是如此。各民族的精神产品成了公共的财产。民族的片面性和局限性日益成为不可能，于是由许多种民族的和地方的文学形成了一种世界的文学。[②]

马克思、恩格斯的这一论述对于我们理解明清之际的中欧关系特别重要。这一段论述首先是说明，在这个时期形成了一个“世界市场”，由于这个世界市场的出现，就打破各个地区和各个民族之间的封闭状态，“生产和消费都成了世界性的了”。另一方面，“精神的生产也是如此”，“各民族的精神产品成了公共财产”，也就出现了世界性的文学或文化。这些论

---

① ［德］马克思、［德］恩格斯：《马克思恩格斯选集》第1卷，人民出版社，1972年版，第255页。

② 同上书，第254—255页。

述实际上就说明了全球化进程的两大方面的特点，一个是在物质生产和消费的领域，一个是在精神文化和文明的领域的全球性交流和融合。在我们讨论的这一时期的中国和西方的关系中，前一个方面是通过欧洲国家的远东贸易来实现的，后一个方面主要是通过以耶稣会士为代表来华传教士们的活动来实现的。通过这两个方面，东方与西方，中国与欧洲，进行着全面的、大规模的和直接的交流和对话。

2 西方社会的大变革

从16世纪初开始的一直持续了三个多世纪的东方贸易，为西欧各国积累了大量的财富，为它们完成资本原始积累、开始现代工业化进程奠定了雄厚的物质基础。

从15世纪末至16世纪初，伴随地理大发现而发生的商业激变，为欧洲工农业生产带来一片生机，也引起了历史性的大变动。这场大变动，包括经济的、政治的、社会的、文化的结构性演变，不仅对于欧洲，而且对于整个人类文明的发展，都有着至关重大的意义。

这场大变动的实质在于，通过生产力的进步、科学技术的发展和经济飞跃，通过政治、经济、社会、文化等全方位的变化，实现着传统社会向现代社会的全面过渡、传统文明向现代文明的全面过渡。

这场历史大变动在14、15世纪的时候已渐露端倪。随着生产力的发展，近代资本主义生产关系在封建社会内部萌芽和发展起来。在纺织、冶金、采矿、造船等重要工业部门生产技术不断革新，社会劳动分工不断扩大，手工业和农业进一步分离，商品生产的增长和国内外市场的形成，都加速了封建生产方式的衰落和解体，给资本主义生产方式的产生和发展创造了条件。在这个时期，印刷术、指南针、火药的普遍采用，航海事业更出现了新纪元。这些都给欧洲资本主义的发展带来了新刺激。

16世纪以后，西欧各国，特别是尼德兰和英国的资本主义关系得到了迅猛发展，资本主义经济成分在国民经济中占有重要地位。17世纪初，尼德兰的呢绒、造船、航海各业居欧洲各国的首位。英国的海外贸易、城市工商业都急剧地发展着，从16世纪开始的农村“圈地运动”加紧进行,促进了农业的资本主义化。

随着资本主义经济关系的发展,社会结构也发生了明显的变化,资产阶级作为一支独立的政治力量逐渐地成长起来。16世纪60年代,尼德兰发生了资产阶级革命,推翻了西班牙贵族的外来统治,建立了资产阶级的共和国。17世纪40年代,英国爆发了资产阶级革命,经过近半个世纪的曲折斗争,终于推翻了封建王朝,确立了资产阶级的政治统治。马克思曾经指出,英国革命的意义在于"它并不是英国的革命",而"是欧洲范围的革命",是"资产阶级所有制对封建所有制的胜利",它"宣告了欧洲新社会的政治制度"①。英国建立的新型政治制度很快成为欧洲各国效法的对象。直到18世纪末的法国大革命,彻底推翻了封建专制制度,奠定了现代国家政治制度的基础。

总之,在16至18世纪的西方世界,经历着一场全面的、历史性的伟大变革。这场变革的直接结果,就是创造了完全不同于中世纪传统文化的西方近代文化,创造了一种体现资本主义发展的物质文明和精神文明。近代西方文化的这一转折性变化,不仅对西方社会历史,而且也对整个人类历史发生巨大的影响。

---

① [德]马克思、[德]恩格斯:《马克思恩格斯选集》第1卷,人民出版社,1972年版,第321页。